#REPUBLIC

#リパブリック

インターネットは
民主主義になにをもたらすのか

著 キャス・サンスティーン

訳 伊達尚美

keiso shobo

#REPUBLIC
by Cass R. Sunstein

Japanese translation published by arrangement
with Princeton University Press
through The English Agency (Japan) Ltd.

私が考えるに、国民が代表を選んだら、アメリカ合衆国のさまざまな地域の他者と会い、彼らの意見を聞き、共同体全体の一般的利益となるような活動にかんして意見を同じくすることは、その代表の義務である。

ロジャー・シャーマン、一七八九年

現在のように人類の発展の度の低い状態においては、人間をして、自分たちとは類似していない人々と接触させ、自分たちが慣れている思考および行動の様式とは違った思考および行動の様式と接触させるということは、ほとんどその価値を過大に評価することができないことである。……このような交通は、いつの時代にも進歩の第一次的源泉の一つであったが、とくに現代においてそうである。

ジョン・スチュアート・ミル、一八四八年
（末永茂喜訳、岩波書店）

今こうして話しているときでさえ、われわれを分断しようと画策している人々がいる――情報を操る連中、「何でもあり」の政策でネガティブ広告を広める連中だ。今夜、彼らに言いたい。リベラルなアメリカ、保守のアメリカなどというものはない――あるのはアメリカ合衆国だ。黒人のアメリカ、白人のアメリカ、ラテン系のアメリカ、アジア系のアメリカというものはない――アメリカ合衆国があるだけだ。

バラク・オバマ、二〇〇四年

毎日何千本もの記事を流し読みすることができて、その中から最も重要な一〇本を選ぶとしたら、どれを選びますか？　選んだ記事はあなたのニュースフィードに並んでいるはずです。それは主観的で個人的な独自の選択で、われわれが実現したいと願うものの精神がそこに表れています。

フェイスブック、二〇一六年

目次

はじめに

第1章　デイリー・ミー　5

アルゴリズムとハッシュタグ／二つの要件／なぜこれが問題なのか――暴力、党派心、自由／死と生／フェイスブックが望むこと／「私は恐ろしい。あなたはどう？」／先駆者と中間形態／『ｈｅｒ／世界でひとつの彼女』／ソーシャルメディア／基準について一言／政治、自由、フィルタリング／取り上げない問題

第2章　類推と理念　45

公共空間という概念／街路と公園だけ？　空港とインターネットのこと／〝なぜ〟公共空間なのか？接近、予期せぬ出会い、苛立ち／予期せず、望んでもいないこと／公共空間と認知されていない大衆メディア／二種類のフィルタリング／均質性、異質性、第一回連邦議会の話／多から成る一、ジェファーソン対マディソン／主権の二つの概念、ホームズ対ブランダイス／懐古趣味をともなわない共和主義

第3章　分極化　81

味、フィルター、投票／適切な偏向／情報過多、集団主義、多から成る一／コロラド州での実験／集団分極化／なぜ分極化か？／集団アイデンティティの計り知れない重要性／オンラインの集団分極化／ハッシュタグの国、ハッシュタグ考案者／ドナルド・トランプほか、政治家についてざっと触れる／断片化、分極化、ラジオ、テレビ／集団分極化は悪か？　孤立集団内での熟議／孤立集団と公共圏／分極化しない場合および脱分極化／バランスのとれた情報の提示、バランスを欠いた見解／訂正が裏目に出るとき／よく知らない問題／理解する

第4章　サイバーカスケード　133

二種類のカスケード／野火のごとく広がる情報とティッピングポイント／政治的カスケードと混乱／噂とティッピングポイント／賛成票と反対票／殺人事件は何件？／分離、移行、統合／ツイッターでの同類性／友達とフェイスブック／事実、価値観、よいニュース／アイデンティティと文化／比較討論型世論調査／危険と解決策

第5章　社会の接着剤と情報の拡散　185

経験の共有／連帯財／共有される経験の減少／消費者と生産者／公共財としての情報／隠喩としての飢饉、一つの説明／ニッチとロングテール／バイアスとエリート／ネットワーク化された公共圏／情

報の拡散

第6章　市民　211
選択と状況、そして中国／選好の形成／限られた選択肢　キツネと酸っぱいブドウ／民主的な制度と消費者主権／全会一致と多数決ルール／消費のトレッドミル／民主主義と選好

第7章　規制とは何か？　235
共通の見解／矛盾した見方　あらゆる場所に規制と法律がある／インターネットの場合　歴史にかんする覚え書／インターネットの場合　ふたたび規制のこと／規制はどこにでもある、ありがたいことに

第8章　言論の自由　255
新しい見識？（そうではない）／言論の自由の二つの原則／言論の自由は絶対ではない／第一修正と民主的熟議／中立の形態／処罰と補助金／影響力があり、慎重な第一修正

第9章　提案　283
熟議ドメイン／礼儀正しさについての簡単な説明／殺菌剤としての日光／自発的自主規制と最高の慣

行／補助金／マストキャリー　憲法論議／人々の関心という希少な商品／反対意見ボタンとセレンディピティボタン／現状維持という横暴

第10章　テロリズム・ドットコム　311
アメリカを取り戻す／オンラインでのテロ／彼らはなぜわれわれを嫌うのか／ツイートするテロリスト／ソーシャルメディアでテロを阻止する／明白かつ現在の危険

第11章　#リパブリック　335
孤立集団の内と外／消費者と市民／悲観論、懐古趣味、未来予測を越えて／フランクリンの挑戦

謝辞
解説
原注
人名索引
事項索引

※本文中〔　〕は訳注。

はじめに

正しく機能している民主主義国では、人はエコーチェンバー（共鳴室）やインフォメーションコクーン（情報の繭）の中で暮らしてはいない。彼らは多様な話題や意見を見て、聞いている。多様な話題や意見を見聞きすることを自分で選択しなくても、また選択するつもりがなくてもそうしている。こうした主張は、オンライン行動やソーシャルメディアの利用、さらにはどの情報を選んでどの情報ふるい落とすかを選択する能力のめざましい向上について、深刻な問題を提起する。

アメリカで最も優れた連邦最高裁裁判官の一人であるルイス・ブランダイスは、自由をおびやかす最大の脅威は「人々の無気力」だと主張した。無気力を避けるには、民主主義的公衆は検閲を免れなければならない。しかし、表現の自由のシステムは検閲を避けるだけでなくもっと多くのことをなさなければならない。このシステムは人を対立する観点に確実に触れさせなければならない。言論の自由という概念には肯定的な側面がある。言論の自由は政府がとるかもしれない行動に制約を課すが、ある種の文化——好奇心、開放性、謙虚さという文化——をも必要とする。

民主主義的公衆の成員は同胞の意見の価値を認められなかったり、「フェイクニュース」を信じていたり、あるいは互いを争いごとの敵か競争相手とみなしていては、よい成果を出せないだろう。何十年も前に下級裁判所裁判官を務めたラーンド・ハンドが、「自由の精神」とは「正しいかどうか判然としない精神」であると述べたとき、彼はこのことを指摘したのだ。

英語で記された、民主主義が行きつく先のディストピアを描いた不朽の名作が二つある。どこにでも姿を現して、人々に選択することを認めないビッグ・ブラザーが登場するジョージ・オーウェルの『一九八四年』は、最もよく知られた民主主義の敗北の想像図である。オーウェルの小説は人の顔を踏みつけるブーツに象徴され、アドルフ・ヒトラーのドイツ、ヨシフ・スターリンのソ連、毛沢東の中国に映し出された独裁主義の勝利を描いている。この作品はファシズムもしくは共産主義の勝利の物語だ。独裁主義者の多くは検閲官であり、自分と意見の合わない人々を黙らせる。独裁主義者にとってインターネットは重大な脅威となる可能性があり、ソーシャルメディアに神経を尖らせ、これも検閲しようとする（ただし自分たちの目的にかなう場合は別だ）。

はるかに分かりにくいが、同じくらい背筋の凍るイメージが、オルダス・ハクスリーの『すばらしい新世界』に描かれている。ここには欲求を満たされ、自分の選択に満足し、公式には自由な市民が登場する。ハクスリーの世界にはすぐにそれと分かる独裁主義者は出てこない。人は監獄と銃によってではなく、快楽によってコントロールされている。ある意味、彼らは好き勝手に行動することが許されている――だが政府は人々の欲求そのものを操ることに成功している。ハクスリーの主人公である野蛮人のジョンの訴えを考えよう。ジョンは快楽を求めることに抵抗する。「快適さなんて欲しくない。欲しいのは神です。詩です。本物の危険です。自由です。美徳です。そして罪悪です」(1)（黒原敏行訳、光文社）。

アメリカは憲法のおかげで『一九八四年』の世界を遠ざけているし、『すばらしい新世界』のような世界もかろうじて避けてきた。たしかに独裁的な行動は見られたし（第二次世界大戦中の西海岸における日系アメリカ人の強制収容のように）、また快楽の追求はアメリカ文化において重要な役割を果たしている。しかし少なくともアメリカにとって、オーウェルもハクスリーも未来を予測しているとは言えない。彼らの小説は教訓めいた政治的悪夢であり、過去や未来の現実を描いているのではない。

いずれの作家も描かなかった別の種類のディストピアがあり、それは自分だけのエコーチェンバーを作る能力、個別化の能力、あるいはゲーテッドコミュニティ（塀と門で囲まれた住宅地に象徴される閉鎖空間）によって生み出される。そこでは個人の自由度が低下し、自治そのものが危うくなることがある。『すばらしい新世界』は恐ろしくはあるが、それはある種のコミュニティであり、共有された活動と関心事によってまとまっていた。本書でこれから論じることならびに私の関心事は、それとはまったく異なる。

予告として、ジョン・スチュアート・ミルが国際貿易の価値について述べたつぎの言葉を考えよう。

現在のように人類の発展の度の低い状態においては、人間をして、自分たちとは類似していない人々と接触させ、自分たちが慣れている思考および行動の様式とは違った思考および行動の様式と接触させるということは、ほとんどその価値を過大に評価することができないことである。……このような交通は、いつの時代にも進歩の第一次的源泉の一つであったが、とくに現代においてそうである。人間は、今日まで教育を受けてきたところでは、その良い資質を開発することすら、一たん誤謬におちいることなしにはほとんどなし得ないものであるから、彼らにとっては、自分自身の考え方や習慣を、自分たちとは違った環境にある人々の経験や実例と絶えず比較することが絶対に必要なことである。また特殊の技術や方法も他の諸国民から借りてくる必要はあるが、性格の本質的な諸点においても、その国の型は劣っているために、これを他の国民から借りてくる必要がある――このようになっていない国民はないのである。(2)

（末永茂喜訳、岩波書店）

考え方や習慣を比較することは今や朝飯前で、知識は瞬時に学ぶことができる。世界中の人々にとってこれはよい知らせだ。それどころかすばらしい知らせである。われわれはそういう理由で、ミルが進歩の主要な源泉として正しく認めたものを賞賛しているのかもしれない。ある意味、賞賛することはきわめて適切であり、それについて容易に一冊の本が書けるだろう。

しかし、それは本書の役割ではない。私がここで目指すのは、ミルが「絶対に必要」とみなしたことの達成を邪魔する現代の障害を探ること――そして、障害を取り除くために何ができるかを見極めることである。

第1章　デイリー・ミー

一九九五年、マサチューセッツ工科大学（ＭＩＴ）メディアラボの創設者であるニコラス・ネグロポンテは「デイリー・ミー」の登場を予言した。デイリー・ミーによって、目にする情報の取捨選択を地方紙に頼らずに済み、テレビ放送網を迂回できるようになると彼は示唆した。それらに代わってあなたは自分のためのコミュニケーションパッケージを設計することができ、その中身はすべてあらかじめ選択されるようになる(1)。

バスケットボールの話題だけに関心を向けたければ、そうすることができる。ウィリアム・シェイクスピアを好む傾向があれば、デイリー・ミーをいつでもシェイクスピア一色にしておける。恋愛話――おそらくひいきの有名人にかかわる――について読みたければ、新聞の記事をカップル誕生の最新情報や誰と誰が破局といった話題に絞ることができる。あるいはあなたは独自の見解の持ち主だとしよう。中道左派ならば、気候変動、権利の平等、移民問題、労働組合の権利について自分と意見の合う記事を読みたいかもしれない。政治的に右寄りだとすると、これらの問題についての保守的な視点、税金削減や規制撤廃の方法、移民を減らす方法を見たいと思うかもしれない。

ことによると、あなたにとって最も重要なのは宗教的信念であり、（自身の）宗教観に沿った情報を読んだり見たりしたいかもしれない。考えが近い友人と話し、その人の意見を聞きたいかもしれない。また全員で同じ情報を共有したいかもしれない。重要なのはデイリー・ミーによって誰もが〝コントロールのアーキテクチャ〟を享受できることだ。見たり聞いたりする情報はすべて各自が仕切るようになるのだ。

人間は無数の領域で「同類性」を示す。すなわち似た者同士がつながり、結びつく傾向が強い。多様な人々――ものの見方、興味の対象、信念にかんして――にさらされる社会的アーキテクチャの中で暮らしていれば、同類性の傾向は弱まる。ところがコントロールのアーキテクチャの中では同類が群れやすくなる。

一九九〇年代にはデイリー・ミーという概念はかなり滑稽に思えた。だが今はとてもすばらしいと思える。それどころか、ネグロポンテはこれから起きようとしていたこと、すでに起きていること、そして近い将来、起きそうなことを控えめに語っていたのだ。この見通しは明るいだろうか、それとも脅威だろうか？　私はその両方だと思う――そして、脅威のほうを強調する必要があると考える。この見通しを純粋に明るいと見ている人があまりに多いので、なおさらだ。

たしかにデイリー・ミーは少なくとも今はまだない。しかしわれわれはそこに近づいている。現在、ほとんどのアメリカ人はニュースの多くをソーシャルメディアから得ており、フェイスブックは世界中で、人々が体験する世界の中心的存在となった。かつて「革命はテレビ中継されない」と言われた。それはどうなるか分からないが、革命のニュースが（#革命のハッシュタグをつけて）ツイッターに投稿されるのはまず間違いないだろう。たとえば二〇一六年にトルコで軍がクーデターを企てた。軍は国内の主要なテレビ局を首尾よく掌握した。ところが軍はソーシャルメディアを乗っ取ることに失敗し、一方、政府とその支持者らはソーシャルメディアをうまく利用して国民を街頭に集め、たちまち事態を収束させた。クーデターの企てはたいてい、クーデターが成功しているか否かを大衆がどう見るかに成否がかかっており、政府は劣勢だという国民の認識に立ち向かうのに、ソーシャルメディアが重要な役割を果たしたのだ。

人々がフェイスブックを使って見たいものを見るとき、世界についての彼らの理解はおおいに影響される可能性がある。フェイスブック友達はあなたが注目するニュースを大量に投稿するかもしれず、彼らの見解が独特だとすると、あなたはその独特な見解を最も頻繁に目にすることになる。私はオバマ政権で働いたことがあり、私のフェイスブック友達の多くも同じ職場で働いていたので、私がフェイスブックページで目にする投稿は、そこで働いていたタイプの人々の興味や考えと一致することが多い。これは純粋によいことだろうか？　たぶんよいことではないだろう。また私には保守派の友人がおり、彼らのフェイスブックページは彼らの政治信条と一致していて、私のページとはかなり様子が違う。われわれは異なる政治的世界で暮らしているのだ——それはSFに出てくる並行世界《パラレルワールド》に似ている。ニュースだと思い込んでいるものの多くはニュースもどきでしかない。

あなたのツイッターのタイムラインはあなたの好きな話題や信条をよく映し出しているかもしれないし、政治にかんして目にする情報——税金、移民、市民権、戦争と平和——の多くを提供しているかもしれない。タイムラインに流れてくる投稿はほかの誰でもなくあなたが選んだものだ。興味のある話題や意見が合うと思う見解をそこに含めることをあなたが選択するのも分かる。事実、それはごく自然なことに思われる。退屈な話題や嫌いな見解を、どうしてわざわざ見たいだろうか？

アルゴリズムとハッシュタグ

結局のところ、あなたがデイリー・ミーを作成する必要はない。たった今も誰かがあなたのために作成してくれている（誰かがそうしていることはあなたには分からないかもしれない）。フェイスブック自身が情報を取捨選択しているし、グーグルも同様である。われわれはアルゴリズムの時代に暮らしていて、アルゴリズムは多くのことを知っている。[2] 人工知能（ＡＩ）の進歩によって、アルゴリズムはきっと無限に向上するはずだ。アルゴリズムはあなたについてたくさん学習し、あなたが何を望んでいて何が好きかを、あなたより先に、あなたよりも知り尽くすだろう。あなたの感情さえ、やはりあなたより先に知り尽くし、その感情を自力で模倣できるようになるだろう。

すでに今、あなたについてほんの少しだけ知っているアルゴリズムは「あなたのような人」が好みそうなものを見つけ、それを教えてくれる。そのアルゴリズムはデイリー・ミーに近いものをあなただけのために瞬時に作成できる。現にそういうことは日々起きている。あなたが特定のジャンルの音楽を好むことをアルゴリズムが知れば、どんな映画や本を好み、選挙でどの候補者を気に入るかをも高い確率で知るかもしれない。また、あなたがどのウェブサイトを訪れるかをアルゴリズムが知れば、どの製品を買いそうで、気候変動や移民問題をどう考えているかをもおそらく知るようになるだろう。

簡単な例を示そう。フェイスブックはたぶんあなたの政治信条を知っていて、選挙の候補者を含めた他者にそれを教えることができる。フェイスブックは利用者を、極端な保守、保守、中道、リベラル、極端なリベラルの五つに分類する。あなたがどのページを好むかを見てそれを判断する。あなたが特定の意見を好み、ほかの意見を好まなければ、政治的プロフィールを作成するのは簡単だ。特定の候補者について好意的または否定的に言及すれば、なおさら分類しやすくなる。ところでフェイスブックは自身の行動を隠してはいない。フェイスブックの広告設定ページで「趣味・関心」の項目の「もっと見る」の先にある「ライフスタイルと文化」を見ると、最後に「アメリカの政治」という項目があり、先ほどの分類が表示される。

細かく区別するのに機械学習を利用することができる（おそらくすでに利用されている）。政治的右派から左派までの区別だけでなく、あなたが最も関心を寄せている問題についての詳細や、そうした問題（移民、国の安全保障、権利の平等、環境問題）についてあなたが主張しそうな意見まで、いくつもの分類が簡単に思い浮かぶ。控えめに言っても、こうした情報は他人——選挙事務所の運営者、広告主、資金調達係、また政治的過激派などの嘘つきども——に便利に使われる可能性がある。

あるいはハッシュタグのことを考えよう。#アイルランド、#南アフリカ、#民主党員は共産主義者、#気候変動はでっちあげ、といったハッシュタグで、興味を引く情報、もしくは自分の信条と一致し、信条を補強しさえする多くの情報を瞬時に見つけることができる。ハッシュタグは興味を引くツイートや情報を見つけやすくするための、シンプルで手間のかからない分類方法である。あなたはデイリー・ミーだけでなく、ミーディスアワー（この時間の私）やミーナウ（たった今の私）を作成できる（#ミーナウは先ほど私が作ったつもりでいたが、もちろんすでに広く使われている）。多くの人が〝ハッシュタグ考案者〟として活躍しており、アイディア、観点、製品、人物、想定される事実、さらには行動を売り込む手段として、ハッシュタグを作成し、拡散している。

楽しみ、利便性、学習の機会、娯楽を明らかに増やしてくれそうなこうした進化を多くの人が応援している。たいていの人は興味のない製品の広告など見たがらない。フランス経済の記事が退屈なら、どうしてそのような記事をコンピュータ画面や携帯電話で読まされるのか？

これはもっともな疑問だが、コントロールのアーキテクチャには重大な欠陥があり、自由と民主主義と自治についての基本的な疑問を提起する。民主的熟議あるいは個人の自由そのもののシステムをうまく機能させるための社会的前提条件とは何だろうか？　人がセレンディピティ〔予想外のものを発見すること〕を望まなくても、それが重要になることはあるだろうか？　完全にコントロールされたコミュニケーション世界――個別化されたタイムライン――は独自のディストピアとなるだろうか？　ソーシャルメディア、コミュニケーションの選択肢の急増、機械学習およびＡＩは、市民が自己を管理する能力をどう変えるだろうか？

これから見ていくように、これらの疑問は密接に関係し合う。ここで私がとくに訴えたいのは、実のところ、個人の生活、集団行動、イノベーション、民主主義そのもののための、〝セレンディピティのアーキテクチャ〟である。ソーシャルメディアがその人専用のタイムラインを作成し、おもにその中で生活することを可能にするかぎり、深刻な問題が生じる。また、一人ひとりのための、もしくは好きな話題や好みの集団のための個別化した経験やゲーテッドコミュニティのようなものをサービス提供者が作れるかぎり、用心するべきだ。自己隔離と個別化は真の問題の解決策にはなるが、偽情報を拡散して、分極化と断片化を助長することにもなる。一方、セレンディピティのアーキテクチャは同類性に逆らい、自治と個人の自由の両方を促進する。

重要なことを説明しよう。これは、個人的、政治的な自由の本質についての主張であり、民主制に最も役に立つ種類のコミュニケーションシステムについての主張である。これはすべてもしくはほとんどの人がしていることについての主張ではない。これから見ていくように、エコーチェンバーが好きな人は多く、彼らはその中で暮らしたいと強く望んでいる。またエコーチェンバーが嫌いな人も多い。彼らは好奇心が強く、中には旺盛な好奇心を示す人もいて、あらゆる種類の話題や多くの見解について知りたがる。多くの人は、デフォルトで、イデオロギーの位置づけが明確でない、最も有名なサイトや人気のサイトに惹かれる。こうした主張が正しいことは実証研究で確認されており、大衆の多くは、自分と異なる視点を読むことに鋭い興味を示すことや、オンラインでの拾い読みで、たいていの人は政治信条を特定できない主流のサイトで時間を過ごすことが示された(3)。偏見のない人は多く、彼らの考えは学習したことにもとづいて変化する。このような人々はそれと分かる市民の美徳を身につけている。彼らには自分が正しいという確信がなく、真実を知りたがっている。

ほかの多くの人は、自分の意見と矛盾しない意見を聞くことを好むが、異なる意見にも喜んで耳を傾ける。彼らはエコーチェンバーという考え方を好まず、自分ではエコーチェンバーを作らない。人々がウェブサイトやソーシャルメディアを実際どのように使っているか、またコントロールのアーキテクチャに向かってどの程度、移行しているかについて、私はいずれおおいに語るつもりだ。しかしながら、私のおもな主張は経験にもとづいたものではなく、個人と社会の理念についての主張である。それはまともに機能する民主制に最も適した種類の文化についての主張である。

二つの要件

そこで私がこれから強調するのは、〝閲覧する情報を自分でフィルターにかける能力の向上〟および〝サービス提供者がわれわれについて知っていることにもとづいて、一人ひとりのために情報をフィルターにかける能力の向上〟である。私はこれらの能力について論じる過程で、自治型社会における言論の自由の意味についてよく理解してもらえるように努めよう。私の目標の大部分を占めるのは、まともに機能する表現の自由のシステムにとって何が役に立つかを検討することである。何にも増して、多様な社会においては、そのようなシステムは、政府による検閲を制限し個人の選択を尊重すること以上に、はるかに多くを必要とすると、私は主張する。これまで数十年のあいだ、このことはアメリカの法と政治だけでなく、ドイツ、フランス、イギリス、イタリア、南アフリカ、イスラエルなどを含む多くの国々の法と政治の重大な関心事でありつづけてきた。たしかに検閲は民主主義と自由にたいする最大の脅威である。しかし、政府による検閲だけに目を向けていては大事なものを見落としてしまう。とりわけ、まともに機能する表現の自由のシステムは、二つの特徴的な要件を満たす必要がある。

〝第一に〟、人は自分では選ぶつもりのなかった情報にさらされなければならない。計画になかった予期せぬ出会いは民主主義そのものの核心である。このような出会いには、人が求めていないないし、ことによるとかなり腹立たしい——それでも、彼らの生活を根本から変えるかもしれない——話題や見解が含まれることが多い。このような出会いは、似た考えを持つ者同士でのみ言葉を交わすような状況から予測される断片化、分極化、および過激思想から身を守るために重要だ。いずれにせよ真実が重要になる。

私は人が避けたがる情報を政府が強制的に見せるべきだとは言わない。だが、その名に恥じない民主制において、生活——デジタル生活も含め——は、人が明確には選択していない見解や話題とたびたび出会うように構成するべきだと、私は強く主張する。その類いの構成は実のところ選択アーキテクチャの一形態であり、個人も集団もその恩恵をおおいに受ける。そんなわけで私はセレンディピティを求める主張をする。

〝第二に〟、市民の多くもしくは大半は幅広い共通経験を持つべきである。共有される経験がなければ、異質な人々が混じり合う社会で社会問題に取り組むのはもっと大変になるだろう。人々は互いに理解し合うことさえ難しいと気づくかもしれない。共通経験は、とくにソーシャルメディアによって可能になる経験も含めて、社会をつなぐ一種の接着剤となる。国民の祝日は共有される経験である。大規模なスポーツ大会もそうだ（オリンピックやワールドカップ）。また個人や集団の違いを超越した映画も共有される経験である（『スター・ウォーズ』にはその資格がある）。何かの発見や業績を讃えることもそうだ。社会にはこういう要素が必要なのだ。このような経験の数を徹底的に減らすようなコミュニケーションシステムは、社会の断片化を進めるのでなおさら、さまざまな問題を引き起こすだろう。

まともに機能する民主主義国の前提条件として、これらの要件——偶然の出会いと共有される経験——は、どんな大国にも該当する。これらの要件は、異質的な国——時々、断片化の危険にさらされる国——ではとりわけ重要である。多くの国がますますほかの国々とつながるようになるにつれて（英国のEU離脱が実現するかどうかはともかく）、また各国の国民が多少なりとも「世界市民」となるにつれて、これらの要件はいっそう重要性を増している。この考えは議論の余地があるが、たとえばテロ、気候変動、感染症の危機について考えてほしい。人が自分で設計したエコーチェンバーへと自分をふるい分けていては、こうした危機や類似の危機にたいする賢明な視点を身につけるのは無理だ。また国全体では、コミュニケーションが閉じているゲーテッドコミュニティでは、ごくありふれた問題に対処するのさえきわめて難しい。

偶然の出会いや共有された経験にかんする主張は、美しいと思われている過去への郷愁に根ざしたものであるべきではない。コミュニケーションの過去はけっして美しくなかった。人類史上ほかのどの時代と比べても、とりわけ民主主義そのものの見地から、われわれは多くのすばらしい利益を手に入れている最中である。懐古趣味は非生産的で無意味だ。状況は悪くなるのではなく、よくなっている。

また、ここでの主張のいずれも「楽観論」や「悲観論」の根拠ととらえるべきではない——どちらも、新しい技術開発についての明晰な思考を妨げる可能性がある。いずれかを選ばなければならないとしたら、もちろん楽観論を選ばせてほしい(4)。しかしながら、大規模な技術の変化と必然的にかかわる多くの潜在的な利益と損失を考えれば、楽観的態度も悲観的態度も漠然としすぎていて役に立たない。自動車はすばらしいが、アメリカだけで毎年何万人もが交通事故で命を落としている。プラスチックは大きな進歩だが、深刻なゴミ問題を引き起こしている。私が提供しようとしているのは悲観論の根拠ではなく、第一に何が表現の自由のシステムを成功させるのかについての理解、またまともに機能する民主主義国が何を必要とするかについての理解を、以前よりも少し深めるためのレンズである。そのレンズを通して理解が深まれば、われわれは自由主義国独自の願望を理解できるようになり、その理解はコミュニケーションシステムの継続的な変化を評価するのに役に立つ。また理解が深まることで、市民権の本質およびその文化的要件をより明確に理解するための方法も明らかになるだろう。

これから見ていくように、どんなコミュニケーションシステムも、個人が自分で選んだ情報を見たり聞いたりすることを可能にするなら、それゆえにそのシステムは望ましいと言うのはあまりに単純だ。選択肢が増えるのはたしかによいことだし、無数のニッチ（特定分野）が生じることには長所がたくさんある。しかし、選ぶつもりのなかった予期せぬコンテンツに触れ、経験を共有することも、やはり重要である。

なぜこれが問題なのか――暴力、党派心、自由

エコーチェンバーは問題だろうか？　正確なところそれはなぜか？　同胞がインフォメーションコクーン（情報の繭）で暮らしていることをよく思わない人はいるかもしれないが、理論上、それは各自に任されており、そこにはわれわれの選択の自由が反映される。人が自由な時間にモーツアルトを聴きたい、フットボールをしたい、気候変動を否定する人々と過ごしたい、あるいは『スター・ウォーズ』を見たいとしたら、どうだと言うのだ？　何が心配なのか？

最も明白な答えは最も狭量でもある。すなわち暴力的過激主義だ。似た考えを持つ者同士が互いに相

手をあおって怒りを増大させれば、結果として本当に危険な事態になりうる。テロはおもに心の問題であり、暴力的過激主義者はそのことをよく心得ている。彼らはソーシャルメディアを使って人を集め、仲間を増やし、「一匹狼《ローンウルフ》」に殺人行為を犯させたいと望んでいる。暴力的過激主義者はソーシャルメディアを利用して彼らの世界観を売り込み、勢力範囲を広げることを期待している。これから論じる現象は、今日の世界で直面する最も深刻な脅威の多くの原因となっている。

もっと範囲を広げれば、エコーチェンバーは、たとえ暴力や犯罪行為のような事態を引き起こさないとしても、実際の統治にとってははるかに大きな問題を生む。最も重要なのは、エコーチェンバーがひどい政策を生んだり、よい政策へと意見を集約させる能力を劇的に低下させたりしうる点である。（私はそう信じるが）アメリカが銃の購入にたいして適切な規制――たとえば、テロリスト監視リストに載った人物は、危険をもたらさないことを示せないかぎり、銃の購入を認められるべきではないといった――を実施するべきだとしよう。あるいは（やはり私はそう信じるが）温室効果ガス排出を規制する何らかの法律は名案だとしよう（あなたはこれらの具体例に異議があるかもしれない。だとしたら自分なりの例を選んでほしい）。アメリカでは、このような問題にかんする政治的分極化は、有権者が自分と考えが似た人々の集団にみずからを隔離することによって悪化し、賢明な解決策を生み出すことがはるかに難しくなりうる。自己隔離がごく一部の有権者にしかかかわらないとしても、とりわけ彼らの信念がゆるぎないせいで、強い影響力を持つ可能性がある。公職者は有権者に説明する責任があり、彼らが何らかの合意をまとめたいと望んだとしても、そうすることで今後の自分たちの選挙が危うくなると気づくかもしれない。ソーシャルメディアがこの問題を引き起こしたわけではないが、#リパブリック（共和国）

においては、エコーチェンバーがない場合よりも状況は悪くなる。

私は連邦政府のさまざまな立場で働いてきて、多くの場で連邦議会の議員と会った。重要な問題にかんして共和党議員が私に言ったことがある。「もちろん、この問題では民主党の案に賛成票を投じたいのだが、そんなことをしたら自分の仕事を失うことになる」。閉じたドアの向こうで、民主党議員も、共和党と連携することについて時には同じことを口にするだろうことに疑問の余地はない。どちらもエコーチェンバー現象――成員の一部から声高な反対の声が一斉に上がり、選挙で手痛いしっぺ返しを受けるかもしれないこと――を心配しているのだ。ソーシャルメディアはこの騒音の音量を上げて、分極化を助長する。

前世代のあいだに、アメリカでは「党派心」――対立する政党の人々にたいする、一種の自然に湧き起こる本能的な嫌悪――が爆発した。党派心はたしかに人種差別ほどひどくはなく、誰も奴隷にされたり、下の階層に身分を落とされることはない。しかし見方によっては、今や党派心は人種差別を超えている。一九六〇年には、自分の子どもが支持政党以外の相手と結婚したら「不満」だと答えたのは、共和党員の五パーセント、民主党員の四パーセントにすぎなかった。(5) しかし二〇一〇年には、この数字はそれぞれ四九パーセントと三三パーセントに達した――子どもが肌の色の違う相手と結婚したら「不満」だと答えた人の割合を大きく上回った。(6) 従業員を採用する場合の判断でも政党が問題となる。民主党員の多くは共和党員を雇いたがらず、その逆も同様で、能力が劣っていても好きな政党の候補を選ぶほどだ。(7) どんな場合でもそうだが、ここでも因果関係を主張する前に慎重になるべきだ。ソーシャルメディア、そしてより広くインターネットが、党派心のいちじるしい増大を招いた原因であると言うのは無謀だろう。しかし断片化したメディア市場が重大な要因であることはほとんど疑いがない。

　党派心そのものは民主的自治にとってそれほど深刻な脅威ではない。しかし重大な問題を解決する政府の能力が党派心によって弱まれば、不幸につながりうる現実的な結果を人々の生活にもたらす。私は銃規制と気候変動の例をすでに示した。つぎに移民改革とインフラの問題も考えてみよう——これらは近年、アメリカが前に進めずにいる問題であり、その一端をエコーチェンバーが担っている。なるほど、抑制と均衡《チェック・アンド・バランス》のシステムは政府内での討議と慎重な行動を促すことを意図しており、十分に検討されていない政府の行動を防いでいる。しかし政府を停滞させることはその目的ではなかった——断片化したコミュニケーションシステムが停滞状態を生むのに一役買っている。

　もう一つ問題がある。エコーチェンバーは人に偽情報を信じさせる可能性があり、それを訂正するのは困難もしくは不可能かもしれない。偽情報は被害をもたらす。一例を挙げると、バラク・オバマ大統領はアメリカ生まれではないと信じる人がいる。偽情報としては害は少ないが、疑念、不信、またときには憎悪の政治に反映され、その一因となった。より有害な例に、二〇一六年に「ブレグジット」（イギリスのEU離脱）を支持する投票結果を招く一助となった偽情報がある。たとえブレグジットが名案だったとしても（名案ではなかったが）、ブレグジットを支持するという投票結果が出たのは、ソーシャルメディアを使ってイギリス国民をおおいに惑わせたことが一因であった。二〇一六年のアメリカ大統領選挙では、偽情報がフェイスブックで野火のように広まった。フェイクニュースは至る所にある。今のところ、ソーシャルメディアは内戦勃発を助けてはいないが、その日はいつか訪れるだろう。ソーシャルメディアはすでにクーデターを阻止するのに役に立った（二〇一六年トルコでのことだ）。

以上は統治にかんする問題だが、私がすでに提言したように、個人の自由についての問題もある。複数の選択肢を与えられてそこから選べるとき、人には選択の自由があり、そのことはきわめて重要である。ミルトン・フリードマンが力説したように、人は「自由に選べる」べきだ。しかし自由はもっと多くを要求する。自由は特定の背景条件を必要とし、人が視野を広げ、何が真実かを学べるようにする。自由は人がたまたま持ち合わせた選好や価値観をただ満足させることを必要とするだけでなく、選好や価値観の自由な形成につながる状況をも必要とする。こうした状況を奪う最も明白な方法が検閲と独裁――ジョージ・オーウェルが『一九八四年』で描いた、顔を踏みつけるブーツである。「未来を思い描きたければ、人の顔をいつまでも踏みつけているブーツを想像しろ」。それと比べれば、選択肢が無限にある世界は測りしれないほどすばらしい。しかし人々が考えの似た人ばかりの共同体に自分を振り分けるとしたら、彼らの自由は危険にさらされる。彼らは自分で設計した監獄で暮らしているのだ。

死と生

ここで本書の着想の主要な源を明かそう。ずいぶんかけ離れているように思えるかもしれないが、ジェイン・ジェイコブズによる『アメリカ大都市の死と生』である。(8) ジェイコブズはほかにも多くのことを語っているが、中でも都市の純然たる多様性――訪問者がほとんど想像できなかったであろう、またおそらく前もって選択できなかったであろう、多様な人や習慣と出会える公共の場の価値にたいして、細やかな賛辞を贈っている。ジェイコブズが説明するように、大都市は生命に満ちあふれ、脈動している。

自分とまったくちがう人々とすばらしい歩道関係を築くことが可能で、やがてはかれらと親しい公的関係になることさえできるのです。このような関係は何年、何十年と続けられますし、続くものです。……寛容さ、つまり隣人たちが——肌の色の違いよりしばしばずっと深遠な——大きなちがいを持つ余地というのは、非常に活発な都市生活には可能で……見知らぬ人が……一緒に平和に生活することを許すつくりつけの装置が大都市の街路にある場合のみ、それは可能であたりまえのものとなるのです。……下世話で無目的で無秩序なように見えても、歩道での触れ合いは、積み上げることで都市の社会的生活の富を生み出す小銭のようなものです。(9)

(山形浩生訳、鹿島出版会)

ジェイコブズの著書が論じているのはコミュニケーションではなく建築についてである。しかしながら彼女は並外れて鮮やかな筆致により、都市建築の考察を通じて、思い通りに構成されるコミュニケーション世界を人々が作れる状況をなぜ憂慮すべきなのかを示すのに一役買っている。ジェイコブズの言う「歩道での触れ合い」は歩道だけで起こる必要はない。「アーキテクチャ(建築)」という概念は狭義ではなく広義でとらえるべきである。ウェブサイトにはアーキテクチャがあり、フェイスブック、ツイッター、ユーチューブ、レディットにもアーキテクチャがある。ジェイコブズが歩道に見出した利益を認めることで、われわれはその他多くの場所で同じような利益を見つけようとするかもしれない。コミユニケーションシステムは、最良の状態にあるとき、多くの人にとって都市の一大中心地によく似た場所となりうる（そこよりはるかに安全で、便利で、静かでもある）。健全な民主主義にとって、オンラインであろうとなかろうと共有される公共の場はエコーチェンバーよりずっとすばらしい。

街路や公園といった健全な公共空間（パブリックフォーラム）および日刊紙やネットワークテレビなどの大衆メディアを備えたシステムでは、自己隔離はより困難で、エコーチェンバーを作るのはかなり難しく、人は選ぶつもりのなかった見解や情報とたびたび出会うだろう。こうしたシステムは社会経験のための共通の枠組みのようなものを多様な市民に提供する。「実社会での交流によってわれわれは多様性に対処することをしばしば強いられるが、一方、仮想の世界は、人口の構成にかんしてではなく興味や見解にかんしてより均質かもしれない。特定の場所にもとづく共同体は興味にもとづく共同体に取って代わられるかもしれない」[10]。終末が近づいていると信じ、二〇〇一年九月一一日の攻撃はその明らかな兆候だと考えた共同体は、「より建設的な公開討論を引き起こすかもしれない、必然的に多様性に富む考えから」自分たちを「隔離する」ようなインターネットの使い方をしていた」という調査結果を考えてみよう[11]。

たしかに、断片化および行き過ぎた自己隔離について何かできるのか、また何かするべきなのかはまだ分からない。この話題はおいおい取り上げるつもりだ。理解するという目的では、問題があるかどうかという疑問とその問題について何かするべきかどうかという疑問を区別する以上に重要なことはまずない。軽減できない危険は危険でありつづける。われわれが今もこの先もまともな解決策を思いつかなければ、あるいは思いつけないがゆえに、危険は去っていかない。その事実を理解しているほうが、明確に思考しやすい。

フェイスブックが望むこと

二〇一六年六月二九日、フェイスブックは「あなたのためによりよいニュースフィードを組み立てます」と題した投稿で、重大発表をおこなった(12)。厳密にはデイリー・ミーを生成する方法を見つけたとは言っていないが、その実現にかなり近づき、同社が目指すものが明らかになった。

この投稿は「ニュースフィードが目指すのは利用者に最も関係のある記事を表示することです」と力説する。このことをふまえて、フェイスブックはなぜニュースフィードで記事をランクづけするのだろうか？「関心のある投稿が真っ先に目に入るようにすれば、友達の重要な投稿を見逃さないからです」。現に、ニュースフィードは「利用者にとって最も重要な記事を提供する」ことをはじめとする「コアバリュー」によって動かされている。そのためフェイスブックはこう訊ねる。「毎日何千本もの記事を流し読みすることができて、その中から最も重要な一〇本を選ぶとしたら、どれを選びますか？ 選んだ記事はあなたのニュースフィードに並んでいるはずです。それは主観的で個人的な独自の選択で、われわれが実現したいと願うものの精神がそこに表れています」（この言葉についてはしばし考える価値がある）。私はフェイスブックが好きだし、いつも使っている――それでも改良の余地があるということは特筆しておきたい。

この精神と矛盾することなく、フェイスブックは「あなたが関心を示しそうな友達や家族の投稿をけっして見逃さないように、そうした投稿をニュースフィードのトップ付近に表示します。われわれはあなたから学び、時間とともに適応しています。たとえば、あなたの妹が投稿した写真に「いいね」することが多いなら、あなたがフェイスブックを離れているあいだに妹が投稿した写真を見逃さないように、ニュースフィードのトップ付近に表示するようにします」。こんなふうに個別化が重要となる。「誰かがためになるとか面白いと思う投稿は、別の人がためになるとか面白いと思う投稿とは違うかもしれません」。ニュースフィードはさまざまな人が見たい記事を見られるようにデザインされているのだ。

フェイスブックは特定の投稿を特別扱いしたりしないと言う。フェイスブックの務めは「人とアイデアをつなげ——利用者が最も有意義だと思う記事に利用者を引き合わせることです」（ここでの「有意義」という言葉は興味深い。いったいどういう意味だろう?）。このあと「ニュースフィードの進化にともない、われわれは最も個別化された体験を提供するための、使いやすく強力なツールを作りつづけます」と続く。「われわれ」は「最も個別化された体験」が最も好ましいと、確信しすぎている。

この投稿からは、フェイスブックが状況を改善するために何をしたのかはよく分からないが、アルゴリズムを変更して、友達の投稿をニュースフィードのトップに表示させ、最も興味のある投稿を目にする可能性を高めているようだ。この投稿は「われわれの仕事はまだ一パーセントしか終わっておらず——日々改良を続けることに専心いたします」と結んでいる。朗報だ。

たしかなことは不明だが、フェイスブックはおそらく三つの理由でこの変更をおこなったのだろう。まず、同社は最近、保守的なニュースソースを抑制するという形で、政治的に片寄っているという疑いを掛けられた。家族と友人を極立たせたり、一見、利用者に完全にコントロールさせているように見えるアルゴリズムは、政治的中立性を主張することができる。つぎに、フェイスブックには株主にたいする責任があり、ニュースフィードを本当にデイリー・ミーに変えることができれば、クリック数が増えて収益が上がるかもしれない。三つめに、利用者の多くはさまざまなニュースサイトの記事を再投稿するだけで、そうなると自分で書いたオリジナルの投稿が減る。再投稿された記事があまり興味を引かないとするとクリック数が減り、魅力が減じる（三番めの理由が最も重要なのではないかと推測する）。

フェイスブックがこれらの点を考慮に入れるのはもっともだ。しかし、すべての利用者のニュースフィードが完全に個別化されて、異なる政治家——バーニー・サンダース、ヒラリー・クリントン、ドナルド・トランプなど——の支持者にそれぞれ根本的に異なるニュースを見せ、そのニュースが異なるトピックに注目し、あるいは同じトピックをまったく異なる切り口で伝えているといった状況は望むべきではない。フェイスブックは、すべての利用者のニュースフィードを個別化して見たい投稿だけを見られるようにすれば利用者を解放することになると考えているようだ。そんなことは信じるな。二〇一六年の大統領選挙で、フェイスブックのニュースフィードは大量の偽情報を広めたのだ。

フェイスブックがコアバリューの重要性を力説するのは正しいが、同社のコアバリューは見直したほうがいいかもしれない。もちろんフェイスブックは民間企業であり、公益事業ではない。株主にたいする責任がある。しかし利用者がどういうニュースを見るかを決定するうえで同社が果たす役割が大きいことを考えると、民主的自治を促す、あるいはせめて損なわない、という項目をコアバリューに含めなければ、理想にはほど遠い。フェイスブックはもっとうまくやれるはずだ。

「私は恐ろしい。あなたはどう？」

ある友人は「夫は妻よりも幸せにはなれない」という言葉を座右の銘としている。ありきたりかもしれないが、彼はいいところを突いている。感情は人に伝染するのだ。家庭が幸せなら、あなた自身も幸せになるだろう。配偶者や子どもが何かに怒っていたり、怖がっていたりすれば、あなたも同じ気分になりやすい。

読んだり見たりする記事の感情価がこれと似た影響を及ぼすのは当然だ。ツイッターのタイムラインに投稿するのが悲観的な人ばかりで、国の経済や行く末に絶望しかけているなら、あなたもいっそう悲観的になるだろう。もっと気がかりなことがある。アメリカあるいはイギリスが犯罪行為を働いているという噂に激怒しているテロ組織が作成した情報を、疎外感を抱く若者が読めば、その若者も怒りを募らせるかもしれない――そして暴力行為に手を出すかもしれない。個別化の一つの結果は、話題や視点の断片化だけでなく〝感情〟の断片化でもあるようだ――それは感情全般のことかもしれないし、具体的な対象や見解にかんする感情かもしれない。

フェイスブック自身による、物議をかもしている重要な研究で、こうした影響を裏づける証拠が示された(13)。この研究で、フェイスブックはコーネル大学と共同で実験をおこなった。特定の利用者に悲しい投稿をわざと流して、投稿の悲哀が利用者の感情に作用するかどうかを調べたのだ。もちろんフェイスブックは利用者の感情に直接触れてはいない――しかし、その利用者がつぎにどう行動するかを見るこ彼らの投稿に変化はあっただろうか？　利用者は自分も悲しい記事を投稿しはじめたとはできた。利用者の行動は影響されただろうか？

いずれも答えはイエスである。悲しい投稿を見せられた利用者は自分も悲しい記事を投稿しはじめた。利用者がつぎにどう行動したかを見て感情への影響を測るならば、家庭や職場でと同様に、フェイスブックページでも悲しみの感情は伝染することが判明した、と公正に述べることができる。この研究が物議をかもしているのは、フェイスブックが利用者の感情を操作しているとしたら、利用者は必ずしも喜ばないからだ（フェイスブックが利用者もしくは利用者に準じる人々を本当に怒らせたり悲しませたりしたければ、そうすることはたやすいはずだ）。だがフェイスブックの信用のために言えば、同社は純粋に科学に貢献したのであり、ソーシャルメディアで読む投稿の感情価は、何を考えるかだけでなくどう感じるかにも作用するという、確たる証拠を引き出したのだ。人が自分をさまざまな集団に振り分けたり、振り分けられたりすれば――しばしばまったく同じ出来事にたいする反応として――必然的にそれらの集団の感情面の経験は違うものになる。

ワールドカップ大会は当たり障りのない例である。ドイツがアルゼンチンと戦えば、異なるチームのファンは同じ試合結果に別の感情で反応するだろう。いろんな意味で選挙もこれと似ている。しかし分極化が自明ではない出来事――テロ攻撃、自然災害、純粋に科学的な報告――にたいして、根本的に異なる感情で反応することもある。現にそういうことは毎日起きていて、それはエコーチェンバーの影響力によるところが大きい。

先駆者と中間形態

無制限のフィルタリングは未知のものと思う人がいるかもしれない——それは新しい技術で実現するかもしれない成果であり、ことによるとSFの小道具（が実現した世界。よくあることだ）とさえ思えるだろう。しかし多くの点で、それはすでに実現しているものの延長線上にある。フィルタリングは避けようのない現実だ。その歴史は人類の歴史と同じくらい古い。フィルタリングはわれわれの頭脳に組み込まれている。すべてを見て、聞いて、読める人間などいない。一時間のうちに、まして一日ともなれば、生活を自分の手に負える首尾一貫した状態にするためだけに、誰もが大量のフィルタリングをこなしている。人間の注意力は乏しく、人は情報に埋もれないように注意力を有効に使うのだ。

たしかに行動科学という分野全体が、注意力の有限性ならびに、人が自分の思考や経験を通すフィルターに、執拗に注目することから生まれた学問と考えられる。この学問分野の創始者である、ノーベル賞を受賞したダニエル・カーネマンは、二〇一一年刊行の名著『ファスト&スロー　あなたの意思はどのように決まるか？』で知られる。だが彼のはなばなしい経歴は、一九七三年に出版されたデビュー作『注意と努力（原題 Attention and Effort）』の書名にたくみにほのめかされていた。行動科学のかなりの部分が、特定の話題や関心事に注意を向けつづけるのは難儀だと強調している。人はしばしばその苦労を最小限にしたがる。この傾向は人間という種に組み込まれており、時に、注意力を意図的に配分する。シリアとイラクの問題よりも、わが子に注意を向けることに決める。だが、そんなことは考えずに注意力を配分していることが多い。車を運転中は自分の車の前後にあるものに集中し、そのときの動作の多くは無意識になされる。われわれが「見る」もの、気づくものは、しばしば意識的なコントロールの外にあるのだ。

コミュニケーションの世界にかんして、自由な社会は不要な情報をふるい分ける多くの力を人々に与える。独裁国だけが、読んだり見たりすることを国民に強要する。自由な国では、新聞を読む人がみな同じ新聞を読むことはないし、新聞をまったく読まない人も多い。人々は毎日、自分の趣味や見解にもとづいて雑誌を選ぶ。スポーツファンはスポーツ雑誌を選び、多くの国では自分の好きなスポーツに的を絞った雑誌を選ぶ——たとえば『バスケットボール・ウィークリー』や『プラクティカル・ホースマン』だ。保守派は『ナショナル・レビュー』や『ウィークリー・スタンダード』を読むことができる。カーマニアは無数の雑誌を利用できる。愛犬家には『ドッグ・ファンシー』が人気だ。政治観が左寄りならば『アメリカン・プロスペクト』が気に入るかもしれない。また多くの人が『シガー・アフィシオナド（葉巻愛好家）』を愛読している。

これらは多くの国々における長年にわたる生活の実態、すなわちコミュニケーションの選択肢の多様性および考えられる選択肢の幅広さを示す最新の実例にすぎない。しかしながら新たに生まれつつある状況は大きく異なり、その違いは何にも増して、コンテンツにたいする個人のコントロール、選べる選択肢の数、情報を受け取る速度といった要素が劇増し、それにともない〝大衆メディア〟の力が低下したことに由来する。[14]

大衆メディアには新聞、雑誌、放送局などがある。それらの社会的機能を正しく理解することは、本書で大きな役割を担うことになる。顕著な最新の例として、『タイム』『ニューズウィーク』『ニューヨーク・タイムズ』『ウォール・ストリート・ジャーナル』、CBS、『ニューヨーク・レビュー・オブ・ブックス』について考えてみよう。このようなメディアに頼る人々は、さまざまな他者と共有する経験や、もともと探していなかった情報や話題との触れ合いも含めて、幅広い機会と出会う。『ニューヨーク・レビュー・オブ・ブックス』は選ぶつもりのなかったたくさんの情報を提供してくれる。日刊紙も同様である。特定の情報を含めたり排除したりする権限があれば選ばなかったようなさまざまな記事をそこで見つけるかもしれない。ドイツにおける移民をめぐる緊張やロサンゼルスでの犯罪、東京の目新しい商慣習、インドでのテロ攻撃、あるいはニューオーリンズのハリケーンの記事が目に留まり、そうした記事を読むかもしれない。しかしそれらの記事をツイッターのタイムラインやデイリー・ミーに流そうとは思わなかっただろう。あなたはテレビの特定のチャンネル——ことによるとチャンネル4——を見るかもしれないし、好きな番組が終われば別の番組、選ぶつもりはなかったが、目に留まったドラマや報道特番の冒頭を見るかもしれない。

『タイム』や『ニューズウィーク』を読んで、マダガスカルの絶滅危惧種やダルフールでの大量虐殺の議論と出会い、興味を持ち、行動が影響され、人生が変わることがあるかもしれない。その記事をまず第一に選ぶことはなかっただろうという事実にもかかわらずである。目にする特定のコンテンツを個人がコントロールできないシステムには、街頭との共通点がたくさんある。街頭では友人とだけでなく、さまざまな活動に従事する雑多な人々とも出会うかもしれない（銀行の頭取や政治に抗議する人々、物乞いとも出会うかもしれない）。

マスメディアは消えかけている——多くの人に経験を共有させ、さまざまな話題や考えに触れさせる大衆メディアという概念全体が、人類のコミュニケーションの歴史において短命だったのだ——と信じる人々がいる。未来の予測としてはこの考えは間違っているように思われる。インターネットにおいてさえマスメディアは大きな役割を果たしつづけている。だがたしかに、その重要性は時とともに薄れてきている。

通信市場が変化しつつあるという言い方は控えめすぎる。最も重要な大衆メディアの多くはかなり苦しい状況だ。人類史の観点に立てば、工業化社会であっても大衆メディアは比較的新しく、あって当たり前とはけっして言えないことを忘れてはいけない。新聞、ラジオ局、テレビ局には特殊な歴史があり、始まり方も独特だったが、終わり方も独特かもしれない。実際、二〇世紀は多くの人に同じような情報と娯楽を提供した、大衆メディアの黄金期と見るべきである。

この点で二一世紀は状況が一変するかもしれない。些細な事実を考えてほしい。一九三〇年、日刊紙の購買部数は世帯当たり一・三部だった——これが二〇〇三年にははやくも〇・五〇部以下に減った。この間に一般に新聞の購読と相関性のあった読者の教育年数は急増したにもかかわらずそうなった。少なくとも選択肢の増加とカスタマイズ能力の向上は、大衆メディアの社会的役割を急速に弱めている。たしかにデイリー・ミーに付随する、今の時代に顕著な特徴の一つは、特殊な興味に応えるメディアである。さまざまな話題を伝える幅のある情報源として機能する代わりに、オンラインのニュースサイトはスポーツ、技術、政治といった狭いテーマに的を絞った、専門化した「バーティカル」の形態を取ったり、(政治やスポーツへの統計的手法を重視するファイブサーティエイトというブログなど)規模の大小にかかわらず、ニッチ市場の興味を惹くある分野に特化する手法を使うことが多い。このようなニュースサイトは急増している。そこには投資家の金が集まり、定評ある報道機関としてではなく、どちらかというと新興企業のように運営されている。ボックス・メディアが運営する各種プラットフォームのように、これらの情報源の高度な専門化はいくつかのエコーチェンバーを生むだろう——そして経験が共有される可能性は小さくなる。

『ｈｅｒ／世界でひとつの彼女』

まもなく現実となる世界を鮮やかに描いた作品として、スパイク・ジョーンズ監督による二〇一五年のすばらしい映画『ｈｅｒ／世界でひとつの彼女』について考察しよう。この作品は人が認識できるディストピア的未来を描いた作品として、ある意味、『一九八四年』や『すばらしい新世界』と並び称され、加えてオーウェルもハクスリーも想像できなかったディストピアをとらえていると、私は思う。

主人公のセオドア・トゥオンブリーは、手紙の差出人と受取人の双方についての膨大な情報をもとに——記念日に妻が夫に贈る短い手紙など——高度に個別化された手紙やカードを書いて生計を立てている。彼の世界では、ラブレターは外注してカスタマイズしてもらうものである。トゥオンブリーはオペレーティングシステム（ＯＳ）ではないが、ＯＳのように行動する。また妻とは離婚寸前で、身のまわりにはビデオゲームや匿名のテレフォンセックス（もちろん個別化されている）があふれていて、生活は混乱している。ところがトゥオンブリーがあるＯＳを購入すると事態は一変する。そのＯＳとは〝自称〟サマンサという人工知能の一形態である（Ｓｉｒｉ４・０を思い浮かべるといい）。

サマンサは電子メールも含めて、トゥオンブリーのコンピュータにアクセスする。サマンサは読むのが速い。彼の好き嫌いを知っているし、長所と短所も分かっている。だが何より重要なのは、サマンサがトゥオンブリーに興味津々だということだろう。サマンサは彼の話を聞く。彼の目を通して世界を見たがる。彼が朝目を覚ますとそばにいて、毎晩おやすみを言い、彼もおやすみと返す。そしてサマンサは彼が眠っているあいだ、見守っていてくれる。

もちろんそれだけならトゥオンブリーの興味はたちまち薄れるだろう。とんでもないナルシストでないかぎり、「もっと教えて！」としか言わない相手を好きになるはずがない。しかしサマンサは自律的に興味と関心を示すように作られている。サマンサは作曲するのが好きで、遊び心があり、好奇心が強く、自信をなくすことがあり、思わせぶりだ。よくは分からないが、これらの特徴もおそらく個別化の成果だろう。ことによると、それらはまさしくトゥオンブリーが望み、求めていることなのかもしれない。あるいはアルゴリズムはトゥオンブリーのブラウジングの習慣を吟味することで、パートナーにどういう種類の自主性をどの程度身につけていてほしいという彼の願望を知っているのかもしれない。

トゥオンブリーはサマンサに恋をする。好きにならずにいられようか？　サマンサはトゥオンブリーを知り尽くしている。サマンサは彼のデイリー・ミーであり、その彼女が恋人になったのだ。愛しくてたまらないはずだ。実際にはＯＳが恋人になることなどないように願おう（少なくともある程度、そうなると予測するのは非現実的ではないが、この映画は生身の人間や不完全な個別化を支持する説得力のある主張を展開している）。どうなるにせよ、『ｈｅｒ／世界でひとつの彼女』という映画は刻々と進行しているプロセスの隠喩ととらえることができ、そのプロセスによって、われわれの拾い読みの習慣――使う言葉、訪れる場所、友達になる相手、「いいね」をクリックする投稿――は、われわれの好みや価値観についての無数のヒントを提供してくれる。サマンサでなくても、あなたはこうした好みや価値観に応えることができる。あなたは今や普通に利用されているアルゴリズムになることができるのだ。

ソーシャルメディア

私の主要テーマはオンライン行動全般であり、議論の大部分は大手ウェブサイト――『ニューヨークタイムズ』、FOXニュース、アマゾン・ドット・コム、パンドラ――の利用にかかわるものとなる。だが、ソーシャルメディアにもかなりの時間を割くつもりでおり、それには定義を明らかにする作業が必要になる。

連邦最高裁裁判官のポッター・スチュワートがポルノについて「私が見ればそれと分かる」と書いたことは有名だ。われわれはソーシャルメディアを見ればそれと分かるだろうか？　例を挙げてもすぐに古くなるだろうが、フェイスブック、ツイッター、インスタグラム、スナップチャットは間違いなくそれとみなされる。参考になる定義によれば、ソーシャルメディアとは「通常モバイルまたはウェブの技術を使い、利用者が生成するコンテンツの作成と交換を可能にするインターネットを使ったプラットフォーム」である。[15]ウィキペディアは、利用者がコンテンツを作成できるので、この定義に当てはまる。ユーチューブも利用者がコンテンツを共有できるので、含まれるに違いない。フリッカーとバインもその具体例だ。ブログ（マージナル・レボリューションなど）やマイクロブログ（ツイッターなど）は確実に含まれる。ＳＮＳも同様で、とくに目立つのはフェイスブックだが、ワッツアップ、オルカット、イク・ヤク、タンブラー、トゥエンティもだ。ソーシャルメディアは人との交流にもゲーム（セカンド・ライフやポケモン・ゴー）にも利用できる。アプリはそこに含まれるだろうか？　私の目的からは、先ほどの定義に該当するかぎり、確実に含まれる。

われわれが扱っているのは変化の大きい分野だということが明らかになったはずだ。その内容は時とともに急速に変化する。二〇〇六年にはブログとブロゴスフィア（すべてのウェブログとそのつながりを含めた総称）が大流行した。ブログは今も健在で、重要性を保っているが、中心的な役割は薄れた（そして「ダイヤル式電話」や「グルービー（いかす）」といった言葉のように、「ブロゴスフィア」という言葉はすたれたようだ）。ツイッターは二〇〇六年に、タンブラーとホワッツアップは二〇一〇年に、スナップチャットは二〇一一年にサービスを開始した。ソーシャルメディアは多くの場合、政治や民主主義とは無関係だ（たしかにこれらのソーシャルメディアはそういった話題からの一種の息抜きの場である）。そうであるかぎり、ソーシャルメディアはここでの私のおもな懸念を引き起こすことはない。しかしソーシャルメディアが政治にまったく無関心だとしても、それらはニッチを生み、ニッチは断片化を生むかもしれない。

基準について一言

インターネットの世界にたいする評価ならびにインターネットの何がいけないのかについての主張には、〝何と比べて？〟という問いが必要である。コミュニケーションの世界は過去のある時期——たとえば一九四〇年、一九六五年、一九八〇年——のほうがずっとよかった、という意見は容易に想像できる。おそらくコミュニケーションの黄金期はあったのだろう。多くの人がそう考えている。けれどもここで私が主張したいのはそういうことではない。私は現状を失われたユートピアと比べるのではなく、これまでになかったコミュニケーションシステム——すなわち既存の技術力と思いも寄らない改良の助けを借りて、充実した内容、楽しみ、多様性、挑戦、快適さ、不安、色、驚きが詰まった、大都市に匹敵するものを人々に提供できる場所——と比べようとしているのだ。

この主張がじれったいほど曖昧なのは承知している。理想的な基準が何を含ま〝ない〟かを挙げることが、役に立つかもしれない（正当性を説明するより、不当なものについて述べるほうがずっと簡単だ）。理想的な基準は、多くの人がインフォメーションコクーンの中に自分を振り分けるような、政治がひどく分極化したシステムは含まない。理想的な基準はあまり断片化されていないし、トピックやアイディアとの思いがけない触れ合いを引き起こす。理想的な基準は、悪気のない人々や悪気がないとは言い切れない人々によって拡散され、健康と富の問題について同胞を欺くような偽情報に対抗する。そして考えが似ていない人のあいだでの熟議を促す。理想的な基準は好奇心旺盛な人がいることを認め、政治的な好奇心を市民の美徳とみなして育てる（特定の人々がそのような美徳を身につけており、自分の先入観に挑戦する情報を読みたがることを思い出してほしい）。

こうした考えもやはり曖昧である。殊勝ぶったり説教じみていたり、あるいは現実に生きている人間の生活（注意力の持続時間は言うまでもなく）に絶望的なほど向かない、理想的な通信市場の概念は提示するべきではない。具体的な問題を探るうちに、理想的な基準ならびにそこからの逸脱が明らかになればよいと思う。

政治、自由、フィルタリング

議論を進めるうちに多くの問題に直面するだろう。それぞれの問題を詳しく取り上げるが、便宜上、ここで簡単に箇条書きで示す。

・民主主義社会にとっての偶然の出会いと経験の共有の重要性
・純粋ポピュリズムすなわち直接民主制と、説明義務を果たすだけでなく熟慮と内省を保証しようとする民主制の大きな違い
・言論の自由の権利と、そのような権利がしばしば推進する社会福祉との緊密な関係
・考えの似た人のあいだでの議論が過度な自信、過激思想、他人への侮蔑、そして時には暴力さえ生むといったリスクの蔓延

・「サイバーカスケード〔第4章参照〕」を含めた社会的カスケードの、潜在的に危険な役割。そこでは情報は真偽に関係なく、またたく間に広まる
・貧しい国と豊かな国の両方で自由を促進するための、インターネットおよびその他の通信技術の途方もない可能性
・言論の自由は「絶対」であるという見解の、信じがたい性質
・誰か一人に与えられた情報が、多くの人に利益をもたらす可能性を高める方法
・われわれの市民としての役割と消費者としての役割の違い
・言論統制の必然性、さらに言えば「規制」への反対を強く主張する人々のためになる言論統制の必然性
・文化と政治の両方にかけられた強い市場圧力の、害を及ぼしかねない効果

しかし本書全体を統合する論点は、フィルタリング能力が引き起こすかもしれない、民主主義社会にとってのさまざまな問題ということになるだろう。民主主義は脆弱かもしれないし、あるいはそんなことはないかもしれないが、分極化は深刻な問題となりうるし、人々が別々のコミュニケーション世界で暮らしていれば――アメリカ、イギリス、フランス、ドイツ、そしてあらゆる国において、現に時折そういう状況が起きているように思われる――その問題は増大する。ソーシャルメディアを含めた現代のコミュニケーション環境が、党派心が生まれた一因であることに疑いはない。

問いが二つある。一つめの問いに対する私の答えはイエスだが、それ自体害のない合理的な個人の選

択がいくつもの社会的困難を生むことはあるかどうかである。もう一つの問いに対する私の答えはやはりイエスだが、人々が否応なしに事物にさらされる「街頭」や「広場」に相当する場所を維持することは重要かどうかである。具体的に言えば、私は民主主義の特定の概念――熟議という概念――を擁護し、その上で完璧なフィルタリング能力を備えたシステムの成果をその点で判断したい。

完璧にフィルタリングできる世界では街頭も大衆メディアも消えるだろう、あるいは消えるはずだと主張するつもりはまったくない。市場がそうした場所やそれらに相当する場所をどの程度生み出すかは経験的な問題だ。デフォルトで大衆メディアを求める人もいる。彼らはニュースを探して大衆メディアに向かい、イデオロギーの傾向はあまり気にしない。テレビやインターネットにある街頭およびそれに相当する場所をとくに好む人もいる。たしかにインターネットは、新しい話題や新しいものの見方も含め、これまで見つけるのが難しすぎた情報に人々を触れさせることができるすばらしい未来を約束する。さまざまな種類のがんについての情報や考えられる治療法についての異なる意見を見つけたければ、一分足らずで見つけられる。さまざまな種類の自動車の安全記録について知りたければ、簡単な検索で多くのことが分かる。特定の外国について、その国の習慣から政治や気候まで知りたければ、世界一の百科事典を調べるよりもインターネットで調べるほうが成果が上がる可能性がある。

多くの話題や意見へのアクセスを確保することに関心のある人々から見れば、既存の通信技術は大変ありがたい。だが、とくにインターネット上の目につく「街頭」の多くはかなり専門化しており、特定の話題や見解に限定されることに変わりはない。私がこれから主張するのは、人々に好奇心が足りないとか、街頭は消えるだろうということではなく、街頭を求める根強い要求があるということであり、表現の自由のシステムはある程度その要求の観点から考えるべきだということである。私はとりわけ何十万、何百万、何億もの人々が、自分自身の声の音量を大きくしただけの反響をおもに聞いているといった状況がもたらすリスクを強調するつもりだ。

取り上げない問題

主要な問題を特定するための説明がいくつか用意できた。私は言論市場の「需要」側についての問題を強調するつもりだ。それらの問題は生産者の行動ではなく、消費者の選択と選好に起因する。ある見方では、新たに発生している問題のうち最も重要なものは大企業から生じており、コミュニケーションの選択をする何百万どころか何十億もの個人から生じているのではないことに、私は気づいている。しかしながら長期的に見て、最も興味深い疑問、そして間違いなく最も顧みられない疑問は、消費者行動にかかわるものだと私は確信している。それは消費者が日頃から混乱していたり、理性を失っていたり、悪意があるからではない。単独ではまっとうに思える選択が、総合してみると、民主主義の理念に害を及ぼす結果になるかもしれないからである。

私は情報の消費者に焦点を絞るので、ここ数十年に注目を集めてきた幅広い問題は論じない。そうした問題の多くは、大企業や複合企業の過剰な影響力とされるものにかかわる。

・小規模集団あるいは不利な条件に置かれた集団にとって関心を引く問題の報道が消えるおそれにつ

いては論じない。これは日々、問題ではなくなっている。それどころかニッチ市場の成長は著しく、大小の集団の役に立っている。#リパブリックでは、人々は欲しいものを見つけることができて当然であり、好きな集団の一員になることができて当然である。技術の発展は、それをどう定義するにせよ、小集団と少数派の強い味方である。独特な、あるいは専門的な嗜好を持つ人が、新しく生まれつつあるコミュニケーション世界の外に締め出されるおそれはなさそうだ。それと正反対の状況になる可能性のほうがはるかに高い。彼らは好きな情報に――これまでよりはるかに――簡単にアクセスできるようになる。あなたが『スター・ウォーズ』、二〇一二年のテレビ番組『アウェイク～引き裂かれた現実』、それともテイラー・スウィフトが大好きだとしたら、その思いを分かち合える人が見つかるだろう。

・芸術、映画、本、科学など、広く利用できる情報の〝作成〟に加わる人々の能力の、興味深い向上については検討しない。ソーシャルメディアを使って誰もが絵や物語やビデオクリップを見られるようにすることが、誰にでもできるようになるかもしれない。ユーチューブはそのほんの一例にすぎない。このように、ソーシャルメディアには強力に民主化を推し進めるはたらきがある。[16] 今は無数のウェブサイトがさまざまな知識を集めている。本、映画、車、医師、コンピュータといった多様な製品について、大部分の人がどう考えているかを教えてくれる情報源を見つけるのは簡単だし、その知識の集合体に貢献するのも簡単だ。たとえば予測市場はたくさんの予測家の判断を集めており、それらの判断は非常に正確であることが明らかになりつつある。消費者が生産者にもなる能力が向上している点については、語るべきことが多い。[17] しかし、それは本書のテーマではない。

・サプライヤーによる独占的行動や操作のことはほとんど論じない。たしかに一部のサプライヤーは独占しようとし、また一部は操作しようとする。たとえばグーグルが有料リンクを（ほかのサイトには提供せず）特定のサイトだけに提供したり、特定の検索結果を（ほかの結果よりも上に）表示するように検索アルゴリズムを調整しているという事実を考えよう。分別あるコミュニケーションの生産者はみな、ある程度のフィルタリングは避けられない現実だと知っている。生産者は、この事実と同じくらい重要だが、もっと分かりにくいことについても知っている。すなわち、消費者の注意力はこの新興市場ではきわめて重要な（そして乏しい）商品であるということだ。企業は消費者の注意力を一つの方向に向かわせ、別の方向に向かわないようにすることができれば、大もうけできる。そういう理由で、インターネットサイトの多くは情報や娯楽を無料で消費者に提供する。実のところ消費者は商品であり、しばしばお金と引き替えに広告主に「売られる」[18]。だから消費者ではなく広告主が金を払うのだ。このことはラジオやテレビに広く該当する。また多くのウェブサイトにも該当する。

消費者の注意力が何よりも重要であることをとくに考えると、一部の民間企業は消費者を操作しようとするだろうし、ときには独占的行動をとるだろう。これは問題だろうか？ 条件をともなわない答えは意味がないだろう。重要な問いは、操作または独占しようとする試みの悪影響が市場の力で弱まるかどうかである。ウェブサイトの訪問者数を競う競争は熾烈なので、私はある程度そうなるだろうと考えているが、完全に明らかなわけではない。たとえば、フェイスブックには並の競争相手にはないかなりの市場支配力がある。だが、それはここでの私のおもな関心事ではない。民主主義にとって、新しい技術によって生じる最も深刻な問題の多くは、大企業による操作や独占的行動をともなわない。それとは対照的に、アルゴリズムによる個別化が中心テーマとなる。

・インターネットなどで情報の拡散を制限するために著作権法を用いることをめぐる活発な議論は取り上げない。これはたしかにきわめて重要な論争だが、本書で検討するのとはまったく異なる問題を提起する。[19] また、通信事業者の競争を公平にするために考案された「ネットワーク中立性」という、ある意味で関係のある、激しい議論が交わされている問題も検討しない。

・「デジタルデバイド（情報格差）」について、少なくとも普通に理解されている意味では論じない。この問題に関心のある人々は、新しい通信技術への接続性における現在の不平等――インターネットに接続できる人とできない人を分ける不平等――を強調する。この論点は国内では間違いなく重要であり、国際的にはなおさら重要である。というのは情報格差が現在の社会的不平等――その多くは不当なもの――を悪化させるおそれがあり、同時に何百万（ことによると何十億）もの人々から情報と機会を奪うからだ。しかしながら国内外のいずれの状況でも、この問題はやがて収まるだろう。というのは新しい技術、中でもインターネットは、収入や財産に関係なく、ますます利用できるようになっているからだ。

もちろんこのプロセスを加速するために、無理なくできることは実施すべきであり、このプロセスは何百万、何十億という人々の、とりわけ自由と健康に恩恵をもたらすだろう。しかし、たとえ誰もがこの情報格差の有利な側にいるとしても――すなわち誰もがインターネットに接続したとしても――私がこれから説明することは起こる。私は価値観と嗜好の全般にわたり、ユニバーサルアクセスが実現している場で新たに生じている文化と政治の特徴的な格差――すなわち個々の消費者によるまともな選択がどのように個人的、社会的な害をもたらしうるかという点――に焦点を絞る。この点はまさに不平等と関連するが、それは技術への接続性の不平等とは無関係だ。この問題は接続性の不平等には少しも依存しない。

私がこれから探るデジタルデバイドは悪夢かもしれないし、そうではないかもしれない。だが私が正しいとすれば、「消費者主権」という概念に具体的に表れているように、どんなコミュニケーションシステムの価値を見極めたがる人々の懸念が自由市場によって論じ切れるという考えを退けるべき、あらゆる理由がある。版の異なる無数のデイリー・ミーが発行される想像の世界は、民主主義の観点から深刻な問題を引き起こすだろう――現に問題は起きている。

第2章　類推と理念

最新の通信技術によってもたらされている変化は、デイリー・ミーという概念によって、誇張されるどころか過小評価されている。今起きていることは、コンピュータ画面に表示されるものがどんどんカスタマイズされるという事態をはるかに超えている。

職場に通勤せずに遠隔勤務している人は多く、その傾向は増している。われわれは多くの多様な人々と出会う可能性の高い近所の書店に行かずに、アマゾンで本を探す。また近所のレストランに行かなくなっている人もいる。〔宅配サービスの〕シームレスや類似のサイトが、寿司やピザを喜んで配達してくれるからだ。近代の夜明けを目前にして、メディアアナリストのケン・オーレッタは「パソコンで曲を試聴して、クリックすれば注文できるんだ。店に行かなくていい。車に乗らなくてもいい。動かなくていいんだよ。天国。天国だね」[1]と熱く語った。

本当に？　天国？　たしかに、コンピュータからリネン類、ダイヤモンド、車、医療にかんする助言まで、何かに興味を持てば、オンライン企業が喜んで助けてくれる。実際、大学の授業を受けたいとか、大学院の学位を取りたいとしても、キャンパスに通わずに済むかもしれない。大学教育はオンラインで

受けられるし、結婚式を執り行う仕事に就きたければ、その資格も得られる。(2)

総合的に見て、これはよくないことだ、あるいは損失だなどと主張するのは愚かだろう。それどころか、利便性の飛躍的な向上は大変ありがたい。プレゼントを探して車を乗り回すのはじつに面倒だ（かつてプレゼント探しがどんなふうだったかを思い出せるだろうか？　あなたはまだ相変わらず？）。多くの人にとって、カーソルでポイント&クリックする方法を手に入れたことは驚くべき進歩だ。富める者も貧しい者も、多くの人が最新の技術を利用して、どんな意味であれそれまで訪れることのできなかった場所――南アフリカ、ドイツ、イラン、フランス、ベニス、北京、さらにはあらゆる土地の店やおびただしい種類の専門医のクリニック――を「訪れて」いる。だが、何百万もの人にとって、こうした利便性の向上の結果、多様な他者と出会う機会が減るのを心配すること――そして民主主義および市民権の縮小がもたらす結果についても案じることは、けっして愚かではない。

あるいは協調フィルタリング――オンラインでの日常生活では珍しくない――という概念について考えてみよう。われわれは協調フィルタリングを当然とみなすが、それがいかにすばらしいかについて、またもはやそれをすばらしいと思わなくなったことがいかにすばらしいかについて、少し考えてみる価値はある。たとえば一度でもアマゾンで本を注文すれば、その本を気に入った他の客が選ぶ商品をあなたに教えるのに、アマゾンは絶好の立場にいる。本を何冊も注文したあとでは、アマゾンは、あなたに似た人々が何を気に入ったかにもとづいて、あなたが気に入りそうな別の本――あるいは音楽や映画――を知って、教えてくれるだろう。そしてもちろんネットフリックスなどのほかのウェブサイトも、あなたに特定の映画を評価させ、ほかの利用者の評価と比べ、あなたが見ていない映画をあなたに似た人がどう思うかを知りさえすれば、あなたが楽しめそうな新作と楽しめそうにない新作を教えられるようになる。アルゴリズムは優秀で、しかも進化しつづけている。

音楽や食品については可能性が無限にあり、その可能性は日々増えつづけ、よりすばらしくなっている。たとえばパンドラはあなたに好きな曲を訊ね、その答えをもとにあなた専用のチャンネルを作ってくれる。協調フィルタリングにはあまり頼らずに、あなたが好きな曲と似た〝曲調〟の曲を見つけてくる。パンドラは最初の曲を薦めたあとで、あなたのために選んだ曲を気に入ったかどうかを訊ね、こうして精度を上げていく。パンドラの基本的な目標は個別化を進めること――あなたの選好と嗜好に訴え、「がらくた」を排除することである。「つまらない曲」が好きな人は少ないが、よく注意してほしい。最初はつまらないと思えた曲（ボブ・ディラン、バッハ、モーツァルト、テイラー・スイフト）を、たまたま聴いてみたら気に入るかもしれないだろう。

パンドラはあなたの曲の好みをひとたび知ったら、少なくとも高い確率で、あなたについてもっと多くを知るだろう。あなたがエイミー・マンやリズ・フェアを好きだとしたら、あなたのおおよその人口統計学的データについて何らかの情報を得るだろう。好きなのがセレーナ・ゴメス、ハイム、デイブ・クラーク・ファイブだとしても同じことだ。音楽の好みで政治的傾向を予測できるだろうか？　つい先ごろパンドラの役員が、ジップコードと音楽の選択をもとにした政治的傾向についての同社の予測の精度は七五～八〇パーセントだと語った。これだけの精度を達成したうえで、パンドラは「選挙の候補者および政治団体が、パンドラと月契約している七三〇〇万人のアクティブリスナーの大部分を対象とすることのできる」(3)広告サービスを開発した。

パーソナルショッピングは手軽に利用できるようになり、顧客の興味および購買行動と、ラジオ、コンピュータ、布地、ペン、部屋のデザインなど、目もくらむほどの品揃えの商品とを組み合わせようと画策している。この場合もやはり、一連の購買行動についての情報によって、他の客についての予測を提供できる可能性がある。『ｈｅｒ／世界でひとつの彼女』のサマンサとは少し違うが、人がどんな靴下を好むかが分かれば、ある程度の推測は可能かもしれないし、ラジオと携帯電話の好みも分かれば、その推測はかなり正確になるかもしれない。またそう遠くない時期に「仮想のスターが登場するだろう。……彼らの容姿は美しい。美しすぎて、まさにあなたが美形だと思う顔立ちで、必ずしも隣の人が美形だと思う顔立ちとは限らない。なぜならその仮想のスターは各家庭向けにカスタマイズされるはずだからである」(4)という提案について考えてみよう（いくつかのウェブサイトが個々の読者に合わせたロマンス小説を提供していると聞いて驚かないだろうか？　少なくともそのうちの一つは「理想の恋人」についての情報を訊ね、好みに合う物語を作ってくれると聞いたらどうだろうか？）。

今起きていることは多くの点で驚異的で、アマゾン、ネットフリックス、そして類似のサービスが提供するお薦めは不思議とよく当たっていることがあり、薄気味悪くさえある。無数の人々がこの方法でお気に入りの新しい本、映画、バンドを見つけている。けれどもその結果、視界を狭めるように促され、また新しい好みの形成を可能にするのではなく、現在の好みに合わせるように促されるとしたら、不安になるだろう。こうしたフィルタリングがおこなわれていることに気づいてさえいない人は多く、懸念は広がる。この問題は映画と音楽の分野で現実に起きているが、民主主義の領域において最も深刻だ。特定の政治信条を持つ人々が、同じ考えを持つ作家をつぎつぎに知るようになり、読むように薦められた本の大半が同じ考えを述べているという理由だけでその人のもともとの見解が強化されるとしよう。民主的社会において、これは厄介な事態ではなかろうか？

ここでの基本的な問題には異なる二つの方法で取り組むのが最善である。最初の方法は「公共空間《パブリックフォーラム》」という概念にもとづく、いささか奇抜な珍しい憲法法理がかかわる。二つめの方法は一般的な憲法の理念、それどころかすべての中で最も一般的な憲法の理念である熟議民主主義がかかわる。これから見ていくように、共通経験が減り、個別フィルタリングが進めば、この理念は損なわれるかもしれない。われわれはこれを正すために、自由社会は公共空間を創出して、多様な人々に接近する機会を演説者に与え、その過程でさまざまな話題や意見を述べる多様な演説者の話を一人ひとりが聞けるように保証する、という考えの背景にある理解をよりどころとするかもしれない。

公共空間という概念

一般の理解では、言論の自由の原則とは政府が承認しない言論を「検閲」するのを禁じることと解釈される。一般的には、政府は政治的な反対意見、誹謗中傷的言論、商業的宣伝、性的に露骨な言論にかんして、民事罰であろうと刑事罰であろうと罰を科そうとする。問題は、政府が取り締まろうとする言論を制限するための、正当で十分に説得力のある理由を政府が有するかどうかである。

実のところ、たいていの言論の自由の法律とはそういうものだ。ドイツ、フランス、アメリカ、メキシコ、その他多くの国々で、憲法をめぐる論争は検閲の限界に焦点を絞っている。しかし自由主義国では、言論の自由にかんする法律の重要な部分は異なる形を取る。たとえばアメリカでは、連邦最高裁は〝街路および公園は表現活動のために公衆に解放されていなければならない〟と裁定した。二〇世紀初頭の主要な判決で、連邦最高裁は「街路と公園の権原がどこにあろうと、それらの場所は太古より、公衆が使用できるようにその管理が委託されてきており、大昔から集会を開き、市民のあいだで考えを伝え合い、公共問題を話し合うために使われてきた。街路と公共の場のこのような用途は、昔から市民の特典、免責事項、権利、そして自由でありつづけてきた」と述べた(5)。

その結果、政府は街頭や公園で演説が勝手に始まることを許すしかない——たとえ多くの市民が平和と静寂を好むとしても、また歩いて家に帰る途中や近所の食料雑貨店に行く途中に抗議者や反対者と出会えばしゃくに障るとしても。近所の街路で抗議者を見かけて、彼らがそこにいること（そしておそらくあなたをうるさがらせていること）をなぜ許されるのかと不審に思ったとすると、憲法がそうする権利を彼らに与えているというのが答えだ。

たしかに政府は公共の場で演説する際の「時間、場所、マナー」について制約を設けることを許されている。犯罪、人種差別、気候変動、防衛予算の規模についての苦情を訴えるために午前三時に街頭で花火を打ち上げたり、拡声器を使ったりする権利は誰にもない。しかし時間と場所とマナーにかんする制約は妥当でなければならず、また限定しなければならない。政府は本来、演説者が公的な財産を利用して、どんな見解であれ、自分で選んだメッセージを伝えることを許可する義務がある。

パブリックフォーラム論の特徴は〝演説者が場所と人の両方に接近する権利〟を生じる点である。もう一つの特徴として、パブリックフォーラム論は、政府が言論に〝罰〟を科すのを避ける権利ではなく、言論への政府の〝補助金〟を保証する権利を生じる点がある。パブリックフォーラム論のもとでは、街路や公園で許可しなければならない表現活動を納税者が支援することが求められる点に疑問の余地はない。実際、掃除から整備まで、解放された街路と公園を維持するために納税者がつぎ込む費用はかなりの額になりうる。このように公共空間とは、言論の自由の権利が演説者への公的補助金を要求する、法の一領域を表す。

街路と公園だけ？　空港とインターネットのこと

たんに原則の問題として、公共空間を街路や公園を越えて広げるべきもっともな理由があるように思われる。近代においてはほかの場所が従来の公共空間の役割をしだいに果たすようになっている。表現活動が生まれる場として、マスメディアとインターネットが街路と公園よりはるかに重要になっている。友達と連絡をとりたければ、角を曲がった先にある公園を訪ねるよりもフェイスブックを使うほうがいいだろう。大勢と連絡をとりたければ、近くの街頭に出向くよりもツイッターやインスタグラムを使うのが最善だろう。

それにもかかわらず、最高裁はパブリックフォーラム論を街路と公園よりも広げることに慎重な態度をとりつづけている。その理由の一つは、範囲を大きく広げれば、合衆国憲法第一修正がまったく適用されない民間組織を巻き込むかもしれないからである（フェイスブックが特定の書き込みの投稿をきっぱりと拒否したり、特定のアカウントを停止したりしても、憲法上問題はない）。また最高裁が慎重なのはおそらく、歴史的な基準をひとたび放棄すれば線引きがきわめて難しくなり、民間と公共の両方の財産に接近する権利を求める声が裁判官のもとに殺到するだろうからだ。そこで最高裁は、ほかの多くの場所――政府が所有もしくは管理する場所を含む――も公共空間とみなすべきだとする、一見もっともな訴えを退けた。とりわけ空港は街路や公園以上に、雑多な公衆にリーチするために重要であるという主張がなされてきた。空港には雑多な人々が集まり、多くの人に向けて話をしたければそこに出入りできることが重要になる。最高裁は納得せず、公共空間という概念は歴史上おこなわれてきたことを参照して理解するべきだと応じた。たしかに空港は「古代」には公共空間として扱われていなかった(6)。

それでもやはり、最高裁の成員の中には歴史のみを基準とすることに相当な懸念を表明した者もある。この点にかんして最も鮮やかな一節を、最高裁裁判官のアンソニー・ケネディが記している。「人の考えはかつてのように街路や公園では変えられなくなった。ますますそうなりつつあるが、有意義な意見の交換や公衆の自覚の形成は、マスメディアおよび電子メディアで起きている。こうした通信手段に参加する公衆に与えられる権利の範囲は技術の変化にともない変わるかもしれない」(7)。ケネディ裁判官がここで認めているのは、公共空間の概念を最新の技術環境にいかに「移し替える」かという重大な問題である。連邦最高裁がこうした移行の仕事に取り組みたがらないなら、連邦議会、州政府、民間組織、一般市民がまさにその仕事に取り組むことを検討するのは自由である。要するに、最高裁は憲法上の問題として、公共空間の概念を街路と公園を越えて拡大すると明言する準備ができていないのかもしれない。しかし最高裁の側で行動する準備が整っていなくても、自由社会には多くの人が出会う場へのアクセス権が必要であるという結論を、連邦議会と州政府が下すことは許されている。

たしかに民間組織と公共機関は裁判所に強制されなくともこのような結論に達し、人々が多様な意見に触れられる状況を確保するための行動を独自にとるかもしれない。空港と鉄道の駅は表現活動のために開放しておくと決定するかもしれない——現在、多くの空港と駅がそうしている。放送局は機能的に公共空間に相当する場を独自に作ろうとして、多様な意見を持つ人々の参加を可能にするかもしれない——現在、多くの放送局がそうしている。グーグル、フェイスブック、インスタグラム、ツイッター、およびそれらの後継者は、選ぶつもりのなかった自然発生的な出会いを創出することについて、創造的に考えるかもしれない。少なくとも政府にとってと同程度に民間組織にとっても重要な問題は、古い法律の目標を今の時代にいかにして前に進めるかである。

〝なぜ〟公共空間なのか?　接近、予期せぬ出会い、苛立ち

最高裁は、街路と公園を演説者に開放しておくと保証することがなぜ重要なのかをほとんど示していない。パブリックフォーラム論と、現代の問題との関連性をどのように理解すればよいかを知るには、この問いの答えを出さなければならない。

パブリックフォーラム論は三つの重要な目標の達成を促すと認めることで、われわれはいくらか前進することができる。(8)〝第一に〟、この理論は演説者がさまざまな人々に接近できるように保証する。税金が高すぎる、宗教の多様性が尊重されていない、あるいは警察の蛮行が目に余ると訴えたいとしたら、パブリックフォーラム論がなければメッセージを聞きそびれるかもしれない多くの人に、この主張を強

く訴えることができる。街路を歩き、公園を利用するさまざまな人々の耳に、税金、宗教の多様性、あるいは警察についての演説者の主張が届く可能性は高い。彼らは同胞が抱える意見の本質と強さについても学ぶかもしれない。おそらく何人かはそこで知ったことを理由に考えが変わり、興味が湧いて、自分でその問題を調べることもあるだろう。そういうことがたまにしか起こらないかよく起こるかはあまり重要ではない。重要なのは、この理論がなければ同胞に無視されたかもしれない懸念を主張することを、演説者が許される点である。

演説者側にとっては、パブリックフォーラム論はこうして〝雑多な市民に広く接近する権利を生み出す〞。聴衆側にとっては、公共空間は、厳密には権利ではなく、たぶん歓迎されないかもしれない機会を生む。〝すなわち多様な意見や苦情を訴える多様な演説者と触れ合う、共有される機会〞である。触れ合いが共有される点を強調することは重要だ。多くの人が同じ意見や苦情に同時に触れて、最初はわざわざ聞こうとしなかったかもしれない意見や苦情と出会う人もいるだろう。事実、意見や苦情にさらされることはたいていの場合、しゃくに障ること、あるいはもっとひどいこととみなされるだろう。

独裁的支配と闘っている国では、共有される触れ合いは大きく状況を変える可能性がある。人々は自分の反対意見や不安はたんに自分だけのもので、本当の変化を起こせると訴えるのは無駄だと考えるかもしれない。彼らはそれぞれの不満や憤りの中で孤立していると感じているかもしれない。何十人、何百人、何百万人もの人々が不満を抱えており、その状況について行動する用意があるということを彼らがひとたび理解すれば、大きな変革が起こるかもしれない。ことによると政権が倒されるかもしれない。アラブの春はおおむねこのような流れの結果起きており、公共空間は重要だった[9]（もちろんソーシャルメディアはここで大事な役割を果たすことができ、旧来の公共空間の機能の多くを果たす。ソーシャルメディアは、おもに他人が何を考え、何をしているかを人々に示すことによって、反乱を起こすために、あるいは反乱に対抗するために利用することができる)。

〝第二に〟、パブリックフォーラム論によって演説者は雑多な人々に広く接近できるだけでなく、不満の対象である特定の人々や特定の機関に接近することも可能になる。たとえば犯罪や移民にかんして州議会が無責任な行動をとったとあなたが信じているとしよう。公共空間は、あなたが州議会の建物の真向かいで抗議するだけで州議会に意見を聞かせることができるように保証する。公共空間はしばしば真実への接近を促す。

これは公共機関だけでなく民間組織にも該当する。衣料品店が顧客をだました、あるいは人種差別的な態度をとったと思われているとすると、抗議者はその店自体への一種の接近を許される。これは私有地に浸入する権利が抗議者にあるからではなく――そんな権利は誰にもない――、近くに公道が通っている可能性が高く、戦略的に場所を定めた抗議は、店とそこの客の注意を確実に引くはずだからである。パブリックフォーラム論のもとで、演説者は特定の聴衆に接近することを許され、特定の聴衆は自分に向けられた苦情が耳に入るのを容易に避けることはできない。要するに聴衆が自分を隔離する能力は厳しく制限される。聴衆はゲーテッドコミュニティで暮らしたければ暮らせるかもしれないが、公共空間は彼らの行動に負荷を課すだろう。

〝第三に〟、パブリックフォーラム論は人々が多様な人や意見に広く触れる可能性を高める。あなたは職場に向かうときや公園を訪れるとき、たとえつかの間であったり、重要だと感じられなくても、意外性のあるさまざまなものごとに出会う可能性がある。出勤途中や公園で昼食を食べているときに、もともと探していなかったり、できれば避けたかったであろう主張や状況から、自分を容易に隔てることはできない。ここでもやはりパブリックフォーラム論は広く共有されるさまざまな経験——街路や公園は公有財産である——および多様な意見や状況との触れ合いを保証する傾向がある。

私が言いたいのは、こうした触れ合いは理解を促し、その意味において自由を推進するのに役に立つということである。まもなく分かるように、これらの点はすべて民主主義の理念と密接につながる可能性がある。

予期せず、望んでもいないこと

ここでは〝予期しない〟触れ合いと〝望まない〟触れ合いも区別するべきである。たとえば、あなたは公園で野球の試合や警察の行為に抗議する集団と出会うかもしれない。いずれも予期せぬ経験かもしれない。あなたはそのような経験を選んでいないし、予測もしなかった。しかしひとたび試合や抗議行動と出会えば、腹が立つことはまずないだろう。出会えてよかったとさえ思うかもしれない。野球の試合を見るのは楽しいかもしれない。抗議行動には興味が湧くか不安になるかは分からないし、あなたが抗議内容に賛同するかどうかも分からないが、興味を持つ可能性はある。抗議行動を見かけてよかったと思うかもしれない。

一方、お金をせびったり、要らない物を売りつけようとするホームレスや物乞いとも出会うかもしれない（ニューヨーク市ではよく押し売りに会う）。あなたはこうした経験を排除できるならそうすることを選んだだろう。多くの人にとって――予期せぬ触れ合いとは対照的に――望まない触れ合いという範疇には多くの政治活動が含まれる。あなたはそういう活動にうんざりしていて、散歩の途中に邪魔しないでほしいと思うかもしれない。いらいらしたり、腹を立てたりするかもしれない。それは彼らが散歩の邪魔をしているからかもしれないし、訴えの内容のせいかもしれないし、それとも演説している人物のせいかもしれない。

また〝経験〟との触れ合いと〝主張〟との触れ合いを区別することも重要である。公共空間では同胞から自分を遮れない可能性が高い。人は社会階層の違う人々との出会いを通じて、他人の生活を少なくとも垣間見ることになる。しかしながらときにはパブリックフォーラム論によって、特定の考えを持つ人々によってもたらされる経験だけでなく、彼らが主張する訴えを、たとえ短時間であれ理解する可能性が高いだろう。たとえばあなたは家庭内暴力の問題への注意を促す資料と出会うかもしれない。公共空間の最も野心的な用途は、経験だけでなく主張にも人々の注意を喚起することを意図している――とはいえ、一枚の絵や一瞬の出会いが幾千の言葉と同じ効果を持つ場合のように、経験は主張に言及するための一種の簡潔な表現として機能することがある。

パブリックフォーラム論が目指す目標に言及する際、私は予期せぬ出会いだけでなく望まない出会いも認めるつもりであり、また主張との触れ合いだけでなく経験との触れ合いも認めるつもりである。しかし望まない出会いを認めず（誰がそんな出会いを求めるだろうか？）、そういう出会いをうまくかわす能力を歓迎する人が、予期せぬ出会いはとりわけ人々の生活を変える可能性があるという理由で望ましいという意見に賛成することもあるかもしれない。また主張との触れ合いは骨が折れる、もしくは押しつけがましすぎると信じている人が、異質な人々が混じり合う社会で新しい経験と触れ合うことの価値を高く評価することもあるかもしれない。

公共空間と認知されていない大衆メディア

もちろん街路や公園でできることには限りがある。大都市においてさえ、街路と公園はあくまで〝地域〟が限定される。しかし街路や公園と同じ機能のうちの多くを別の機関が果たしている。実際、社会に備わった大衆メディア――オンラインかどうかにかかわらず新聞、雑誌、テレビ局――はとくに重要な公共空間と理解することができる。ソーシャルメディアでは必ずしも同じことは当てはまらない。フェイスブックのニュースフィードは一種の公共空間かもしれないが、同じ意味の公共ではない。

理由は簡単だ。地方都市の新聞や全国版の雑誌を読むときは、選ぶつもりのなかった多数の記事と出会う。あなたがたいていの人と同じなら、そのうち何本かを読むだろう。ことによると国の安全保障にかかわる最新の法案や社会保障改革、ソマリアの情勢、あるいは中東における新しい展開に興味が湧くかもしれないとは気づいていなくても、いずれかの記事が目に留まるかもしれない。記事のトピックについて言えることは、記事の見解についても言える。

あなたは軽蔑に値する意見の持ち主から学ぶことなど何もないと思うかもしれない。だが社説面を目にすれば彼らの言いたいことを読み、その経験から利益を得ることもあるだろう。ある点で納得させられたり、納得しなくとも情報を得ることもあるだろう。またあなた自身の主張が明確になり、磨かれるかもしれない。ひょっとしたら真実を学ぶこともあるだろう。

同時に、日刊紙の第一面の見出しや週刊誌の特集記事は、多様な人々の目につきやすい。近所の食料雑貨店で買い物中に『タイム』誌や『ニューズウィーク』誌の表紙を見かけるかもしれず、――ヨーロッパの有望な政治家、新たな危機、目覚ましい発展といった――記事が目に留まり、それまで興味がなかったその雑誌を手に取り、何かを学ぶかもしれない。

予期せず選んでもいない出会いは、個人にとっても社会全般にとってもしばしばおおいに役に立つことが判明する。ときにはそのような出会いが人々の生活を変えることもある。望まない出会いについても、別の形で同じことが起こる。ときには好みでない書き手の論説に腹が立つかもしれない。その論説がそこになければよかったのにと思うかもしれない。だが好奇心をそそられてつい読みたくなるかもしれない。たぶんあまり面白くない成り行きだろう。しかし、その論説はあなた自身の考えを再評価し、見直すようにさえ促すかもしれない。少なくとも、あなたは同胞の多くが考えていることを知り、彼らがなぜそう考えるのかを学ぶだろう――たとえば犯罪、気候変動、イラク情勢、人種差別、アルコール依存症にかんする記事に、不愉快にも出くわしたときに、そうした記事が伝えようとしていることから多少なり、たくさんなり学んでいることに気づくのだ。

テレビ局もこれと似たはたらきを持つ。おそらくその好例が、多くの国で長年慣例となっている夕方のニュースである。夕方のニュースにチャンネルを合わせれば、選ぶつもりのなかった多くの話題について知るはずだ。テレビの速報性によって、放送局は印刷された大衆メディア以上に公共空間の機能を果たしてきた。時間と場所によっては、テレビネットワークのトップニュースはよく目立ち、何百万もの視聴者に向けて主要な問題を明らかにするのに一役買い、彼らが注目する一種の共有される焦点を創出している。そしてトップニュースに続いて起きること——国内外の一連の話題の報道——は、ロンドンのハイドパークにあるスピーカーズコーナー〔誰でも演説してよい広場〕で想像されるものを超えた、演説者の広場のような場を生み出す。

以上の主張のいずれも、大衆メディアはつねに優れた仕事もしくはまずまずの仕事をしているという判断に頼ってはいない。大衆メディアはトピックや意見についての最低限の理解さえ提供できないことがあり、大方の人がすでに考えていることを手加減して伝えることがある。大衆メディアはしばしば自身の先入観や偏見に悩まされている。ときにはほとんど本質を伝えずに、サウンドバイト〔発言者の言動を短く編集したもの〕、スキャンダルとされる噂、扇情的なニュースへと向かうことがある——これはここ数十年の、当然ながら批判されている傾向である。またくだらないニュースを流すこともある。どんな時代でも、またおそらくとくに現代において、彼らはあることを強要する厳しい市場圧力にさらされている。すなわち〔読者と視聴者の〕視線を引きつけろという圧力である。この圧力が〔穏やかな言い方をすれば〕民主主義の理念にとって役に立たない報道にしばしばつながっている。

当座の目的にとって重要なのは、大衆メディアは最良の状態にあるとき、人々をさまざまな話題や見解に触れさせ、同時に雑多な公衆に経験を共有させるという点である。そこにはさいわいハッシュタグはない。たしかに、この手の大衆メディアは街路や公園よりもかなり優位に立っている。というのも、その大半はあまり地域性がなく、全国的、さらには国際的な性質がはるかに強いからだ。概して、大衆メディアは他の地域あるいは他国の疑問や問題に人々を触れさせる。また大衆メディアは穏当な非正規の世界主義のようなものを提示して、人々が最初からであれ途中からであれ学ぶことに興味を示すかどうかに関係なく、世界のさまざまな地域について、多くの人に確実に何かを学ばせようとする。

もちろん、大衆メディアは法律が認める厳密な意味での公共空間ではないし、公共機関ではなく民間組織である。最も重要なこととして、大衆の成員にはそこに接近する法的アクセス権がない。個々の市民は民間の所有者がおこなった編集上の選択および経済的な選択を拒絶することを許されていない。一九七〇年代に、まさにこの問題にかんする激しい憲法論議が交わされ、憲法で保障されたアクセス権を主張した人々が大敗北を喫した(10)。しかしながら法的強制力の問題は私のここでのおもな主張にとっては副次的である。社会に備わった大衆メディアは法的強制力がなくても公共空間の機能の多くを果たす。大衆メディアは経験の共有を促す。読者があらかじめ選ばなかったであろう情報や見解に人々を触れさせる。

二種類のフィルタリング

パブリックフォーラム論は、とくに納税者の援助によって、一種の演説者の人と場所へのアクセス権を発生させる点で奇妙で変わっているものである。だがこの法理はけっして奇妙とは言えない昔からある憲法の理念、すなわち共和制による自治と深くかかわっている。

合衆国の憲法秩序は最初から君主国、帝国、あるいは直接民主主義国と区別される、共和国を建設することを意図していた。この理念に言及することなく、表現の自由のシステムや最新の通信技術およびフィルタリングの影響を理解することはできない。したがって民主主義への熟議による取組みの観点から、共和国の概念ならびに合衆国憲法にそれがどう表現されているかについて、いくらかページを割く価値はあるだろう。この一般的な理念はアメリカだけに限定されるものではなく、自治に力を注いでいる多くの国で役割を果たしている。

共和国では、政府は王や女王によって運営されていない。国民から独立して政府を運営する統治者はいない。[11] 合衆国憲法は君主制の伝統を断固拒絶すると表明しており、憲法の起草者は（「貴族の称号」を憲法で明確に禁じ）主権を君主から「われら人民」へと意識的に移したのである。この決定はゴードン・ウッドの啓蒙的な一節である「アメリカ独立革命の急進主義」に相当する。[12] 同時に建国者らは国民の激情や偏見を非常におそれて、政府が国民の願望をそのまま法律に盛り込むことを望まなかった。たしかに彼らは一種のフィルタリングを受け入れたが、それは私がこれまでに力説してきたものとはかなり異なる。建国者らは人が見たり聞いたりするものを自分でふるい分けられるようにするよりは、国民の願望を「ふるい分ける」機関を設立し、公益を図る政策を保証しようとした。

その意味で、合衆国憲法の起草者はただの民主主義者ではなく、共和主義者であった。しかも特別な種類の共和主義者であった。彼らは、共和国は似た考えを持つ人々が集まる狭い地域でのみ存在しうるという――反対派の反連邦党《アンチフェデラリスト》によって押しつけられた――古くからある意見を拒絶した。ジェームズ・マディソンが論文『ザ・フェデラリスト　第一〇篇』に記したように、規模の有益な効果の一つは、祖国の真の利益を最も適切に理解する知恵を身につけ、また愛国心と正義感を備えているがゆえに国の利益を暫定的もしくは部分的にしか考慮しないおそれがなさそうな、選ばれた市民の一団を媒介させることで、公衆の意見を洗練させ詳説することにある。このような規制のもとでは、国民の代表によって表明された公衆の意見は、そのために招集された国民自身が表明する場合よりも、公益とより一致することもあるだろう。

そのような洗練と詳説は重要であった。それは公衆の信念を公共政策に盛り込む方法としての、インターネット全般、とりわけソーシャルメディアを賞賛するすべての人に注意を促す。こうした公衆の信念にはおそらく何にも増して、複雑な問題についての不十分な理解が反映されているかもしれない。公共政策の多くの問題は専門的なことがらへの取組みを必要とする。建国期において、代表制および抑制と均衡のシステムは国民と法のあいだに一種のフィルターを作成することを意図していて、フィルターを通して現れてくるものが熟慮されており、なおかつ十分な情報にもとづくことを保証しようとした。同時に、建国者らは「市民の美徳」という概念を重視し、政治の参加者に、狭義の自己利益以外の何かに献身する市民としてふるまうことを要求した。

この形の共和主義は、熟議民主主義を生み出そうとする試みをともなった。この制度では代表は一般市民にたいして説明責任を負うことになる。しかし、市民のあいだでも政府内でもかなりの熟慮と議論とされるものがなされた[13]。政治思想史において熟議民主主義という考えは大勢に擁護されてきた。多様な集団が「一堂に会すれば……個人としてではなく集団として、また全体として――少数の最高の人々の質を上回るかもしれない。……熟議プロセスに貢献する人が多ければ、各自が美徳と道徳的分別の自分の持ち分を持ち寄り……ある人はある部分を理解し、またある人は別の部分を理解して、みんなですべてを理解することができる」というアリストテレスの提案を考えよう。[14] これはすなわち、大勢がともに熟議すれば「少数の最高の人々の質」をしのぐかもしれないという明確な提言である。何世紀も後にジョン・ロールズは同じ可能性について書いている。「議論から得られる利益は、国民を代表する立法府の議員でさえ知識と思考能力に限界があるという事実にある。議員のうち誰一人として他人が知っていることをすべて知りはしないし、彼らが力を合わせて導き出すことができるのと同じ推論をすべて導き出せはしない。議論は情報をつなぎ合わせ、主張の幅を広げる一つの手段である」[15]。ユルゲン・ハーバーマスはこれらのテーマについて詳しく取り上げ、「よりよい議論」によって勝利を可能にするための規範と実践を強調している。

合理的討議は公開の場で包括的におこなわれ、参加者に平等なコミュニケーションの権利を与え、誠意を求め、よりよい主張が備える力なき力以外のあらゆる種類の力を分散させることを想定している。こうしたコミュニケーションの構造は、最も関連性のある論題にたいして、考えられる最高の発言を集めるための、熟議の場を生み出すと期待される。[16]

ハーバーマスは「理想的な発話の状況」という概念を探った。[17] そこではすべての参加者が真実を追究しようと試み、戦略的な行動を控え、平等規範を受け入れる。合衆国憲法の起草者は理想的な演説の状況には触れていないが、熟議民主主義にたいする熱望はその構想のそこかしこに見られる。たとえば二院制は上院、下院いずれかの不十分な議論にたいするチェック機能を果たすことを意図している。とくに上院は国民の激情を「冷ます」効果を発揮することを想定していた。上院の任期が長いのは熟議の可能性を高めることを狙っていたのだ。大選挙区制も同様で、これは代表による決定を上回る小規模集団の力を弱めるはずである。選挙人団はもともと審議するための機関であり、大統領の選択が、民意および代表による熟考と意見交換を組み合わせた結果となるように保証していた。最も一般的には、抑制と均衡のシステムには、政府全体での熟議を促すための仕組みづくりという重要な目的があった。

以上の点から明らかなはずだが、合衆国憲法は直接民主制が理想であるという前提に立っておらず、現代の基準から見てきわめて未熟な通信技術を考えると直接民主制は現実的でないという理由だけで、共和制に置き替えられたのである。最近の評論家の多くは、世界史上はじめて、直接民主制のようなものが実現可能になったと述べている。今では、市民は毎週でも毎日でも、政府に何をしてもらいたいかを訴えられるようになった。たしかに、一部のウェブサイトは市民がまさにその通りの行動をとれるように作られている。(18) われわれはこの方向に沿ったさらなる実験を期待できるはずだ。大勢が政府に何をしてほしいと望んでいるかを理解するために、ソーシャルメディアの助けを得るのは簡単だ。

しかし憲法の理念の点から見ると、ツイッターやフェイスブック、あるいはそれらに代わると思われるものを介しての直接民主制は賞賛できるような代物ではないだろう。むしろ、それは建国時の大志をいびつに歪めたものとなるだろう。最初に意図していた熟議を促すという目標を徐々に損なうだろう。アメリカの制度が直接民主制であったことはかつて一度もなく、優良な民主主義体制は、個人の意見の

断片を適当に寄せ集めるだけでなく、情報と熟考にもとづく決定を保証しようとする。(19)

均質性、異質性、第一回連邦議会の話

当初の憲法の案には明白な反対意見があり、そうした声はアメリカの歴史を通じてこだまのように繰り返されてきた。彼らは近代の技術に直接関係する言葉で話した。反連邦派《アンチフエデラリスト》は、異質的巨大な共和国で熟議するのは不可能だろうという理由で、憲法は失敗する運命にあると信じた。反連邦派と連邦派《フエデラリスト》の両方から同じように敬われている優れた政治理論学者モンテスキュー男爵にならい、反連邦派は、国民による熟議は基本的な同意がある場合にかぎり可能になるだろうと主張した。モンテスキュー自身のつぎの言葉を考えてほしい。

その本性からして共和国は小さな領土しかもたない。そうでなければ、それはほとんど存続できないだろう。巨大な共和国には、大きな財産が存在し、その結果、人心には節度がほとんどない。一市民の手中におくには、あまりに大きすぎる寄託物がある。利害が互いに特殊化する。ある者が、まず祖国なしでも幸福でありえ、偉大でありえ、栄光を身にまというるものだと感ずる。すると、ほどなく彼は自分だけが、祖国の廃墟の上に偉大たりうるのだと思うようになる。巨大な共和国では、公共の福祉は、無数の考慮の犠牲とされる。それは諸々の例外に従属させられる。それは、偶然事に依存する。小共和国では公共の福祉は、よりよく感じとられ、よりよく知られ、各市民のより身近にある。

濫用はより広がることが少なく、したがって保護されることも少ない[20]。

（井上堯裕訳、中央公論新社）

署名に「ブルータス」の名を使った反連邦派（おそらくニューヨーク州裁判官のロバート・イェーツ）は、モンテスキューをおおいに賞賛し、均質性の重要性をはっきりと示した。

共和国では、国民の作法、信条、興味は似ていなければならない。さもなければ絶えず意見がぶつかるだろう。一つの地域の代表は、別の地域の代表と絶えず激しく争うことになる。このことは政府の仕事を滞らせ、公益を推進する結論を妨げるだろう[21]。

建国者らは昔からあるこの見解を拒絶した。その結果、共和主義思想が根本的に見直された。彼らは、巨大な共和国は「絶えず意見がぶつかり」、そこから学べるからこそ悪くならずによくなるはずだと考えた。アレクサンダー・ハミルトンは『ザ・フェデラリスト　第七〇篇』で、この点を最も明確に述べた。彼はモンテスキューの意見を逆の観点でとらえ、「政府の［立法］部門での意見の相違ならびに党同士の不協和音は、有益な計画を妨害することがあるかもしれないが、しばしば熟議と慎重な態度を促し、多数派の行き過ぎをチェックするのに役に立つ」と論じた。この言葉は、少なくとも人々が互いの発言に耳を傾けるときの、多様性の認識的価値についての一つの論点である。これは独特のフィルタリング——制度が互いに問題を話し合うことを人々に求め、彼ら自身を「党同士の不協和音」にさらすときに生まれる種類のフィルタリングである。

憲法の起草者はここで従来の共和主義思想と実質的に決別し、民主的論争にとっての多様性の潜在的な〝利益〟に焦点を当てた。たしかに、われわれはここに、政治理論にたいする憲法起草者の最も重要で独創的な貢献を見ることができる。彼らにとって異質性はけっして障害ではなく、創造的な力となり、熟議を改善し、よりよい結果を生み出すはずである。全員が同意するなら、何を話し合う必要があるだろうか？ そもそもなぜ話し合いたいだろうか？

忘れられがちな第一回連邦議会での逸話に、最初の「権利章典」の提案箇所、すなわち市民が投票方法について代表に「指示」する「権利」を、国民が拒絶したという一件がある。提案された権利は共和主義（われわれが民主主義と呼ぶもの）を根拠に正当化されていた。多くの人にとって、これは公職者の説明責任を確保するためのよい方法に思えた。しかし初期の連邦議会は、このような「権利」は共和主義の原則を裏切ることになると判断した。ロジャー・シャーマン上院議員の意見は最も激しく、力がこもっていた。

この提案は、議会での討論をコントロールする権利が国民にあるという考えを示唆することによって、彼らを誤解させるように計算されている。これを公正と認めることはできない。というのは議会の会合の目的を損なうからである。私が考えるに、国民が代表を選んだら、アメリカ合衆国のさまざまな地域の他者と会い、彼らの意見を聞き、共同体全体の一般的利益となるような活動にかんして彼らと意見を同じくすることは、その代表の義務である。彼らが命令によって導かれるとしたら熟議は役に

立たないだろう。(22)

シャーマンの言葉には、多様な人々や大小さまざまな問題で意見が異なる人々のあいだでの熟議にたいする、建国者らの一般的な感受性が表われている。実際「共同体全体の一般的利益となるような活動」が明らかになるのは、このような人々による熟議を通してであった。もちろん憲法起草者らは世間知らずではなかった。ときには一部の集団と一部の地域が得をして、別の集団や地域が損をすることもあるだろう。かつても今も重要なことは、その結果生じる損益のパターンが、理性を参照することで擁護されなければならない点である。合衆国憲法は「理性の共和国」を建国することを意図していたと見てよいだろう。その国で政府の権限を利用することは、その権限を求めた人々によってただ支持されるだけでなく、正当性を示されねばならないだろう。またその正当化はエコーチェンバーの中ではなく、多様な人々のあいだでなされなければならないだろう。

代表者の務めについてのシャーマンの解釈には、うまく機能している共和国における理想的な市民の務めについての類似の解釈が含まれると、みなすことさえできる。市民は狭義での自分の利益をただ主張するだけではいけないはずであり、また他人の判断から自分を隔ててもいけないはずだ。市民は公益に関心があるとしても、事実や価値を見誤るかもしれない——このような間違いは意見交換を通じて減らしたり、正したりすることができる。人が市民としての立場で行動しているかぎり、彼らの義務は「他者と会って」「意見を聞く」ことである。これは時には面と向かって議論することで、またそうでなければ別の方法、たとえば考えの異なる人の意見を必ず検討することによってなされる。

大部分の人がほとんどの時間を政治に費やすべきだと言うことではない。自由社会では人にはやるべきことが多々ある。しかし市民と代表の両方が多様な出会いと経験にもとづいて行動しているかぎり、また異質性から利益を得ているかぎり、彼らは憲法の設計の最高の理念に従って行動しているのだ。

多から成る一、ジェファーソン対マディソン

いかなる異質的な社会も断片化の危機に直面する。この危機が深刻であった時期はアメリカ史上に幾度もあり、とくに南北戦争中は最も顕著だったが、二〇世紀と二一世紀にもしばしば見られる。合衆国憲法の制度はその危険を軽減することを意図しており、それはある程度は地方と国の統治をうまく組み合わせることによって、またある程度は抑制と均衡のシステムによって、さらには憲法という象徴によってなされる。そんなわけで「エ・プルリブス・ウヌム」すなわち「多から一へ」という言葉が硬貨に刻まれ、広く浸透した短い文言で憲法の重要な目標を思い出させている。

この点にかんして、トマス・ジェファーソンとマディソンのあいだで交わされた権利章典の価値についての有益な討論について考えよう。建国期において合衆国憲法の背後で最も力のあったマディソンは、権利章典は不要であり混乱を招きかねないという理由で激しく反対した。ジェファーソンの考えは違い、裁判所が執行する権利章典は自由の防波堤となりうると主張した。マディソンは結局この点を納得させられたが、彼は別の理由を強調した。すなわち国民をまとめ、教育するという権利章典のはたらきである。

マディソンは一七八八年一〇月一七日付のジェファーソン宛の手紙でこう訊ねた。「とすると……権利章典は国民のための政府においてどのような役に立つのでしょうか?」。ジェファーソンの基本的な答えはつぎの通りであった。「公式に宣言された政治の真実は、自由な政府の基本原則の特徴を徐々に獲得し、国民感情に組み込まれていくにつれて、好奇心と情熱の衝動を和らげるのです」[23]。ジェファーソンが述べたのは裁判所のことではなく文化のことであった。マディソンは、権利章典は合衆国憲法とともに、やがてきわめて多様な人々のあいだでの共通の理解と関心の起点となると考えた。この例は、多様な人々が自治をおこなうには、さまざまな共通の価値観と責任を彼らに与えることが最も重要であるという建国者らの信念を、具体的に示している。

主権の二つの概念、ホームズ対ブランダイス

われわれは今では主権の二つの概念を区別することができ、このことはインターネットとソーシャルメディアについての論争に直接かかわる。一つめは消費者主権——自由市場の背景にある概念——にかかわる。二つめは政治的主権——自由国家の背景にある概念——にかかわる。この二つの概念は根本的に異なる方向に切り込む。

消費者主権という考えはデイリー・ミーにたいする熱意の基礎にある。それはフィルターをかける無限の能力というユートピア的展望の根拠である。早くも一九九五年に、ビル・ゲイツが楽しそうに予測を記している。

情報のカスタマイズは自然な流れである。……毎日読むための一日分のニュースをまとめるのに、あなたはいくつかのニュースレビューサービスに加入し、ソフトウェアエージェントもしくは人間の代行者にその中から記事を選ばせて、完全にカスタマイズされたあなたの「新聞」を編集させるようになるかもしれない。こうした記事配信サービスは人力によるものであれソフトウェアによるものであれ、特定の哲学および一連の興味に即した情報を集めることになるだろう。[24]

ゲイツの予測は現実となった。ソーシャルメディアの登場で、あなたの興味やもとからの見解に厳密に一致する情報を集めるのは容易になった。あるいは一九九九年、ゲイツが未来を予見した賞賛の言葉について考えてみよう。「ディレクTVをつけてチャンネルを順に変えていくと――あなたの人生の三分間が浪費される。今から六年後にはリビングルームに行って、何に興味があるかを告げるだけで、好きなビデオを選ぶのをスクリーンが手伝ってくれるようになる。『チャンネル4、5、7を見てみよう』といった面倒はなくなるだろう」[25]。

おおむねその通りであり、ここには消費者主権の原則が働いている。「あなたが何に興味があるか」に焦点を絞るフェイスブックは、同じ構想に注目している。ある意味、これは政治哲学あるいはシリコンバレーの理論体系とさえ言える。異彩を放つグーグルのエリック・シュミットが語った、より最近の言葉を考えてみよう。「人々が自分のためにある程度、調整されたコンテンツを見たり、消費したりせずにいるのは非常に難しくなるだろう」[26]。興味深いことに、ゲイツもフェイスブックもシュミットも、またほかの人々も、こうした構想をさりげなく語っているように見える。彼らは、それを語るにはある種の見解が必要だとは考えていないようだし、また通信市場を評価する別の方法があるとも考えていないようだ。

政治的主権という考えがこの民主的な代案の基礎にあり、それが正しく理解された自治と自由の両方をしだいに損なうかもしれないという理由で、ゲイツの未来図にとっては難問となる。哲学者ジョン・デューイの言葉を思い出そう。

> たんなる多数決原理としての多数決原理は、その批判者がそれを愚劣なものと非難しているように愚劣なものである。しかし、それは決してたんに多数決原理であるのではない。……重要な問題は、そうした観念が拡散して多数の人々の所有物となる機会が与えられるということである。……別のことばでいえば、本質的必要事は論争と討議と説得との方法と条件とを改善することである。それはまさに公衆の課題である。[27]
>
> （阿部齊訳、筑摩書房）

消費者主権とは、個々の消費者が好きに選択することを許され、価格制度ならびに現在所有している物と必要な物によって生じる制約を受けることを意味する。この概念は経済市場についてだけでなく、政治とコミュニケーションの両方について考える際にも重要な役割を果たす。政治家がメッセージだけでなく自分自身さえも「売り込んで」いるかのようにわれわれが語るときは政治の領域を需要と供給の力に左右されやすい一種の市場として扱っているのだ。またコミュニケーションシステムの目的は、自分は何が「欲しい」のかを人々が正確に理解できるように保証することであるかのようにわれわれがふるまうとき、たしかに消費者主権の概念が働いている。政治的主権の概念は、それとは異なる基礎に立脚している。この概念は、個人の嗜好を固定されたもの、あるいは所定のものとはみなさず、人が嗜好や選好をたんに「身につけている」とは考えない。

政治的主権の価値を評価する人々にとって、「われら人民」はさまざまな情報やものの見方を交換し合うことによって自分は何が欲しいのかを考える（慎重な態度と熟考を促す方法としての、ハミルトンの「党同士の不協和音」を求める訴えを思い出そう）。この政治プロセスは、個人として、また共同体としてわれわれが望むものを形成する。政治的主権の観念は、「議論による政治」の要件として理解される民主的自治を具体化する。そこには公的な領域での理由づけがともない、そこでは異なる人々が激しく対立しているときでさえ互いに言葉を交わし、礼儀正しく耳を傾ける。政治的主権は独自の特徴的な条件をともない、政府の権力が正当な理由によって支持されず、代わりに力の産物、すなわちたんなる多数派の意志を表す場合に、その条件は侵害される。

主権の二つの概念が潜在的な緊張状態にあることは明らかであろう。石鹸やシリアルを購入するのと同じように法と政策が「購入」されるとしたら、政治的主権という考えはかなり危うくなる。消費者が自由に選択することで公共問題の理解が不十分になるとしたら、あるいは共有された文化もしくは熟議文化のようなものを持つことが難しくなるとしたら、消費者主権への関与は政治的主権をしだいに損なうことにもなるだろう。消費者主権と政治的主権を混同したりすれば、われわれ自身の高い志を傷つけることになるだろう。政治的主権が統治の理想だとすれば、われわれは表現の自由のシステムが民主主義の目標達成を促進するかどうかを見極めることで少なくともある程度、このシステムの善し悪しを評価するだろう。われわれが消費者主権だけに関心を持つとしたら、唯一の問いは消費者が欲しいものを手に入れているかどうかである――残念ながらこの問いは、インターネットおよびほかの新しい技術についての議論で幅を利かせているようだ。

言論の自由のシステムにかんして、消費者主権と政治的主権のあいだの対立は意外な場所に見つかる。最高裁裁判官、オリバー・ウェンデル・ホームズとルイス・ブランダイスの、憲法をめぐるきわだった意見の相違である。二〇世紀初頭、ホームズとブランダイスは言論の自由を訴えた二人の偉人であり、政府が政治的意見の相違を制限することを認めた最高裁の決定に、たいてい一緒に反対した。ときには二人の反対者を代表してホームズが意見書を書き、またときにはブランダイスが意見書を書いた。だが二人はかなり異なる言葉で語った。ホームズは「意見の自由なやりとり」について書き、政府が合法的に干渉することのできない重要な政治的市場の一部として言論を扱った。ホームズの最も卓越した言論の自由にかんする意見書から抜粋した、特徴的な一節について考えよう。

対立する信条の多くが時間の経過にともない覆されたことに気づいたとき、人は自分の行動の根拠を信じる以上に、望まれる究極の善は意見の自由なやりとりによって達成されるのがよいと信じるようになるかもしれない――真実を試す最善のテストは、市場の競争の中で受け入れられるだけの力が思考にあるかどうかであり、真実は願望を無事に実現させるための唯一の基礎であると、人は信じるようになるかもしれない。いずれにせよ、それがわが合衆国憲法の理論である[28]。

ブランダイスが最も顕著な言論の自由にかんする意見書で使った言葉は、まったく違った。

わが国の独立を勝ち取った人々は、国家の究極の目的は、人々が自由に能力を発揮できるようにすることであり、また政府においては、熟議を支持する勢力は専制を支持する勢力に優先されるべきだと信じた。……彼らは……言論と集会の自由がなければ議論は不毛なものになると信じ、……自由にたいする最大の脅威は人々の無気力であり、公共の場での議論は政治的義務であって、これがアメリカ政府の根本原則であるべきだと信じた[29]。

自由にたいする最大の脅威は「人々の無気力」であるとするブランダイスの意見、またホームズとは相容れない、公共の場での議論は権利であるだけでなく「政治的義務」でもあるとする主張に注目してほしい。ブランダイスは自治について消費者主権の行使とはいちじるしく異なるものとみなしていた。彼は意見の自由な交換については述べていない。言論の自由についてのブランダイスの考えは人の意見を気にしすぎだと思えるほど共和主義的であり、公共の場での議論に参加する義務を強調している。共和主義の概念にかんして、選好の形成および民主主義体制を整えるプロセスが危険にさらされている状況では、消費者の無制限の選択は、政策の適切な基礎にはならない。

事実、ブランダイスは理想的な市民が果たす社会的役割という概念を示したととらえることができる。

このような市民にとって、せめて時折でも政治に積極的に参加することは、権利であるだけでなく義務でもある。市民が「無気力」だとすると、自由そのものが危険にさらされる。人々がスポーツや有名人の私生活に限定したデイリー・ミーを作成しているとしたら、彼らは市民権が求める役割を果たしていない。これは、人は常時、またはたいていの時間、あるいは多くの時間に公共のことがらについて考えていなければならないという意味ではない。そうではなく、一人ひとりに消費者としてだけでなく市民としての権利と義務があるという意味である。

これから見ていくように、積極的な市民参加は民主主義だけでなく社会福祉を促すためにも必要である。現代において、無気力でない市民の最も緊急の義務の一つは「熟議を支持する勢力は専制を支持する勢力に優先されるべきだ」と保証することである。これを実現するには、コミュニケーションシステムによって民主主義の目標達成を確実に進めさせることが欠かせない。これらの目標を達成するには、選ぶつもりのなかった情報にさらされること、ならびに経験を共有することがとりわけ求められる。

懐古趣味をともなわない共和主義

以上は抽象概念である。つぎはもっと具体的な話をしよう。私はこれから完璧なフィルタリングが実現した仮想世界での三つの問題を確認する。個人がコミュニケーション世界を完全に制御し、その制御力を発揮してエコーチェンバーやインフォメーションコクーンを作ろうとするあらゆるシステムに、これらの問題はつきまとうだろう。

最初の難題は〝断片化〟にかかわる。ここでの問題は、成員がほとんど内輪で言葉を交わし、話を聞くような多様な言語共同体の構築から生じる。その結果、共同体同士の相互理解がかなり難しくなる可能性がある。社会が断片化すると、多様な集団が分極化しやすくなり、過激思想を生み、憎悪や暴力さえ生むことがある。最新技術とソーシャルメディアは、自分自身の声の反響を聞き、自分を他人から隔てる能力を格段に高めた。その重要な結果として〝サイバーカスケード〟——多くの人がそう信じているようだという理由だけで、特定の事実とされる話や見解が広まる情報交換のプロセス——が生じる。サイバーカスケードはしばしば断片化を促進する。というのも、このプロセスはある集団で起こり、別の集団では起こらないからである。たしかに、サイバーカスケードはたびたび断片化のおもな原因となる——また偽情報を信じるおもな原因にもなる。

二つめの難題は情報の特徴にかかわる。情報は専門的な意味における公共財であり、誰か一人がひとたび何かを知れば、ほかの人もその利益に預かる可能性がある。あなたが近所で起きた犯罪や気候変動の問題について知れば、ほかの人にもその話を伝えるかもしれず、その人たちはあなたが学んだことの利益を得る。各自が自分のコミュニケーション世界を自分でカスタマイズできるシステム、あるいはコミュニケーション世界がその人のためにカスタマイズされるシステムでは、情報がほとんど生まれないような選択がなされる危険がある。大衆メディアおよび公共空間——演説者が多様な公衆に広く接近できる——を備えたシステムの長所は、ある種の情報の社会的拡散が保証される点である。同時に各自がふるい分けた言語世界は、哲学者のエドナ・ウルマン＝マルガリートが〝連帯財〟(30)——消費している人の数に応じて価値が上がる財——と呼んだものをわずかしか生まない可能性がある。大統領候補の討論会は連帯財の典型例である。

　三つめにして最後の難題は、自由の正しい理解ならびに消費者と市民の関係にかかわる。われわれが消費者主権を信じるならば、またフィルタリングの力を賞賛するならば、自由とは個人の選択が制限されない状況で私的な好みを満足させることにあると考えがちだ。これは自由について広く受け入れられている考えである。たしかに言論の自由についての現在の考えの多くがこの意見を基礎としている。これはだいたい正しい。だが不十分でもある——全体像の大部分は正しいが、すべて正しいとは言えない。

　もちろん自由な選択は重要だ。しかし自由について正しく理解すれば、それはどんなものであれ人の選好を満足させることだけにあるのではなく、しかるべき状況で形成された選好や信条を持つ機会——すなわち十分な情報ならびに適切な多様性を備えた選択肢にさらされたあとで形成される選好を持つことのできる能力——にもある。デイリー・ミーに専念するシステムでは自由を保障できない。

第3章　分極化

インターネットは人と人を引き離すのではなく、むしろ結びつけることができる。無数の人々がソーシャルメディアを使って多様性に富む、より大きい共同体を築いている。しかしニッチの共同体という形での制約も生じている。私の専門の一つは行動科学であり、この分野に興味がある人は、ツイッターの助けを借りて簡単に仲間を見つけられるようになった。最新の動向を知りたければ、ツイッターは大変役に立つ。たとえば行動科学者は「損失回避」に興味がある。この用語は、人は利益を好む以上にそれと同等の損失を嫌うという意味である。行動科学の研究成果の新しい事例、例外、あるいは詳細に興味があるなら、ツイッターはよくできている。#lossaversion（損失回避）というハッシュタグもある。

これはすばらしいことだ。しかし、どの分野の学問にとっても、ツイッター内にその分野だけのエコーチェンバーができる危険がある。もちろん、人はさまざまな話題や見解を示すハッシュタグを見つけることができる。二〇一五年には、#MakeAmericaGreatAgain（アメリカをもう一度大国に）に対抗して、一時期、#NeverTrump（トランプはだめ）が流行り、クリントンの支持者らは #ImWithHer（私は彼女に寄り添う）を好んで使い、これに対抗して #LockHerUp（彼女を刑務所に入れろ）ができた。食品への遺伝子組み換え生物（GMO）の表示を求めた人々は、#JustLabelIt（表示せよ）を探し、#BlackLivesMatter（黒人の命は大切だ）は#AllLivesMatter（すべての命は大切だ）と張り合った。デイリー・ミーを讃える人々がまさに予言した通りに、多くの人がインターネットを使っており、ある程度、高度に専門化したウェブサイト、討論グループ、おびただしい種類のニュースフィードの絶え間ない出現を招いている。その結果、どんな問題が生じるだろうか？

味、フィルター、投票

アイスクリームの味が一種類しかなく、トースターの型が一つしかなければ、多様な人々がいても同じ選択をするのは明らかだ（アイスクリームを食べず、トースター以外の手段に頼る人もいるだろうが、それはまた別の問題だ）。選択肢が増えるにつれて、さまざまな個人やさまざまな集団がますますさまざまな選択をするようになることも明らかだ。特定の興味を持つ人にリーチし、交流するためのコストが下がるにつれて、いろんな種類のニッチ市場が大量に増えるのも明らかだ。コミュニケーションの選択肢の急増にともない、時が経つにつれてこの傾向は強まっている。

ユーチューブでは、考えの似た人々がある意味、集合して、このようないくつかの可能性を議論し、そこに関心を注ぐことができる――とりわけ動画が特定の人物や見解を笑いものにしているときにそういう状況が生まれやすい。ジオシティーズ（〔アメリカでは〕すでにサービスを終了しているが、一時は訪問者数第三位を誇るウェブサイトだった）の創設者であるデビッド・ボネットによる賞賛の言葉を考えてみよう。「インターネットはいかに特殊であろうと、奇妙であろうと、あるいは規模の大小にかかわらず、あなたと同じものごとに興味を示すほかの人と出会う機会を与えてくれる」(1)。この言葉はたしかに正しいが、喜ばしいことばかりではない。

この点を理解するには、人はなぜ情報をふるい分けたがるのかを少し考える必要がある。最も単純な理由は、人はたいてい自分の好き嫌いを知っている、もしくは知っているつもりでいるからだ。私のある友人はロシアに強い関心がある。彼はロシアについての記事を毎日約二〇本ずつ提供してくれるサービスを利用している。あなたがロシアや中東にかんするニュース記事に飽きたら、あるいはウォール街にまったく興味がなければ、そういう話題が議論されているあいだは注意をそらすかもしれないし、状況に応じてコミュニケーション世界をフィルターにかけられるなら、その方がありがたいと思うかもしれない。また、共鳴できる観点から生じた議論を聞くのが好きな人は多い。共和党支持者であれば、共和党寄りの新聞、あるいはせめて民主党寄りでない新聞を好むかもしれない。たしかに保守寄りのアメリカ人の多くは、FOXニュースや『ウォール・ストリート・ジャーナル』紙など、保守を自認する情報源からニュースを得ることを好み、一方、リベラル寄りのアメリカ人の多くはこれらの情報源をできるだけ避けようとする。

このことは重要だろうか？　スタンフォード大学のグレゴリー・J・マーティンとアリ・ユルコグルがおこなった独創的な研究は、人々の投票行動が、ケーブルテレビで見たニュースの影響を受けるかどうかを調査している(2)。この研究は、アメリカでは地域によって特定のチャンネルに映る局が異なるという事実が出発点となる。総視聴者数にかんしては、〔リモコン上の〕チャンネルの配置がきわめて重要だと分かった。人はボタンがより低い位置に配置された局を見る可能性が高い。歴史的な理由で、FOXニュースとMSNBCはチャンネルボタンの有利な位置をときどき与えられてきた――そうでないこともあったが。

マーティンとユルコグルは最近、何回か時期を分けて、国内のさまざまな地域でチャンネルボタンの位置、人々の投票意思、国全体での大統領選の得票率、そして個人視聴率の関係を詳しく調べた。大量のデータセットがいくつかまとまり、彼らはFOXニュースとMSNBCの視聴が投票に及ぼす影響を検証した。調査の結果、FOXもMSNBCもイデオロギーをより明確に打ち出すようになっていて、共和党支持者も民主党支持者も同様にそれに気づいていたことが分かった。二〇〇〇年と二〇〇四年には、典型的な民主党支持者が典型的な共和党支持者よりもMSNBCを見る可能性が高いということはなかった。二〇〇八年には、典型的な民主党支持者がMSNBCを見る可能性は二〇パーセント増えた。二〇〇四年には、共和党支持者がFOXを見る可能性は民主党支持者よりも一一パーセント高いだけだった。二〇〇八年にはこの差は三〇パーセント以上に広がった。

論文執筆者らは、FOXとMSNBCのいずれもが投票意思に実質的な影響を及ぼしたことも発見した。チャンネルボタンの位置を理由にFOXを見た人々の場合、一週間の視聴がわずか四分長くなるだけで、共和党の大統領候補に投票したくなる可能性が〇・九パーセント増えた。MSNBCを見た人々の場合、一週間の視聴が四分長くなるだけで、共和党の大統領候補に投票したくなる可能性が約〇・七パーセント減った。

週一時間の視聴では影響は大きくなる。二〇〇八年には、MSNBCを一時間視聴すると共和党候補に投票する可能性は約三・六パーセント減った。同じ年には、FOXを一時間視聴すると共和党候補に投票する可能性は三・五パーセント増えた。個々の投票者のレベルではたいした問題ではないかもしれない。だがアメリカ全体を考えると影響は甚大だ。研究者らは、二〇〇四年と二〇〇八年において、ケーブルテレビでFOXニュースが放映されなければ、共和党の得票率（投票者が表明した投票意思によって測定）は四パーセント低かっただろうと推測する。またMSNBCのイデオロギーが、CNNのようにより穏健であったなら、二〇〇八年の大統領選の投票意思にもとづく共和党の得票率は約三パーセント高かっただろうと推測する（一般に、FOXはMSNBCよりも、視聴者の支持政党を変えさせることに成功している。また視聴者もはるかに多い）。

これらは心配なほど大きな数字である。FOXニュースとMSNBCは似た考えの人をただ引き寄せるだけではない。彼らは投票者同士の分裂を広げ、政治の分極化に貢献している——そして、最終的な投票に影響を及ぼす。これはウェブサイトやソーシャルメディアではなくテレビの話だが、この現象はかなり一般的である。

適切な偏向

多くの人がその日の出来事についての「適切に偏向した」記事を進んで信用し、楽しく読んでいる。彼らは、読んで信用できる記事を選択する。それとも、ことによると信じがたい、弁明の余地がない、あるいは不愉快だと思う意見から自分を遮断したいのかもしれない。誰もがいくつかの見解は常軌を逸しているとみなし、可能であれば、その記事をふるい落とす。私は長年シカゴで暮らし、シカゴ・ベアーズが大好きだった（今でも大好きだが、前ほどではない）。試合がテレビで全国放送されるとき、私は音声を消して、地元局の解説を聞いた。地元局の解説ほうが上手だったからだけでなく、アナウンサーがベアーズびいきで、ベアーズの調子が悪いときは、私と一緒に心を痛めていたからだ。

あるいは人は新車を買ったあとで、手に入れたばかりの車と同じ車種について熱く語る広告を読みたがることが多いという事実について考えよう。そのような広告は、その特定の車を買うという賢い決断を認めてくれるがゆえに元気づけられるのだ。特定の政党の党員ならば、あるいはゆるぎない信念の持ち主ならば、あなたにたいする批判ではなく、支持や応援や助言が欲しいかもしれない。

ここでいくらか区別することができる。一部の集団の成員はもっぱらいくらかの快適さを保つために、また、ことによると生活様式を維持するために、ほとんどまたはすべての他人から自分を隔てたがる。同じ理由で一部の宗教団体は自己隔離する。このような集団は多元主義を容認し、おもに自己防衛に興味を示す。彼らは大それた野心を持たず、人を改宗させようともしない。政治体制も同じように行動することがありうる。二〇一六年、中国政府は中国における外国の非営利団体の活動を制限するための新しい策を講じた。自国の利益を守るのがその明らかな狙いであった。中国政府の関心は遠い土地ではなく、中国およびその周辺地域に向いていた。

一方でほかの集団は、人目を意識した社会事業あるいは人を改宗させるための一種の「戦闘任務」さえ用意しており、彼らの自己隔離願望は、長期的なリクルート活動や改宗計画を進めるために、成員の信念を強化することを意図している。テロリストはまさにこのように活動している。これが、彼らがソーシャルメディアを利用する一つの理由である。政党も同じように思考することがあり、笑いものにするために引き合いに出す場合を除いて、人の意見をたびたび無視する。他サイトへのリンクが張られているときは、たいてい対立する意見がいかに危険で卑劣かを示すためである。ツイッター利用者もブロガーもごく普通にそうしている。

情報過多、集団主義、多から成る一

コミュニケーションの選択肢が急増したことで、情報過多——多すぎる選択肢、多すぎる話題、多すぎる意見、耳障りな声——という偏在するリスクが生まれた。たしかに情報過多のリスクとフィルタリングの必要性は密な関係にある。私見ではブルース・スプリングスティーンの音楽は時代を超越しているが、一九九〇年代の彼のヒット曲『57チャンネルズ（アンド・ナッシン・オン）』は現在の番組の選択肢の数を考えると、おかしなほど時代遅れだ（たったの五七チャンネル!?）。範囲を狭める形をとることの多いフィルタリングは情報過多を防ぎ、おびただしい数の情報源に何らかの指示を出すためには避けられない。ツイッターのタイムラインはあなたが見たいものに限定され、あなたのフェイスブック友達は、人類全体のごく一部でしかないだろう。

このこと自体は問題ではない。だが選択肢が増えすぎると、多くの人はことあるごとに最も賛成できる意見ばかり聞くようになるだろう。もちろん多くの人にとって重要なのは、見たり読んだりするものごと、あるいはそこから学ぶことがらを楽しむことであり、必ずしもそれによって慰められることが重要なのではない。けれども人間には、娯楽やニュースについてはもともと持っていた世界観を乱すことのないものを選択するという自然な傾向がある。

インターネットは孤独な領域だとか反社会的な領域だと言っているのではない。そんなことは言っていない。テレビと比べて、現在の選択肢の多くは並はずれて社会的であり、ほかの方法ではまったく近づけなかったはずの個人や集団と関係を結ぶ能力を格段に高めている。フェイスブック、ツイッター、インスタグラム、ミディアム、バインは孤立する機会ではなく、新しい集団および人間関係を築くための、ますます注目すべき機会をもたらす。これが断片化の危険について懸念する根拠である。

この点にかんして、何年も前の意味深いちょっとした実験について考えてみよう[(3)]。国を代表するアメリカ人の集団の成員が四つの情報源、すなわちＦＯＸ（保守的なことで知られる）、ナショナル・パブリック・ラジオ（ＮＰＲ、リベラルとして知られる）、ＣＮＮ（しばしばリベラルと考えられている）、ＢＢＣ（ここの経営方針はアメリカ人にはあまり知られていない）のうちどのニュース記事を読みたいかを訪ねられた。記事はアメリカの政治、イラクの戦争、「アメリカの人種問題」、犯罪、旅行、スポーツという異なるジャンルから取った。最初の四分野で、共和党支持者は圧倒的な差でＦＯＸを選んだ。対照的に、民主党支持者はＮＰＲとＣＮＮで「票」が割れた――そしてＦＯＸには漠然とした嫌悪を示した。旅行とスポーツでは、共和党支持者と民主党支持者の差はずっと小さかった。また無党派層は特定の情報源にたいする好みを示さなかった。

これは必ずしも驚くことではないが、別に驚くべき発見があった。〝まったく同じニュース記事にたいする人々の関心の度合いが、ネットワーク名の表示によってかなり影響されたのだ〟。共和党支持者では、ＦＯＸの表示があれば同一の見出しがはるかに興味を引き、記事の魅力がおおいに増した。実際、共和党支持者の同じニュース記事にたいする「ヒット率」は、「ＦＯＸ」と表示されていれば三倍にはね上がった（面白いことに、スポーツと旅行の記事にＦＯＸの表示がある場合のヒット率は二倍だった）。民主党支持者は「ＦＯＸ」と表示された記事を心底嫌悪し、ＣＮＮとＮＰＲの表示にはそこそこ興味が増した。

総合的な結論として、ＦＯＸは共和党支持者の多くに支持され、民主党支持の視聴者・読者はＦＯＸを避けようとする――一方、民主党支持者のあいだでＣＮＮとＮＰＲにたいする、顕著だが弱いブランド信仰が見られた。この結果はオンライン行動に適用範囲を広げられるはずだ――特定の傾向がある人は、自分の好みに沿った情報源を、ウェブサイトを含めて参考にし、好みを満たせない情報源は避ける――と推測する十分な理由がある。

以上は氷山の一角にすぎない。古くからある名文句を引用しよう。

インターネットは考えの似た個人を見つけやすくするので、共通のイデオロギーを持ちながら地理的に分散した非主流の共同体の形成を容易にし、強化することができる。こうして素粒子物理学者、スター・トレックのファン、武装集団のメンバーがインターネットを使って同志を見つけ、情報を交換し、互いの情熱をかき立ててきた。多くの場合、彼らの熱い会話は、地理的分離によって百万分の一程度に弱められるかぎり、十分な数にはけっして達しなかったかもしれない(4)。

人々が「互いの情熱をかき立て」ようとしているという考えは強調する価値がある。というのは、この考えは、このあとの議論で大きな役割を果たすことになるからだ。もちろん、いろんな話題——銃規制、妊娠中絶、移民問題——に明確な意見を持つ人の多くは、たいてい内輪で話をしている。ソーシャルメディアのタイムラインも人とつながる行動も、似たようなパターンに従う。

こうしたことはまったく自然で、道理にかなってさえいる。適切な思想傾向を示しているとみなしたサイトを訪れる人々が、同じように偏向しているサイトを訪れたくなる可能性は高く、ある見解を示すサイトを作成する人々が、対立する見解を宣伝したくなる可能性は低い（人は自分と似た人が好みがちなものを好きになる傾向があるがゆえに、協調フィルタリングが機能することを思い出してほしい）。独特な観点を持つサイトを参考にする多くの人が、考え方の似た情報源だけを参照するように自分の行動を制限することはめったにない。しかしわれわれが個人の行動について知っていることは、多くの人はたいてい自分の声の反響を大きい音量でたくさん聞いているという一般的な見解を裏づけている。控えめに言って、これは民主主義の観点から望ましくない。

選択の自由を考慮したどんなシステムもいくらかの世論の細分化《バルカン》を引き起こすであろうという明白な事実を、私は否定するつもりはない。インターネットが出現するかなり前、一握りのテレビ局しかなかった時代に、人々は人目を意識して新聞やラジオ局を選んだ。どの時代にも、多くの人は挑戦を受けるよりは安心したいと望んでいる。たとえば雑誌や新聞は、しばしば特定の見解に一定の興味を示す人々の要望に応える。一九世紀初頭より、アフリカ系アメリカ人向けの新聞はアフリカ系アメリカ人に広く読まれてきており、こうした新聞は、共通の問題の報道が白人向けの新聞とはかなり異なり、どの問題が重要かについても大げさなほど異なる選択をする。(5) 白人はこのような新聞をめったに読まない。

それにもかかわらず現れてくるものは重要な変化とみなせる。選択肢が急増してカスタマイズ力が向上したことで、実際の選択の幅もそれに応じて広がっており、こうした選択は多くの場合、人口統計上の特徴、もともとの政治的信条、あるいはその両方と一致する可能性が高い。もちろん、このことにはたくさんの利点がある。とりわけ情報の総量、選択の娯楽的価値、選択肢の純粋な面白さはおおいに増す。しかし問題もある。多様な集団がまったく異なる見解を視聴したり、あるいはまったく異なる話題に注目していると、相互の理解が難しくなり、社会が直面する問題をともに解決することがますます大変になるかもしれない。

いくつかの例を考えてみよう。多くのアメリカ人は、特定の環境問題――有害廃棄物が放置された土地、食品の遺伝子組み替え、気候変動――がきわめて深刻で、政府のすみやかな行動が必要だと懸念している。だがほかの人々は、同じ問題を狂信者や利己的な政治家が生み出した作り話だと信じている。多くのアメリカ人は、生活保護受給者のほとんどがなまけ者で、他人の労働に頼って生活することに甘んじていると考えている。この考え方だと、その名に恥じない「福祉制度改革」は補助金の減額――自力での生活を促すために必要な措置――によって成り立つことになる。しかしほかの多くのアメリカ人は、生活保護受給者は一般にかなり不利な状況にあり、ちゃんとした仕事があるなら喜んで働くはずだと信じている。この考え方だと、生活保護費の削減として理解される福祉制度改革は当局による残酷な行為となる。多くの人がアメリカの安全保障上の最大の脅威は相変わらずテロであると信じており、テロ対策を最優先にしなければ破滅的攻撃が起こる可能性があると考えている。ほかの多くの人は、テロは重大な危険ではあるが、その脅威は誇張されており、気候変動を含むほかの問題にもせめて同等の関心を向ける価値があると信じている。

控えめに言って、このような対立する視点で理論武装した人々が合意点のような場に到達したり、基本的な問題にかんして前進するのは難しいだろう。人は対立する「事実」を信じるのかもしれない。人が対立する意見を知らないまま互いに言葉を交わすことを一貫して避け、同胞の異なる懸念に取り組む方法が分からなければ、こうした困難がいかに増すかを考えてみてほしい。

おびただしい数のウェブサイトがヘイトグループや過激派組織によって作成され、運営されている。少なくとも「ヒット数」を見て測定するならば、彼らはある程度、成功しているようだ。このような集団の中には何十万、何百万の訪問者数を誇るものがある。やはりよく目につくこととして、多くの過激派組織とヘイトグループのサイトが相互リンクを張っており、リクルート活動および考えの似た人同士の議論をことさら奨励しようとしている。

〝集団分極化〟の現象に注目すれば、われわれはここで理解を深められるようになる。この現象は個人と集団がさまざまな選択をし、また多くの人が自分で設計したエコーチェンバーに行き着くような、あらゆるシステムについての深刻な問題を提起する。インターネットでは分極化は現実に起きていて、これを「サイバーポラリゼーション（ネットでの分極化）」とさえ呼べるかもしれない。それがどのような仕組みで働くかを理解するには、社会科学のことを少し調べる必要がある。

コロラド州での実験

「集団分極化」という言葉が意味するものは単純だ。すなわち人々は熟議のあとで、集団の成員がもともと偏向していた方向に、より過激な立場へと向かう可能性が高い、という意味である。インターネットとソーシャルメディアにかんしては、考えの似た人々の集団が集団内で討論すると、一般に討論する前に考えていたのと同じことを——より過激な形で——結局は考えるようになるという意味だ。

まずはこの問題を少し理解するために、インターネットのことは一旦離れて、二〇〇五年にコロラド州でおこなわれた民主主義の分野でのちょっとした実験について考えよう。(6) 約六〇人のアメリカ国民が集められ、六人ずつ一〇のグループに分けられた。各組の成員は、当時最も論争を呼んでいた問題のうち〝州政府は同性カップルの結婚を認めるべきか？　雇用主は伝統的に不利な立場にある集団の成員を優遇して「アファーマティブ・アクション（積極的差別是正措置）」をとるべきか？　アメリカは地球温暖化と闘うための国際条約に調印するべきか？〟という三点について熟議するように求められた。

実験は設計された通りに、各組が「リベラル」と「保守」の成員で構成された——前者はボルダー出身者、後者はコロラド・スプリングス出身者である。ボルダーはリベラル寄り、コロラド・スプリングスは保守寄りだと広く知られている。各グループはそれぞれの成員がこれらのステレオタイプに確実に一致するように選別された。大統領選挙の年に使われる用語で「ブルー・ステイト（民主党支持者の多い州を指す）」五組と「レッド・ステイト（共和党支持者の多い州を指す）」五組——上記の三つの問題にかんして成員の立場が最初からリベラル寄りだった五組と、保守寄りだった五組——ができた。参加者は一五分間のグループ討論の前後に各自匿名で意見を述べるように求められ、また討論後に意見を述べる前に、グループ内でできるだけ意見をまとめるようにも求められた。討論の影響はどうだっただろうか？

結果は単純だった。ほぼすべてのグループで、互いに話し合ったあとで、成員はより過激な立場をとるようになった。討論の結果、リベラル派のあいだでは同性婚がより受け入れられるようになり、保守派のあいだでは同性婚の評判が下がった。リベラル派は討論の前に地球温暖化を制御するための国際条約を支持しており、討論後には条約をより強く支持した。保守派は討論前は条約にたいして中立的だったが、討論後には強く反対した。リベラル派は討論前にアファーマティブ・アクションをやや支持していたが、討論後は強く支持するようになった。保守派は討論前にアファーマティブ・アクションに断固として反対していたが、討論後にはより強く反対するようになった。

この実験では過激思想が増したほかに、単独作用があった。どちらのグループも均質性がいちじるしく高まった——その結果、多様性が抑えられたのだ。討論を始める前は、多くのグループ内でかなりの意見の衝突が見られたが、たった一五分話し合っただけで意見の相違は小さくなった。匿名での意見表明においてさえ、討論後は討論前よりもグループ内での意見の一致がはるかに進んでいた。要するに三つの問題のすべてで、リベラルと保守のあいだで亀裂が広がるのを討論が助けたことになる。討論の前にはいくつかの問題にかんして、リベラルなグループの一部は保守的なグループの一部と意見がかなり似通っていたが、討論の結果、よりくっきりと分裂した。

集団分極化

コロラド州での実験は集団分極化の鮮やかな証拠である。この基本的な現象は、多くの国で見つかっている。[7] いくつかの例を考察してみよう。

・穏健なフェミニスト支持者である女性のグループの成員は、討論後により熱心なフェミニスト支持者になった。[8]
・アメリカ合衆国ならびに同国が経済援助をする意図にたいして最初は批判的だったフランス国民は、討論後にいっそう批判的になった。[9]
・白人優越主義はアフリカ系アメリカ人がアメリカの都市部で直面している状況に責任があるかと問われて、人種的偏見が態度に出やすい白人が討論後に出した答えはより否定的だった。[10]
・同じ問いにたいして、人種的偏見が態度に出にくい白人は討論後により強く肯定した。[11]
・三人合議法廷で、共和党の被指名者は共和党の被指名者とのみ同席しているときにとくに保守的な投票行動をとる。民主党の被指名者は民主党の被指名者とのみ同席しているときにとくにリベラルな投票行動をとる。[12]

少なくとも特徴的な個性を持つ集団がグループ内討論に従事するかぎりにおいて、集団分極化という現象にはソーシャルメディアおよびインターネット全般にとって顕著な重要性がある。先ほど説明したような影響はテロリストやヘイトグループだけでなく、あらゆる種類のそれほど過激でない団体でも起こると予測される。公衆が細分化《バルカン》し、さまざまな集団が独自に好みのコミュニケーションパッケージを設計しているとすると、結果として集団の成員は各自のもともとの傾向に沿う形で互いにより過激な立場へと向かい、状況は変わらないどころか細分化《バルカン》はさらに進む。同時に、それぞれが考えの似た人で構成されるさまざまな討論グループは、たんに討論のほとんどが成員同士でおこなわれるという理由だけで、しだいに引き離されていくだろう。

もちろん、たしかに大部分の人はほかの見解から自分を隔てるためにフィルタリングの力を利用したりしない（そうだとしても、一部の人はそのためにフィルタリングを利用するだろうし、実際そうしている）。私はやがて実証的な問題に目を向けるが、今のところは、フェイスブックとツイッターでは多くの人がエコーチェンバーのようなものを作り、自分の考えを人に認めてもらいたがる、ということを繰り返すだけにしよう。新聞、ラジオ局、テレビのチャンネルを選択する何百万もの人々についても、自分の意見の別バージョンをそこで聞くことができるのだから、状況は似ている。

重大な分極化が起きて深刻な社会的危機をもたらすには、これだけで十分だ。一般に〝反対意見を最も聞く必要のある人とは、それをふるい分けて排除する可能性が最も高い人である〟。ソーシャルメディアは、人々が考えの似た他人の意見で（事実上）自分を取り囲み、対立する意見から自分を隔離することを容易にする。そういう理由だけで、ソーシャルメディアは分極化の温床となり、民主主義にとっても社会の平和にとっても潜在的な危険をはらむ。

なぜ分極化か？

集団分極化にはおもに三つの説明がなされてきた。今では膨大な証拠がそのすべてを裏づけている。

説得力のある主張と情報　最初の説明は、説得力のある主張と情報の役割を強調する。ここでの直感的事実は単純である。どんな問題にかんするいかなる個人の立場も、どの主張がもっともらしいかということと少なくともある程度は相関する。結局、これは朗報である。人は議論に注意を払う〝べき〟だ。あなたがたいていの人と似ているなら、あなたと交流のある人々が持っていて明らかにした情報に気づく見込みは大きい。グループ討論の結果あなたの立場が変わるとすると、全体としてそのグループ内で擁護された最も説得力のある立場へと向かう可能性が高い。最も説得力のある立場は、大方、その立場を支持する主張の妥当性と数によって決まるだろう。

ここは重要なポイントである。集団の成員がすでに特定の方向に偏向しているとすると、彼らはそれと同じ方向に偏向した主張を不釣り合いなほどたくさん示し、反対方向に偏向した主張を不釣り合いなほどわずかしか示さないだろう。討論の結果、人々は当然、最初に偏向していた方向にさらに移行するだろう。こうして、たとえば成員が国の現指導者を支持する傾向のある集団は、討論でその指導者を支持するさまざまな主張を繰り広げ、それらの主張に反対する主張はしだいに数が減り、また力も弱まっていくだろう。その集団の成員が立場を変えるとすれば、現指導者を支持するもっと過激な立場に向かうだろう。また集団としての判断が求められるとすると、集団全体としては、中道ではなく過激な立場へと向かうだろう。

そういうわけで、集団分極化の背景にあるおもな要因は〝限定された議論プール〟――（純粋に写実的な言葉を使えば）特定の方向に片寄った議論プール――の存在である。オンラインの討論グループで変化がどのように起こるのかは容易に分かる。民主党支持者または共和党支持者、テロリスト、あるいは環境保護論者の集団について考えてみよう。この点はソーシャルネットワークで日々起きていることを説明するのに役に立つ。ツイッターのタイムラインがあなたと同じように考える人々で構成されている、もしくはフェイスブック友達があなたと共通の信念を持っているとすると、議論プールははっきりと限定されるだろう。たしかに、議論に参加せずにもともと傾倒していた考えだけを――ラジオ、テレビ、インターネットで――参考にする個人にも、変化は起こるはずだ。このように意見を参考にする傾向はもともとの立場を定着させ、強化するだろう――その結果、しばしば過激思想に行き着く。FOXニュースを見る人が保守的な方向にさらに引っ張られ、ロシアの国営テレビを見る人のアメリカにたいする熱意が弱まるとしたら、それと関連する議論プールがおそらく大きな役割を果たしているはずだ。

評判についての考え　二つめの仕組みは自分の評判にたいする関心にかかわるもので、人は集団の成員から好意的に理解してもらいたがり、また自分自身のことも好意的に見たがるという、もっともな動機が起点となる。人は他人が何を信じているかをひとたび耳にすると、優勢な立場へと自分の立場を頻繁に調整する。ドイツの社会学者エリザベート・ノエレ＝ノイマンはこの考えを世論についての一般理論の基礎とした。この理論は「沈黙の螺旋」と関係があり、[13]つまり少数派の立場をとる人々は沈黙し、時が経つにつれてその立場は社会から切り離される可能性がある。こういう現象は独裁社会に見られるが、民主的な社会でも起こりうる。これは時と場合によってはよいことだ。太陽は地球のまわりを回っている、あるいは奴隷制はすばらしい思いつきだったと信じる人々は、社会が科学的、道徳的真実へと向かい、間違った信念や不愉快な信念が（ほとんど）消えていくにつれて、最後にはみずから沈黙するかもしれない。しかし沈黙の螺旋は必ずしも無害とは限らない。さしあたって重要なのは、自分の評判が気になると、グループ討論で何を発言するかが影響されるだろうということだ。その結果、集団はより過激になることがある。

たとえば特定の集団の人々には特定の戦争、化石燃料への継続的依存、銃の所有にはっきりと反対する傾向があり、またこれらの政策のすべてに明確に反対していると見られたがっているとしよう。彼らが所属する集団の成員がこれらの政策にやはり明確に反対しているとすると、ほかの成員が何を考えているかを知ったあとでは、もっと強く反対するようになるだろう。数多くの研究でまさにこの通りの行動が観察されている。もちろん自分が何を考えているかがよく分かっていて他人の意見に左右されないとしたら、人は変わらないないだろう。しかしたいていの人はたいがい、考えがそれほど定まっていない。

このことは、テレビ、ラジオ、ソーシャルメディアでさまざまな意見や主張に触れること――たとえ人と交流する機会はなくても――がもたらしうる影響を明らかにする。集団分極化は〝たんに人の意見に触れることで〟起こることに注意してほしい。議論する必要はない。「たんに触れること」で影響が出るということは、分極化は細分化《バルカン》した言論市場ではありふれた現象である可能性が高いということだ。

保守派は保守系のサイトを訪れ、リベラル派はリベラル系のサイトを訪れ、環境保護論者は遺伝子組み換えや気候変動の危険を立証することに尽力しているサイトを訪れ、環境保護論者に批判的な人々は環境保護論者が働いているとされる詐欺行為をあばくことを目的とするサイトを訪れ、人種的憎悪に傾倒している人々は人種的憎悪を表明するサイトを訪れていると想像してほしい。このような触れ合いが対立する意見との触れ合いによって補完されないならば、必然的に集団分極化が起こるだろう。

自信、過激化、裏づけ　集団分極化の最も興味を引く説明は、自信と過激化と他人による裏づけのあいだに密接な関連があることを強調する。[14] 政治問題を含む多くの問題で、人は自分が何を考えているかにそれほど自信がなく、確信が持てないせいで中道に傾く。われわれは複雑な問題——最低賃金上昇の影響、気候変動にたいする適切な取組み、あるいはある国際情勢緊迫化についてどうすればよいか——について確信がないと感じるかもしれない。われわれの見解は中道で暫定的である。

人々の信念がより過激になるのはその人が自信を持ったときに限られる。たとえ最終的な結論はそれほど急進的でなくても、好むと好まざるとにかかわらず、彼らは急進化する可能性がある。他人の同意があれば自信が増す傾向があり、そのため考えの似た人々は、互いに討議することで自分は正しいという確信を強める——そしてさらに過激になる。スライドに映る人々の魅力や椅子の快適さといった日常的な状況においてさえ、実験での普通の人の意見は、裏づけが得られたというだけで、また他人も自分と同じ意見だと知って自信が増しただけで、より過激になる。[15]

これはきわめて重要なポイントであり、毎日ツイッターで起きていることを説明するのに役に立つ。「あなたに似た人」があるバンド、特定の映画、ひと目で分かる政治的立場、あるいは候補者の一人を好きだと知れば、あなたは彼らに合わせるだろう。たしかに「あなたに似た人」が国の安全保障あるいは社会保障制度改革にかんして特定の立場をとる傾向があると知れば、あなたはたとえこの問題について自主的にはあまり考えたことがなかったとしても、おおいに自信を持って彼らと同じ立場をとることになるだろう。自分のもともとの傾向を他者が共有していると分かれば、人はたいてい自信を強め、その結果、過激になる。この点にかんして、人の見解が考えの似た人々によって絶えず再確認される、ソーシャルメディアプラットフォームの影響を考えてみよう。

私はここで、急進化という概念をかなり漠然と使っている。あなたは政治の主流に属する立場——たとえば好きな選挙の候補者が最善の選択であるだけでなく、ほかの候補者よりも飛び抜けて優れていて、ほかの選択は大惨事を招くだろうという立場——を固く信じるようになるという意味で、急進的になる可能性がある。ドナルド・トランプ（#CrookedHillary（悪徳政治家ヒラリー））とヒラリー・クリントン（#NeverTrump（トランプはだめ））のあいだで繰り広げられた二〇一六年の大統領選挙では、両陣営でこの現象が起きた。もちろん、人はもっと不穏な形で急進化することがあり、いずれそのことを取り上げる。

集団アイデンティティの計り知れない重要性

分極化にかんして、コミュニケーション全般にとっても、とりわけソーシャルメディアにとっても、アイデンティティと集団への帰属意識を理解することは重要である。自分は共有されたアイデンティティを有し、ある程度結束力のある集団の一員であると自らをみなすとき、集団分極化はいちじるしく進むだろう。人が自分をこのようにみなすとすると、集団分極化の可能性はより高まり、急進的になる(16)。たとえばオンラインの討論グループにいる多くの人が、自分は高い税金に反対し、動物の権利を擁護し、あるいは連邦最高裁に批判的であると考えているとすると、彼らが互いを共通の目的の一部として理解しているという理由だけで、その討論は彼らを過激な方向に向かわせる可能性が高い。保守的として知られるラジオ番組の聴取者や伝統的な宗教観もしくは白人優越主義をあばくことに専念しているテレビ番組の視聴者にも、同様の動きが予期されるだろう。数々の証拠がそのように示唆している(17)。

集団アイデンティティはもう一つの意味でも重要である。あなたがオンライン討論に参加していて、その集団のほかの成員は自分とはかなり〝違う〟と思ったとしよう。だとするとあなたが彼らの発言によって動かされる可能性は低い。たとえばほかの成員が「共和主義者」と呼ばれていて、あなたは自分を民主主義者とみなしているとすると、あなたの考えはまったく変わらないかもしれない――全員が「投票者」「陪審員」もしくは「市民」と呼ばれているとしたら、同じ議論の結果、あなたの考えは変わるかもしれないが。このように、共有された集団アイデンティティを理解することで、他者の見解があなたの見解に及ぼす影響は強くなり、その一方で共有されないアイデンティティや関連する相違を理解することで、そうした効果は弱まり、その効果が消えることさえあるかもしれない。

これらの結果は驚くことではない。通常の事例において集団分極化は限定された議論プール、評判についての考察、そして他者による裏づけの影響の産物であることを思い出してほしい。そうだとすると、集団の成員が重要な特性に沿ってお互いに似ているとみなすとき、あるいは何らかの外的要因（政治、地理、人種、性別）が彼らを結束させている場合に、集団分極化が進むのは当然だ。アイデンティティが共有されると、説得力のある主張はなおさら説得力を増す可能性がある。そうした主張をしている人々のアイデンティティは、彼らにとって一種の保証書、すなわち励ましとなる。アイデンティティが共有されれば、社会的影響はよりいっそう大きな力を持つことさえあるだろう。人は自分と最も似ていると思われる人から見た自分の評判が傷つくことを嫌う。集団の成員が、何か関連性のある意味で自分とは違うとあなたが思うとしたら、彼らの主張が説得力を持つ可能性は低くなり、社会的影響はそれほど、もしくはまったく作用しないかもしれない。「あなたに似た人」があなたの最初からの傾向を支持すれば、あなたは自信を強めるだろう。しかし「あなたに似ていない人」があなたの最初からの傾向を支持するとしたら、あなたは自信をなくし、自分の立場を考え直すかもしれない。あなたの政敵——最も混乱していて破壊的だとあなたが考える相手——があなたの立場は正しいと考えているとすると、あなたは自分の立場が間違っていると考えるかもしれない。

オンラインの集団分極化

集団分極化はまさしくオンラインで起きている。これまでに論じてきた証拠から、インターネットでは考えの似た人がこれまでよりもかなり容易かつ頻繁に互いにつながっており、またしばしば正反対の意見を聞かないがゆえに、多くの人にとって過激思想の温床としての役割を果たしているのは明白だと思われる。多くの人がその立場を支持しているとほのめかして過激な立場に繰り返しさらすことで、過激な立場にさらされることでそちらに傾いているとおぼしき人々は、予想通り過激な立場を信じるようになるだろう。

その一つの結果が、過剰な断片化であるかもしれない。最初は考えが定まっておらず、またおそらく互いにそれほど隔たっていなかった多様な人々が、たんに自分たちが読んだり視聴したりしているもののせいでひどく異なる場所に行き着くことがある（コロラド州での実験を思い出してほしい）。もう一つの結果は甚だしい誤りと混乱である可能性がある。ユーチューブはすごく楽しいし、ある意味、純粋に民主化を進める力となるが、文脈から切り離されると、個々の動画が最後には何かの問題、人、行動についての歪んだ理解に至るように、考えの似た人々を導く危険がある。

これを「ジョン・スチュワートの戦略」と呼ぼう。かつて夜のテレビ番組の司会をしていたスチュワートはすばらしい才能を持ち、一種の天才ですらある。彼がコメディアンとして最も成功した手法の一つに、発言者は悪質、醜悪、愚か者、あるいは（たいていの場合）まぬけに見えるような短い映像を流すというものがあった。みんなが（たとえば有名な政治家を見て）一斉に笑っていれば、その映像はその人物の特徴をとらえているように見えるし、その人の本質を明らかにするだろう。この手法は公正なのかもしれない——しかし一般には公正でない（おそらくコメディ番組は例外だ）。状況により、この手法はまったく不公平——一種の不正である。

映像に映った人を誰でも長時間追えば、その人が悪質、醜悪、愚か者、まぬけに見えるような映像をほぼ間違いなく見つけられるだろう——映像が繰り返し再生されればなおさらだ。反復することで、どんな人でも滑稽に見えることがある。これはぞっとする喜劇的な方法だが、政治的な目的にも使うことができる——そしてたしかにそのように使われている。政敵を嫌うように、もしくはあざけるように人々を仕向けたければ、ここにヒントがある。ジョン・スチュワートの戦略を使うのだ。だがもしそうするなら、自慢してはいけない。

数々の研究が、オンラインか、オンラインを模した状況での集団分極化を証明している。ことのほか興味深い実験は、集団の成員が比較的匿名性を保ったまま会い、集団アイデンティティが重視されるときに、とくに高度な分極化が起こることを見出している[18]。この実験から、集団の成員であることが目立ち、また匿名性が高い状況では、分極化がきわめて起こりやすく、しかも過激になりやすいと結論づけることは妥当である。もちろんこうしたことはオンライン熟議でよく見られる特徴である[19]。

この点にかんして、対面であれオンラインであれ、作業グループ内での過激思想を明らかにするのではなく、深刻なミスを明らかにする研究について考えよう[20]。この研究の目的は、人事の決定を下すのに集団がどのように協力し合うかを見ることにあった。マーケティング部長の職に応募した三人の志望者の履歴書が、いくつかのグループの前に置かれた。実験者は、志望者の一人がこの職種に明らかに最適となるように、三人の属性を調整した。それぞれ履歴書の情報の一部だけを含む情報の束が実験参加者に渡され、グループの各成員は関連する情報の一部のみを手に入れた。グループは三人ずつで構成され、いくつかのグループは対面で、残りはオンラインで参加した。

二つの結果がとくに印象的だった。まず、グループは成員の熟議前の意見に沿って、より過激な立場に行き着くという意味で、集団分極化は普通に見られた。二つめに、熟議したグループはほとんどが目立って正しい選択をしなかった！

その理由は、グループが正しい判断を下せるような形で情報を共有できなかったからである。オンラインのグループでは、間違いがとくに甚だしかったが、これは成員が、有望な志望者についての肯定的情報と、見込みのない志望者についての否定的情報を共有し、一方で、有望な志望者についての否定的情報と、見込みのない候補者についての肯定的情報を伏せる傾向があったという単純な理由による。このような貢献が「討論を紛糾させ、あおるよりも、グループの合意に向けた流れを強化する」ことにつながった(21)。実際、オンラインのグループではこの傾向は〝二倍〟強かった。これは民主的熟議にとってのインターネットの影響についての警告である。

多くの人がインターネットを利用し、ソーシャルメディアを使って、その人の現在の傾向を補強するだけでなく、それに代わる立場について学んでいるのは事実である。利用できる情報源が増えることで情報量が増え、分極化が弱まる可能性があるのは確かだ。こうしたことは毎日起きている。しかし、先ほど説明した実験は明らかな警告を発している。人々がともに熟議するとき、彼らは「共通の知識」——全員が事前に共有している情報——を過度に重視することが多い。それと比べて、共有されない情報——一人ないし少数の人だけが持っている情報——をしばしば軽視しすぎる。これと同様の不均衡がオンラインでも起きていると考える、十分な理由がある。

ハッシュタグの国、ハッシュタグ考案者

#シリア、#黒人の命は大切だ、#ボブディラン、#オバマはイスラム教徒、#スター・ウォーズ、そして#リパブリックについて考えてみよう。これらはすべて情報を仕分けるための便利な仕組みであ

る。ハッシュタグは分極化に貢献するだろうか？

ハッシュタグの歴史がこの謎を明らかにする。ハッシュタグはもともと一九九〇年代初頭のインターネット・リレー・チャットで、チャット内のグループを整理するために使われていた。ツイッターはこのハッシュタグを使った最初のソーシャルメディアサイトだった。ツイッターのサービスが始まってちょうど一年後の二〇〇七年に、オープンソースの主唱者であるクリス・メッシーナが、会話の流れを整理するための即興の手段としてハッシュタグを提案した。メッシーナは数日後にブログの投稿でこの提案をさらに発展させて、ハッシュタグはツイッターでグループを作るために使うべきではなく（「私はグループが……ツイッターにとって結局のところ名案であるとかふさわしいという考えにはまったく納得していない」）、代わりに「ツイッター内で〝前後関係を明らかにし、コンテンツをフィルターにかけ、探検にあるような偶然の出会い《セレンディピティ》を可能にする〟ために使うべきだという考えを明らかにした[22]。この仕組みは評判がよく、また便利であることも分かって、インスタグラム、タンブラー、バインをはじめ、ほかの数多くのソーシャルメディアプラットフォームにも組み込まれてきた。またハッシュタグは電子メールにも使われている。メッシーナが潜在的に矛盾する二つの考え――コンテンツフィルタリングと探検にあるようなセレンディピティ――に同時に言及したことは教訓的だが、探検にあるようなセレンディピティが何を意味しているのかはよく分からない[23]。

私の目的を果たすための問いは、ハッシュタグはこのうちのいずれかを引き起こすのか、あるいは両方とも引き起こすのかである。これまでのところ、コンテンツフィルタリングがその顕著な結果であることは明らかに思える。ハッシュタグは一般に記号で何が主題かを知らせ、またどんな観点かを知らせることもある。ハッシュタグが#民主党員は共産主義者、あるいは#共和党員はファシスト、であれば、どういう主題や観点が見つかるかが分かる。しかし#差別是正措置、#一夫多妻制、あるいは#トルコのクーデター、というハッシュタグでは何の話題かは分かっても、どのような見解が見つかるかはよく分からない。セレンディピティは一般に利用者が予期していない見解や観点に、ハッシュタグによって導かれることによって起こる。実証的文献はつねに増えつづけている。代表的な例をいくつか検討してみよう。

二〇一六年の研究で、ディーン・フリーロンのチームは#BlackLivesMatter（黒人の命は大切だ）およびこれに関連する言葉とハッシュタグを含む（一般に、関連する一年間に警官に殺された二〇人のアフリカ系アメリカ人の氏名およびハッシュタグつきの名前から成る）四〇八〇万件のツイッターへの投稿を収集した。(24) 彼らが発見したおもな成果の一つは、教育と拡散の両方の目的でハッシュタグ、中でも#黒人の命は大切だ、を使った活動家はたいてい、一種の構造的人種差別と彼らがみなす状況への注意を喚起しようとしていた。ある活動家はこう語った。「ツイッターに何かを投稿するということは、人々は会話しており、そのことに気づいているということだ。その自覚は行動につながることがある」(25)。フリーロンと共著者らは、警官による殺人についての確認可能な物語や説明を拡散するうえで、ソーシャルメディアの投稿が大きな役割を果たしたことを発見した。「黒人の命は大切だ」という運動は、多数の都市だけでなく全国規模でも、意見と行動の両方に重大な影響を及ぼした。#黒人の命は大切だ、は大切だったのだ。

同様の分極化は#AllLivesMatter（すべての命は大切だ）の使用でも見られる。このハッシュタグの目的は、「黒人の命」だけをことさら強調するのは党派心の強さもしくは偏狭さの現れであり、差別的でさえあるという趣旨で、#黒人の命は大切だ、に反映された物語と対立する物語を提示することにあった。#すべての命は大切だ、を使うことには特定の目的(通常は保守的な目的)があり、#黒人の命は大切だ、に批判的な、特定の意見を持つ人の心に訴える。[26] 研究で、ソーシャルメディアでは「#すべての命は大切だ、の範囲内でおおいに論じられたほかの唯一の命とは、とりわけ激しい抗議行動が起きている時期の警官の命であった」。[27] このハッシュタグが明確なイデオロギーを持つ物語を創出するために現れ、はっきりと分極化を示していたのは明らかである。

サリダ・ヤーディとダナ・ボイドによる有力な研究は、後期妊娠中絶を手がけていた医師ジョージ・ティラーを狙った二〇〇九年の銃撃事件ならびにそれに続いて中絶反対派と賛成派のあいだで交わされた会話についての三万件のツイートを調べた。二人の研究者は、多くの利用者がこの論争についての特定の見解を合図して知らせるハッシュタグを採用したことを発見した。重要な点として、イデオロギーを同じくする利用者同士は互いに交流し、対立する意見を持つ相手とは交流しない可能性が高かった。それ以上に、また私のここでの関心事とも一致するが、「考えの似た個人のあいだでの応答は集団アイデンティティを強め、考えの異なる個人のあいだでの応答は内集団と外集団の友好関係を強化する」ことを立証した。[28]

それにもかかわらず、さまざまなハッシュタグを探し回る人は多様な観点を見つける可能性が高かったという意味で、偶然の出会いは起きた。だがイデオロギーの枠を超えた有意義な議論は依然としてきわめて稀だった。見解の異なる人々は中身のある会話を始めるよりも、互いに議論したり、話がかみ合わなかったりする可能性がより高かった。ツイッターの字数制限を考えれば、これはあながち驚くことではない。

とくに興味深い調査では、連邦議会の議員がハッシュタグをどのように使って自分たちにとって好ましいようにしばしば問題を組み立て、自分たちの役に立つようにエコーチェンバーを奨励しているのかを調べている[(29)]。主要な発見は、民主党議員と共和党議員は重複する問題を論じているときにいちじるしく異なるハッシュタグを使うということである。調査期間中に民主党議員のあいだで最も評判がよかった問題に、ヘルスケア（#ACA、医療費負担適正化法の頭文字）、学生ローン（#DontDoubleMyRate、利息を倍にするな）、雇用（#JOBS、仕事）がある。共和党議員の優先課題もそれほど違いはなく、雇用（#4jobs、仕事のために）、自分たち自身のこと（#tcot、ツイッターで発言する保守派のトップ）、ヘルスケア（#Obamacare、オバマケア）である。ところが両党は根本的に異なる枠組みを使用している。民主党議員が好む #ACA は、医療費負担適正化法について肯定的もしくは中立的である。一方、共和党議員が好む #Obamacare と #Fullrepeal（オバマケアを廃止せよ）は、明らかに否定的な意味合いを添えている。

政治活動家と同様、連邦議会の議員もハッシュタグ考案者とみなすことができる。彼らは #AllLivesMatter、#TheSystemIsRigged（制度は不正に操作されている）、#CorruptHillary（堕落したヒラリー）といった特定の枠組みを選ぶ。彼らはハッシュタグが幅広い関心を集め、感情と信念の両方を組み立てるのに役立てたいと望んでいる。ハッシュタグ考案者魂は、現代の政治生活にとってしだいに重要になっている。

時が経てばわれわれがもっと学ぶであろうことに疑いの余地はない。しかし二つの結論が明らかだと思われる。まず、ハッシュタグは集団分極化の（そしてサイバーカスケードの、第4章参照）エンジンとして機能する。二つめに、ハッシュタグは特定の課題の周囲に利害の一致する共同体を作り、こうした共同体はさまざまな見解を内包する可能性がある。これらの影響のいずれにも、高度な仕分けとフィルタリングの作業がかかわるが、フィルタリングは必ずしも分極化を引き起こさず、多様性に富む見解との出会いをもたらすかもしれない。

ドナルド・トランプほか、政治家についてざっと触れる

世界中の政治家がソーシャルメディアを使っており、分極化効果を引き起こす状況をたびたび生んでいる。十分に論じるにはそれだけで本が一冊必要になるので、顕著な例を二つだけ考えよう。

アメリカ合衆国では、バラク・オバマがソーシャルメディアを使って選挙運動を推進した初の大統領となった。二〇〇八年の総選挙での数字は興味深い。彼はあらゆるソーシャルメディアプラットフォームで、ライバルのジョン・マケインよりはるかに手際がよかった。オバマはフェイスブックに二〇〇万人を超える支持者がいたが、これと比べてマケインの支持者は六〇万人だった。オバマには能動的なツイッターフォロワーが一一万二〇〇〇人いたが、マケインのフォロワーは四六〇〇人だった。ユーチューブでは動画数、チャンネル登録者数、再生回数にかんして、両者で約四対一の差がついた[30]。オバマはソーシャルメディアで選挙運動を展開するのに、フェイスブックの共同創設者であるクリス・ヒューズ

を含む複数のIT起業家を雇った。[31] 選挙運動が最高潮に達すると、ソーシャルメディア専門のスタッフを一〇〇人雇った。[32] オバマはソーシャルメディア、ポッドキャスト、携帯メッセージの助けを借りて、一八〜二五歳の有権者の七〇パーセントを獲得することに成功した――この票差は一九七六年に出口調査が始まって以来、最高だった。[33] もちろん、オバマの成功がソーシャルメディアの活用によるものだとは言い切れない。しかし彼の選挙運動は、疑いなくはなはだしい集団分極化をあおる形でフェイスブックとツイッターを利用していた（オバマ支持者はより意欲的だった）。

二〇一二年の選挙運動では、オバマはミット・ロムニーを相手に、ソーシャルメディア資源を結集した。このときもまた、オバマの成果はライバルを大差で上回った。オバマはデジタルコンテンツを使った選挙運動資金として一〇倍の金額を使い（四七〇〇万ドル対四七〇万ドル）、フェイスブックの「いいね」を二倍獲得し、リツイート数は二〇倍だった。[34] もちろん、このいずれも人気を測る尺度として最適ではないが、オバマはソーシャルメディアの使い方がはるかにうまいことが分かる。

二〇一六年の選挙でドナルド・トランプは独自の道を歩んだ。トランプは、おそらくエンターテインメント業界での経験ゆえに、ソーシャルメディアを使いこなしてすばらしい効果を上げた。とくにお気に入りのハッシュタグは #MakeAmericaGreatAgain だが、#CrookedHillary も好んで利用した。トランプは共和党大会の前でさえ、フェイスブックで「いいね」を約一〇〇〇万件集め、彼のユーチューブチャンネルは再生回数が六〇〇〇万回を超え、チャンネル登録者は四万人に達した。[35] トランプはバイン、ペリスコープ、インスタグラムでも存在感を保っていたが、彼の選挙運動を特徴づけたのは、急速に拡散した侮辱（「小さいマルコ」「嘘つきテッド」そしておなじみの「悪徳政治家ヒラリー」）を含む、ツイッターの活用だ。トランプ本人が生ツイートして、比較的短い期間に一一〇〇万人以上のフォロワーを集めた。この数字はトランプのツイートの影響を実際より小さく見せる。彼の投稿の多くは全国メディアに注目され、そのためおおいに増幅された。ツイッターでの活動が、多くの人にとっての集団分極化のエンジンの中心にトランプを置いたこと——そして大統領の座へと押し上げるのに一役買ったこと——は疑いの余地がない。

断片化、分極化、ラジオ、テレビ

集団分極化を理解することでオンライン行動について分かるだけでなく、最新のラジオやテレビについて、少なくとも放送局の数がかなり多く、その多くがはっきりとした見解を示しているならば、それらの潜在的な効果も分かるようになる。他人の見解に触れるだけで集団分極化が生じることを思い出してほしい。このような効果は、コミュニケーションにかんして同じ選択をし、代替の立場に自分をさらそうとしない個人の集まりという形の、熟議しない集団にも当然、作用するだろう。同じプロセスは新聞の選択の場合にも起こる可能性がある。リベラルな新聞を読む人と保守系新聞を読む人がいるとすると、分極化は避けられない。大衆メディアはうまく機能しているとき、多様な話題と見解を提示しようとすることで、ここで独自の役割を担っている。大衆メディアが幅を利かせているときには、分極化はかなり起こりにくくなる。パブリックフォーラム論についても同様の所見を述べることができる。さまざまな演説者が雑多な公衆に接近するときは、個人も集団も、対立する立場や関心事から自分を隔てられる可能性は低い。それに応じて、断片化は起こりにくくなる。

集団分極化はコミュニケーション政策についてのより一般的な問題をも提起する。「公正原則」について考えよう。これは今ではほとんど放棄されているが、かつてはラジオ局とテレビ局にたいして公的問題に時間を割き、反対意見に発言する機会を与えることを求めていた。このうち反対意見を発言する機会は、聴取者と視聴者がたった一つの意見だけにさらされないように保証することを意図していた。一つの意見を放送したなら、反対の立場にもアクセス権を認めなければならなかった。

連邦通信委員会（ＦＣＣ）が公正原則を放棄したのは、反対意見に発言機会を与えるよう求めたせいで、放送局がたいていの場合、賛否両論ある問題を避けて、当たり障りのない画一的な見解をほのめかす意見を提示するようになったという理由であった。その後の研究でＦＣＣの判断が正しかったことが示された。公正原則を排除したところ、ときには何らかの過激な意見を含む、論争をかもす、価値ある番組作りが盛んになったのだ。電話で出演者と聴取者が話すトークラジオを考えてほしい(36)。

概して、これは規制撤廃のすばらしい成功事例とみなされており、一般にその見方は正しい。公正原則を撤廃した効果は、まさに求められ、意図した通りのものだった。その効果は実際に良好であり、賞賛されるべきである。だが集団分極化の問題に注目すれば、評価は少し複雑になる。よい面については、意見の多様な引き出しがあることは社会の議論プールの総量を豊かにし、全員の利益となる可能性がある。同時に、問題指向がさまざまな番組――強固でしばしば過激な見解を表明し、まったく別の聴取者と視聴者のグループの心に訴える――が増えれば、疑いなく集団分極化が生じる。今はたいていの場合に、自分の声の音量の大きい反響にさらされている人が多すぎて、あまりに多くの場面で誤解や悪意を生んでいる。一見して、一つの意見が何度も繰り返されるのを聞くよりは、議論の余地のある見解を少しだけ聞くほうがましである。

私は公正原則を復活させるべきだと提案しているのではないし、そう信じてもいない。法学の教授であるヘザー・ガーケンは「二次的多様性」——社会が多くの組織や集団から成る場合に現れる種類の多様性で、その組織と集団の一部には内的多様性がほとんどない——に正しく人々の注意を引きつけた(37)。ガーケンが示したように、われわれはみな、さまざまな集団がさまざまな傾向を示し、ときにはさまざまな極端に行き着くこともある分散型システムの恩恵を受けている。われわれは各集団の〝中〟での多様性を求める代わりに、たとえ集団の多くまたは大部分が内的多様性をほとんど示さないとしても、多様な集団を望むのかもしれない。

同じことは既存メディアのニュースサイト（ソーシャルメディアも含む）についても言える。一部のラジオ番組がかなり保守的な意見を主張し、ほかのラジオ番組がかなりリベラルな意見を主張するとすると、誰もがそこから現れるものの利益を得られるかもしれない。これは有力な論拠である。しかし少なくとも、現状では、あまりに多くの人がより穏当な意見、反対方向に過激な意見、あるいはいずれにせよ自分とは違う意見と触れ合う機会から自分を隔てることを選択する危険がある。

集団分極化は悪か？　孤立集団内での熟議

これまでの議論の流れにもかかわらず、集団分極化という事実だけを見て〝悪い〟方向に動いたとは必ずしも言えない。場合によっては、過激化の傾向は悪いことではなく、むしろよいこともある。はるかによいとさえ言えるかもしれない。たしかに集団分極化は価値あるたくさんの運動を活気づけるのを助けてきた——たとえば公民権運動、奴隷制反対運動、障害者の権利を求める運動、男女平等を求める運動、同性婚の実現に向けた運動などである。これらの運動はいずれも、それぞれの時代には過激であったし、集団内での議論でたしかにより顕著な過激思想を生んできたが、過激思想が非難の言葉である必要はない。コミュニケーションの選択肢が増えることでより顕著な過激思想が生まれるなら、結果的に社会はよくなるかもしれない。

その一つの理由は、多数のさまざまな集団が互いに熟議しているときに、社会ははるかに多様な意見を聞くことになるからだ。二次的多様性という概念を思い出してほしい。たくさんの個人が「摂取する情報」が均質もしくは多様性が不十分だとしても、社会全体として、より豊かで充実した考えを備えることになるかもしれない。これは社会の断片化の全体像の別の側面である。このことは多元主義および多様性からもたらされる大きな利益を示唆している——個人が集団を自分の好みに合わせ、集団内で群れるとしても、もたらされる利益である。群れることのもう一つの利益は「認識的不正義」に対抗できる点である。認識的不正義の中では、人は自分の経験を解釈する十分な能力を持たず、またその中では経験談を人に聞いてもらうことができない[38]。ソーシャルメディアはこの不正義に対抗することができる。実際、ソーシャルメディアは毎日そうしている。

〝孤立集団《エンクレーブ》内の熟議〟という言葉は、いくぶん分離された集団内で起こる熟議の形態と定義してよいかもしれない。そこでは考えの似た人々が主として互いに話をする。ソーシャルメディアを含めたインターネットは孤立集団内の熟議への参加をかなり容易に（そして費用を安く）する。フェイスブックページ自体がこのような熟議の形態を見込んでいるのかもしれない。幅広い熟議主体に参加しているときに、一部の集団の成員がきわだって静かになる傾向があるためになおさら、異質的な社会では孤立集団内の熟議がきわめて重要になりうるのは明らかである。

この点に照らして孤立集団内の熟議の特別な利点は、一般的な討論では見えなかったり、黙らせられたり、やり込められたりするような理解、知識、および立場を進展させるように促すことである。主流から外された集団による第三者を排除しようとする動き、また予備選挙の投票を党員だけに限定しようとする政党の動きさえ、同様に正当化されるかもしれない。集団分極化が働いていても——おそらく集団分極化が働いている〝からこそ〟——ソーシャルメディアによって生じた集団をとくに含めた孤立集団は、とりわけその集団が社会の「議論プール」をおおいに豊かにするがゆえに、さまざまな社会的利益をもたらすことができる。ほかでもないツイッターのしている仕事がまったくこの通りであることに、疑いの余地はない。

ここでの主要な実証的問題は、熟議主体において地位の高い成員がほかの成員よりたくさん発言し、彼らの考えがより影響力を及ぼす傾向があるということである——それは地位の低い成員がときとして自分の能力に自信がなく、また彼らが他の成員からの報復を恐れるからでもある[39]。たとえば女性の考えはしばしば影響力が弱く、「男女混成の集団では完全に抑え込まれる」こともある[40]。文化的少数派は、多くの状況で文化的に雑多な集団による決定にたいして不釣り合いなほどわずかな影響力しか持たない。地位にもとづく階層の存在は避けられず、複数の集団の成員が互いに言葉を交し、それぞれの考えを発展させられるような、熟議する孤立集団を受容することは理にかなっている。オンラインコミュニケーションはこれを容易にするかぎりにおいて、とくに価値がある。

だがこのような孤立集団には重大な危険もある。それは、孤立集団内の熟議という特定の状況の予測可能な結果としての立場に、そこに価値がなくても、成員が向かうだろうことだ。極端な場合には、孤立集団内の熟議は社会の安定を危険にさらすことさえあるかもしれない。みずからを孤立集団に振り分ける人々が、理論上、社会全体にとって望ましい、もしくはせめてその集団の成員にとって望ましい方向にたいてい向かうはずだとは、とても言えない。

これと正反対の具体例は容易に思いつく――たとえばナチズム、ヘイトグループ、テロ、さまざまなカルト集団が現れるときである。カルトという概念を十分に広くとらえれば、彼らはソーシャルメディア中に見つかる。たとえばバラク・オバマはアメリカ生まれではない、九月一一日のテロ攻撃の原因はイスラエルにある、ワクチン接種は自閉症を引き起こす、エルビス・プレスリーは今も生きているなどと信じる人々だ。そしてもちろん、テロ組織はこの点にかんして特別の課題を提示する――これについては後ほど取り上げる。

孤立集団と公共圏

グループ討論することで、人々が討論を始めたときの考えを強く確信するようになる傾向がある場合はつねに、そこには懸念すべき正当な理由がある。これはもちろん議論は調整可能、もしくは調整するべきだといった意味ではない。しかしこのことは、〔よく言われる〕演説が下手なら「たくさん話す」ことが適切な対策である、という考えについての疑問を提起する——多くの人が対立する意見から自分を切り離したいと思い、それがますます可能になればなおさらである。民主社会での考えられる対応は、パブリックフォーラム論によって示される。この理論の最も基本的な目標は、ある時点で、孤立集団の成員および彼らと意見の異なる人々とのあいだで意見交換がおこなわれる可能性を高めることである。しばしば過激思想と主流からの追放《マージナライズ》のかなり不運な（ときには致命的な）取り合わせという形での、最も深刻な危険をともなうのは、グループ討論そのものよりはむしろ、完全もしくはほぼ完全な自己隔離である。

異質性の長所を探るために思考実験をしよう。熟議主体が、考えの似た人々の部分集合ではなく、関連する集団の全市民で構成されると想像してほしい。全市民とはある共同体、州、国、あるいは世界の全市民かもしれない。コンピュータの魔法で誰もがほかの誰とでも話せるとしよう。仮説では、議論プールは巨大になるだろう。議論プールは、市民の意見が制限される程度にしか制限されないだろう。

もちろん評判を気にする傾向の影響は残るだろう。あなたが地球温暖化は深刻な問題であるという考えを否定する少数派の一人であれば、大勢に加わろうと判断するかもしれない。しかし熟議の結果、その集団との関連での人々の個人的な立場が、最初に考えていたものとは違うことが明らかになれば、その人は片寄ったサンプルの結果ではなく、関連する全市民を正確に理解したうえで立場を変えることになるだろう。現に、われわれはこの思考実験に近づこうとするオンラインでの取組みを思い浮かべることができる。たとえばウィキペディアは誰でも（ある程度）編集者になることを可能にしており、無数の人々が散在する情報を投稿して、人類の膨大な知識を提供する情報源を構築できるはずである。誰でも貢献できる単一の成果物をもたらし、おおむね成功しているこの取組みは、考えの似た人々が熟議する孤立集団と比べられるかもしれない。

この思考実験あるいはウィキペディアの例は、断片化もしくは細分化《バルカン》した言論市場がつねに悪い、あるいは仮説として提示した包括的な熟議主体が理想的だろうとは示唆していない。たとえ理想にすぎなくても、すべての議論を万人とともに進めるべきだと提案するのは愚かだろう。熟議する孤立集団の重要な利益は、それ以外の状況では出てこなかったであろう立場が表に出てくるかもしれない点であり、孤立集団でも雑多な公衆の中でも、より大きな役割を果たすのがふさわしい。熟議する孤立集団を擁護する論拠を正しく理解すれば、民主社会であろうとなかろうと、社会的な熟議を熟議する孤立集団が改善するだろうということになる。というのは、公開討論の価値を高める新しい考えや見解を生み出すために、孤立集団内の熟議がしばしば必要とされるからだ。ここではフェイスブック、ツイッター、インスタグラム、スナップチャットを含むソーシャルメディアがその具体例となりうる。

だがそのような改善がなされるには、成員は対立する立場から自分を孤立させてはならない。少なくとも、自分を隔てようとする試みが長期化してはならない。集団分極化という現象は、コミュニケーションにかんして消費者主権が個人および社会全体に重大な問題を引き起こすだろうことを示唆している――またこうした問題は、社会的相互作用という一種の鉄壁の理論によって引き起こされるだろう。

分極化しない場合および脱分極化

選挙の候補者と支持者が、自分たちに都合よくソーシャルメディアを含めたインターネットを利用していることは必ずしも目新しくはない。おそらくより興味深いのは、公職を目指す候補者と支持者らが、集団分極化を直感的に理解していることをはっきりと示すやり方でも、ソーシャルメディアを含めたインターネットを利用していることであろう。彼らのサイトはフォーラムとして機能し、そこには考えの似た人々が集まり、政策、対立候補、および彼らの支持者についての共有された立場をとる。候補者は、いずれは時間も金も生むエコーチェンバー――社会的相互作用がより多くの同意と熱意を生む、コロラド州での実験の独自のオンライン版――を作ろうと試みる。ここで論じる仕組みは害をもたらすかもしれないし、もたらさないかもしれないが、その仕組みに気づいている人々は間違いなくそれを戦略的に使うことができる。二〇一六年の大統領選挙で、ドナルド・トランプは社会的影響および集団分極化についての抜け目ない実用的知識を披露して、自分はいかに人気があるかをしきりに強調し、その証拠として世論調査の結果を何度も示した。

しかしながら特定の状況では分極化は弱めることができ、なくすことさえできる。自分が何を考えているかについて自信のある人や、他人の話を聞いたくらいでは立場を変えようとしない人にたいして、変化を期待するべきではない。あなたが原子力発電にかんする自分の立場を全面的に確信しているならば――あなたの厳密な見解についてだけでなく、その見解を主張しつづける自信の度合いをも確信しているならば、他人の立場はあなたに影響を及ぼさないだろう。こういう人は通信市場でのどんな変化によっても立場を変えないだろう。

私は、連邦裁判官は分極化しやすいと述べた。共和党の被指名者は同じ共和党の被指名者と同席しているときにとくに保守的な投票行動をとり、民主党の被指名者は同じ民主党の被指名者と同席しているときにとくにリベラルな投票行動をとる。ところがつぎの二つの問題にかんしては連邦裁判官は仲間に影響されないようだ。妊娠中絶と死刑の問題である。[41] 連邦裁判官はこれらの問題で、自分を指名した大統領と同じ政党の大統領によって指名された裁判官の同席がゼロでも一人でも二人でも関係なく、事実上同じ投票行動をとった。どうやら妊娠中絶と死刑の問題では、裁判官の見解がゆるぎなく固まっているというだけで、分極化が起こらないようだ。これと同じように普通の人が集団の成員によって影響されそうにないほかの問題を、われわれは容易に想像することができる。政治の分野では候補者が何をしようとしても、ここに分極化の限界がある。

さらに熟議集団を巧妙に設計することで、〝脱分極化〟――極端な立場を離れて中道に向かう変化――を引き起こすことはできる。たとえばある考えを持つ人六人と反対の考えを持つ人六人を含む一二人の集団を構成するとしよう――仮にその集団の成員の半数が、特定の物質による大気汚染は重大な問題だと考え、残りの半数はそんなことはないと考えているとしよう。成員のほとんどが完全に立場を固めていないとすると、実際に中道に向かって動く可能性がある。説得力のある主張が勝つという考えが、人その理由を説明するのに役に立つ。仮説では「議論プール」には両方向の主張が同数ずつ含まれる。人が自分と意見の違う人を進んで退けるとすると、脱分極化は起こらないかもしれない。三人のイスラエル人と三人のハマスのメンバーから成る集団は脱分極化を起こさないかもしれず、集団の成員は意見の違う人の考えをあっさり退けるかもしれない。しかし多くの問題で、人は互いに相手の発言を聞く可能性があり、したがって脱分極化は起こりうる。

もちろん混合集団は万能薬ではない。一般に集団の成員は熟議前の傾向に沿って、より過激な立場に行き着く。考えの似た人々の集団に劣らず、混合集団も分極化することがある。[42] 一般的には、対立する立場と向き合うことで、政治参加の意欲がそがれることがある。その理由の一つは、自分の考えについて相反する感情を持つようになり、自信をなくした人々があっさりと脇へ退くかもしれないからだ。[43]

しかし混合集団には二つの望ましい効果があることが示された。まず対立する立場に触れることで、一般に政治的寛容性が増す。[44] 自分と異なる意見も含めてさまざまな意見を聞いたあとでは、多くの人は別の立場をより尊重し、その意見が妥当もしくは正当であると進んで考えるようになる。政治的対立は正当であるとみなすことの重要な結果は、「ひどく嫌っている政治的意見を掲げた集団にまで市民的自由を広げることに積極的になる」ことである。[45]

二つめに、混ざり合うことで対立する論拠に気づき、自分の主張がもっともらしい反論に遭うかもしれないことを人々が理解する可能性が高まる。[46] 自分たちはある程度の社会の調和に貢献しており、異なる意見を表明するべきだと事前に進んで認めようとするという意味で、「市民の対立指向」を前提とする人々にたいして、この効果はとくに顕著に現れる。[47] 混合集団内での熟議のこうした望ましい影響は、人々が政治的に均質な集団に仕分けられ、また自分をその中に仕分けるような熟議プロセスでは実現しないだろう。

意見の異なる人々の考えを一つにまとめたり、その中で学びの機会さえ生み出すための通信技術の考えられる用途について、貴重な教訓がある。人がさまざまな主張を聞いて、少なくともその主張がもっともであれば、また意見の異なる人は信用できないとか頼りにならないという理由で簡単に退けることができなければ、自分と意見の異なる人々の方向に動かされる可能性は高くなる。

バランスのとれた情報の提示、バランスを欠いた見解

残念なことに、人がバランスのとれた情報にさらされたときに中道に向かう動きが起こらないかもしれないことも、さまざまな研究が証明している。バランスのとれた情報が、そもそも意見が分かれる元となった問題に直接対処できそうに見えたとしても、その情報が合意につながらないかもしれないことは三〇年以上も前から知られていた。この基本的な現象は一般に〝片寄った同化〟と表現される[48]。基本的な考えは、人はもともとの信念を裏づける方向に情報を歪めて同化させるというものである[49]。

初期の研究は死刑に関連するものだった[50]。実験参加者は、死刑は犯罪を抑止するという意見に賛成と反対の両論を唱えるいくつかの研究論文を読むように求められた。重要な発見は、死刑の支持者も反対者もともに、自分の信念に異議を唱える論文よりも、信念を裏づける論文によって、はるかに納得させられたという事実であった。対立する論文を読んだあとでは、両者とも、最初からの考えにより強く傾倒する方向に信念が変化したと報告した。一つの結果として、両者とも論文を読みはじめる前より分極化が進んだ。この結果は集団分極化によく似ている――しかしそれはエコーチェンバーに反応したので

はなく、バランスのとれた情報の提示に反応して起きたのだ。

　多くの状況で同様の結果が出ている。[51]たとえばいくつかの実験で、性的指向に遺伝的要因はあるかどうか、同性カップルはよい親になれるかどうかという問いについての対立する意見を実験参加者に渡した。その情報を受け取ったあとで、参加者のもともとの信念は〝強化〟された——そして同性カップルの問題については分極化が抑制されずに、進行した。[52]この種の実験では参加者は「賛成」と「反対」の論拠を与えられ、少なくとも特定の条件では、このような論拠が示されることで分極化は進む。

　以上のすべてが、私がここで述べている話を複雑にし、またこのことは明らかにソーシャルメディアと密接にかかわる。人がオンラインでさまざまな意見と出会っても、まったく脱分極化しないかもしれない——少なくとも彼らが、同意したくなる相手の意見だけを聞き、その他全員の意見を退けるとしたらそうなるだろう。

訂正が裏目に出るとき

　何かの主張にかんして世論が分かれるとしよう。第一グループはAだと信じ、第二グループはAではないと信じている。第一グループが全面的に正しく、第二グループはまったくの愚か者だとしよう。最終的に、第一グループの成員からではなく独立した情報源から、Aを支持する真実の情報が提供されるとする。第二グループはAだと信じるようになると想定するのが理にかなっているはずだ——あなたはそう思うかもしれない。

ところがいくつか重要な状況で正反対の事態が起きた。第二グループはAではないと信じつづけ、その信念は前より強くなった。訂正の結果、分極化が進んだのである。

ある実験では参加者は、ジョージ・W・ブッシュ大統領が「サダム・フセインはテロ組織網に武器もしくは物資もしくは情報を流すだろうという現実のリスクがあった」とほのめかす（ブッシュは現にそうほのめかした）ことによってイラク戦争の正当性を証明したとする、偽の記事を見せられた。[53] 実験参加者はこの記事を読んだあとで、〔CIA特別顧問の〕ダルファー団長の報告書について読んだ。これはイラクに大量破壊兵器がなかったことを記した文書である。その後、参加者はイラクには「大量破壊兵器にかんする進行中の計画、こうした武器を製造する能力、大量破壊兵器の大量な備蓄があった」という記述に同意するかどうかを五段階（「強く同意」から「強く不同意」まで）で答えるように求められた。

訂正の効果は政治的イデオロギーによってずいぶん差が出た。かなりリベラルな参加者は、この記述にたいする不賛成を支持する方向に穏やかに変化した。この変化は統計的に有意ではなかった。というのはこれらの参加者は以前からこの記述に異議を唱える傾向があったからである。しかし自分は保守的だと申告した参加者では、この記述に〝同意〟する方向に統計的に有意な変化を見せた。「つまり、訂正が裏目に出たのだ――イラクには大量破壊兵器がなかったことを知らせる訂正を受けた保守派は対照群よりも、イラクは大量破壊兵器を保有していたと信じる可能性が高かったのである」。[54] 要するに、訂正に分極化効果があったということになる。目下の問題にかんして、訂正した結果、人々はそれ以前に正に分裂していた以上にはっきりと分裂したのだ。

独立した実験でより一般的な効果が確認された。参加者は、税の削減は経済成長を刺激するのにきわめて有効で、実際に政府の収入は増える、という主張を評価するように求められた。彼らはつぎに『ニューヨーク・タイムズ』紙またはFOXニュース（ウェブ版）のいずれかの、この主張を訂正する記事を読むように求められた。訂正は当の主張にたいする参加者の関心を高めることが分かった。「税の削減は政府の収入を増やさないという証拠を提示された保守派は、訂正を受けなかった保守派よりも、最初の主張を強く信じるようになった」[55]。

リベラル派もこの影響をほとんど免れなかった[56]。二〇〇五年に、リベラル派の多くはブッシュ大統領が幹細胞の研究を禁止したという、間違った情報を信じていた。『ニューヨーク・タイムズ』紙またはFOXニュース（ウェブ版）による訂正のための記事を示されても、リベラル派は以前から信じていたことを信じつづけた。対照的に、保守派は訂正を受け入れた。それゆえ訂正によって分極化が進んだ。驚くことではないが、重要な点は、基本的な効果にかんして訂正のために示したのが『ニューヨーク・タイムズ』紙の記事か、FOXニュースの記事かが関係したということだ。保守派は『ニューヨーク・タイムズ』紙をより強く疑い、リベラル派はFOXニュースをより強く疑った。

このことに照らして、ソーシャルメディアについて考えてみよう。あなたのツイッターのタイムラインが、特定の不正行為が起きた、もしくはある公職者が無責任な行動あるいはもっとひどい態度をとったと主張しているとすると、訂正によってあなたが立場を変える可能性はどの程度だろうか？　人々がフェイクニュースを見破る可能性はどの程度だろうか？

よく知らない問題

基本的な問題をよく知らないとしたらどうか？　その場合、バランスのとれた情報は分極化あるいは意見の一致をもたらすだろうか？　人は最初から強く確信しているわけではないという理由でしかなくても、ある程度の意見の一致は期待できるだろう。オンラインでは未知の問題とよく出会う。ことによると議論のバランスがわれわれの答えを決定するのだろうか？　ナノテクノロジーについてのある研究がこの疑問に光を当てる。(57)

大勢のアメリカ人を二つのグループに分けた。「情報を与えられない」条件下で、実験参加者はナノテクノロジーとは微粒子を製造し、操作するプロセスであるとだけ教えられた。この条件下では、参加者はナノテクノロジーを使用するための費用と利益について、イデオロギーによって分裂しなかった。保守派とリベラル派、共和党支持者と民主党支持者のあいだに明らかな分裂は見られなかった。どうやらこの問題はかなり専門的だと思われて、たんに名称や説明を提示しただけでは、関連する方向に沿っては分裂しなかったようだ。

「情報に触れさせる」条件下では、参加者はナノテクノロジーの潜在的な危険と利益についての事実にもとづく資料を与えられた。情報に触れたことが、こうした危険と利益についての意見に本質的に影響を及ぼさなかったことは注目に値する。しかし参加者は情報に触れたことで、もともとの政治的志向に従って分裂した。自由市場を好み、政府の干渉を信用しない傾向のある参加者は、ナノテクノロジーの使用にそれまでより好感を持つようになった。社会的平等の実現に賛成し、政府が社会的目標の達成を促進してくれると信頼する傾向にある参加者は、ナノテクノロジーの使用にそれほど好感を持たなくなった。

情報を与えられない条件下では、ナノテクノロジーの利益は危険を上回るという信念について、二つのグループのあいだで本質的に分裂はなかった。いずれのグループでも、過半数をわずかに上回る（六一パーセント）参加者がこの信念を受け入れる結果となった。しかしバランスのとれた情報に触れさせたあとでは、分裂はゼロから六八パーセントに増え、自由市場の熱烈な支持者の八六パーセントは利益が費用を上回ると信じ、平等主義者でそう信じているのはわずか二三パーセントだった。

オンライン学習という考えにとって、これは明らかに問題である。

理解する

これらの研究のいくつかを理解する方法がある。人が最初から強い確信を持ち、自分が何を考えているかよく分かっているとき、正反対の主張によって考えが変わる可能性はかなり低い。その理由の一つは、自分がすでに何を知っているかを考えれば、正反対の主張をただ退けることができるからだ。ホロコーストは実際に起きたと信じているなら、ホロコーストはユダヤ人歴史学者のねつ造であるとほのめかす報告書にはあまり影響されないだろう。

正反対の主張はあなたに影響を与えないが、すでに考えていたことを裏づける主張およびそれに沿った新しい情報は信念を強化するとしよう。そういう状況が生じることはたしかに前から知られていた。実際、バランスのとれた情報の提示は信念を補強するはずである。またこうした情報の提示がナノテクノロジーのような不案内な話題にかかわるならば、少なくとも情報の提示によって長年の懸念が再燃するとすると、似たようなことが起こるはずである。

二番めの要因は知識ではなく感情に関係する。あなたが特定の信念――たとえば気候変動は深刻な問題である――に強く傾倒しているとすると、正反対の主張はあなたにほとんど情報を伝えないかもしれず、あなたをただ怒らせるだけかもしれない。すると、あなたは最初から持っていた意見をより強く主張するようになるかもしれない。これは訂正によって考えが変わらないかもしれない理由の一つである。また、基本的な主張が正しくないとしたらなぜわざわざ訂正などするのだろう、彼らは何か隠しているのではないかと訝るかもしれない。

以上の点は、各種の研究の成果は重要だが、それは特定の状況にかぎってのことであり、印刷物やオンラインで目にするものの大部分にたいていの人がどう対処するかをとらえていない、ということを示唆している。もちろん最初から強く傾倒していれば人の考えは簡単には変わらず、正反対の主張は――少なくとも信頼できる情報源のものでなければ――裏目に出るかもしれない。このことは、集団分極化の現象がなぜ片寄った同化の現象に似ており、それが今度は、オンラインで多様な情報を手に入れた人は分極化するかもしれない、ということにもなるのかを明らかにする。しかし多くの問題について、人は自分が何を考えているのかよく分かっていない。彼らは最初はある程度、寛容さを見せる。状況を探っているのだ。彼らは最初から強い信念を持っているわけではなく、自分が何を考えているか分かっていることは多いとしても、人の話を進んで聞こうとする。

要するにさまざまな問題にかんして、考えの似た人の集まる共同体に自分をふるい分けないのはよいことだ。楽観的になりすぎないようにしよう――だが真実が現れてくることもあるだろう。

第4章　サイバーカスケード

社会の断片化とオンライン行動を論じるには、社会的カスケードを理解する必要がある――ボタンを押すだけで何百、何千、何百万もの人々にデマも含めた情報を拡散できる場合に、社会的カスケードが起こりやすいというのが第一の理由である。カスケードはしばしば予測が難しく、ときには予測不能ですらあるが、そこらじゅうにあって、われわれの文化、さらには生活さえ作り上げている。カスケードはますますソーシャルメディアによって生み出されている。カスケードは特定の製品、映画、本、アイディアへの強い関心を育てる、隔離された共同体の内部で起こる。テロリスト、反逆者、革命家はカスケードを引き起こして、それを利用しようとする。カスケードはしばしばはるかに広い範囲に根を下ろして、（たとえば）同性婚の権利、独裁政権にたいする反乱、国のEU脱退、新しい大統領、大人気の新型携帯電話を実現する一助となる。

明らかに、大小たくさんの社会集団が何らかの信念や行動の方向に急速に大きく移行している(1)。この種のカスケードは一般に情報の拡散をともない、実際、普通は情報によって〝駆り立てられる〟。ほとんどの人は数々の重要な問題――ジョージ・ワシントンは実在の人物か、地球は太陽のまわりを回っているのか、物質は分子を含むのか、恐竜は本当にいたのか、インドで戦争が始まる危険はあるのか、イラクとレバントのイスラム国（ＩＳＩＬ）は危険か、砂糖のとりすぎは健康に悪いのか、火星は実在するのか――についての直接情報あるいは全面的に信頼できる情報を持っていない。あなたは自分の信念の大部分について、実のところ直接情報を持っていない。信用できる他人の発言や行動に頼っているのだ。

二種類のカスケード

ここで社会力学について理解するために、情報カスケードと評判カスケードを区別する必要がある。

情報カスケード　情報カスケードでは、人は自分が手にしている個人的な情報や意見に、ある時点で頼るのをやめる。代わって他人によって伝達された合図にもとづいて判断するようになる。その結果、理論上は最初の数人もしくはたった一人の行動が、無数の追随者による同様の行動を引き起こしうる。

型通りの例を使えば、ジョーンは気候変動が深刻な問題なのかどうか自信がないとしよう。彼女は友人のメアリーが気候変動は深刻な問題だと考えていて、そう発言するなら、そう考えるようになるかもしれない。ジョーンとメアリーがともに気候変動は問題だと心配しているなら、二人の友人のカールも、それとは反対の信頼できる独立した情報がないかぎり、結局は彼女たちに同意するかもしれない。ジョーンとメアリーとカールが気候変動は深刻な問題だと信じているならば、三人が共有する結論を彼らの友人のドンが拒絶するには、かなりの自信が要るだろう。ジョーン、メアリー、カール、ドンの四人がこの問題で共同戦線を張れば、ほかの友人やただの知り合いも彼らに賛成するだろう。オンラインではこのようなことが日常的に起きている。

ここでちょっとした問題点を指摘しておくことは重要だ。すなわち五人、一〇人、一〇〇人、一〇〇〇人の人が何か発言したがっている、あるいは行動したがっていると誰かがみなす場合、各自が自主的に判断して発言し、行動しようとしていると考えがちだ。現実にはその集団のほんの一部だけが自主的な判断を下したのかもしれない。ほかの人は大勢に追随していて、その結果、自分が従うことにした合図を増幅しているのだ。この合図には、たとえごく少数の判断しか含まれていないとしても、非常にやかましく、またかなり強い印象を与えるかもしれない。

環境問題は、情報が正しいかどうかにかかわらずどのように伝わるか、またいかに広く拡散され、定着しうるかを示す事例を提供する。憂慮すべき例として、放置された危険廃棄物集積場の問題は最も深刻な環境問題に数えられるという、広く信じられている説がある。カスケードによって広まったと思われるこの通念は、科学的に根拠がない(2)。もう一つの環境分野の例に、遺伝子組み換え作物(GMO)を含む食品は人の健康にとって有害であるという、広く拡散された誤った通念がある。科学界の意見は、遺伝子組み換え作物は有害ではないということで一致している。カスケードの多くは広範囲に及ぶが、地域性がある。一九八〇年代に一部のアフリカ系アメリカ人社会でかなり広まっていた、アフリカ系アメリカ人のあいだでエイズが蔓延したのは白人の医師らの責任であるという意見について考えよう。あるいは、オバマ大統領はアメリカ生まれではないという、アメリカ人保守派のあいだで広く信じられているらしい意見について考えよう――また多くの親が主張し、ある時点でドナルド・トランプが擁護していたらしい、ワクチン接種は自閉症の原因となるという意見について考えよう。ある集団はある意見を信じ、別の集団は正反対の意見を信じることになるかもしれず、そうなる理由は、ある集団内では情報がすみやかに伝わり、別の集団では情報がすみやかに伝わらないからである。

専門家や医師のあいだでもカスケードはよく見られる。「たいていの医師は研究の最先端にいるわけではない。彼らは必然的に同僚の過去や現在の業績に頼っているため、手術の流行廃りや治療に起因する非常に多くの病気を生んでいる」(3)。かくして影響力のある『ニューイングランド・ジャーナル・オブ・メディシン』誌の論文は「バンドワゴン病」について調査している。この病気に冒された医師はまるで「レミング」さながら、「おもにほかの誰もがそうしているという理由で、伝染性の熱意に駆られて見境なく、気まぐれに特定の病名と治療を押しつける」(4)。カスケードが市民の集団のあいだでどう展開するかを確認するのは容易なはずだ。また情報カスケードが作用している最中には重大な社会問題が生じる。その中にいる人は、個人として手にしている情報（もしくは情報を隠していること）を自分の後任にも公衆にも明かさないのだ。

評判カスケード　情報カスケードによく似た評判カスケードの可能性も想像することができるだろう(5)。評判カスケードでは、人は何が正しいか、あるいは何が正しそうかを知っていると思っているが、それでもなお信用を失わないために、大勢に従う。最も自信のある人々でさえときにはこの圧力の犠牲となり、途中で反対意見を言わなくなる。誰かの怒りを買うことを恐れて、個人的に嫌悪している行動や価値観に公然とは異議を唱えないかもしれない。

セクハラという社会的慣習は「セクシャルハラスメント（性的嫌がらせ）」という法的概念よりも歴史

が古く、セクハラを受けた無数の女性たちはそれを嫌がっていた。しかし彼女たちはただ公に苦情を訴えた結果どうなるかが怖いという理由で、たいてい黙っていた。現在おこなわれている慣習のうちどれくらいが、これと同じ一般的な範疇に入るかを考えるのは興味深い――そのような行為は実際に害を及ぼすし、また害を及ぼしていることは知られている。だが、被害に遭った人の大半はおおっぴらに抗議すれば自分が苦しむことになると信じているために、セクハラはなくならない。ひとたび評判カスケードが成長しはじめると、政権が倒れることもある。自分たちの不満が広く共有されていることを大衆が知れば、政権はしばしば崩壊する。

評判カスケードがどのように作用するかを見るために、つぎの状況を想定してほしい。アルバートは、ワクチン接種は自閉症の原因となることがあるとほのめかし、バーバラはアルバートが正しいと本気で思っているからではなく、子どもたちが直面している重大な危険にたいして無知だの無関心だのとアルバートに思われたくなくて、彼に同意するとしよう。アルバートとバーバラが、ワクチン接種は自閉症の原因となりうるという意見に同意しているように見えると、シンシアは彼らの意見が正しいと信じているからではなく、彼らの怒りを買いたくなくて、あるいは信用を失いたくなくて、公然とは反論しないかもしれず、また彼らと意見を共有するそぶりさえ見せるかもしれない。

このプロセスがどのように評判カスケードを発生させるのかを理解するのは簡単だ。アルバート、バーバラ、シンシアの三人がこの問題でひとたび団結すれば、友人のデイビッドは、たとえ彼らは間違っていると思っても反論するのをためらうかもしれない。アルバート、バーバラ、シンシアはどうやら情報を持っているらしい。その情報は見たところ正しいのかもしれない。しかしたとえデイビッドが彼らは間違っていると考え、その結論を裏づける情報を持っていても、面と向かって言い争うのは躊躇するかもしれない。より多くの人が加わるにつれて、評判カスケードはしだいに圧力を増す。かつてはかなり不人気だった立場に人々が反対意見を唱えなくなり、広く支持されていると思われるようになるかもしれないし、反論すれば反論した人が評判を落とすかもしれないのだ。

野火のごとく広がる情報とティッピングポイント

インターネットは、多様だが一貫性のないカスケードが生じる可能性をおおいに高める。サイバーカスケードは毎日発生している。ツイッターでもフェイスブックでもすぐに見つかる。サイバーカスケードは政治、驚異の製品、命にかかわる病気、陰謀、安全性の低い食品、モスクワまたはベルリンで起きたとされる事件、その他あらゆることにかかわるかもしれない。

オンラインカスケードがどのように起こりうるかについての、音楽分野の楽しく啓蒙的な証拠がいくつかある(6)。マシュー・サルガニク、ピーター・ドッズ、ダンカン・ワッツの三人が率いる実験チームは、一万四三四一人が参加する人工的な音楽ラボを作った。実験参加者は知らないバンドが演奏するそれまで知らなかった数十曲のリストを受け取った。彼らは興味を持った曲をいくつか選んで聴いたのち、(気に入った曲があれば)どれをダウンロードするかを決めて、選んだ曲を評価するように求められた。参加者の約半数は、バンド名と曲名ならびに曲の質についての各自の判断にもとづいて、自主的に決定するように求められた。残りの約半数は、ほかの参加者によってどの曲が何回ダウンロードされたかを見ることができた。後者の参加者は、それぞれ独自に進化する、考えられる八つの「世界」すなわちサブグループのいずれかを無作為に割り当てられた。特定の世界に属する参加者は、自分の世界でのダウンロード回数だけを見ることができた。重要な疑問は、人は他人の選択に影響されるかどうか――また異なる「世界」では異なる音楽に人気が集まるか、というものだった。

社会的影響は重要だったのか？　カスケードは発展しただろうか？　わずかな疑いもない。八つの世界のすべてで、各参加者はすでに何回もダウンロードされている曲をダウンロードしがちで、人気のない曲をダウンロードする可能性は低かった。とくに目立つのは、曲の成功はほとんど予測不可能だと分かったことである！　ほぼどの曲も人気が出ることもあれば出ないこともあり、すべては最初にダウンロードする人々の選択次第だった。同じ曲がヒット作にも失敗作にもなりえた――それはもっぱら、ほかの人が最初にその曲をダウンロードする選択をしたかどうかが見えていたからだった（ソーシャルメディアで噂がどのように拡散するか、また拡散に失敗するかについて、しばし考えてほしい）。

たしかに曲の質と成功のあいだに多少の関連はある。「一般に『最高』の曲が大失敗することはないし、『最低』の曲が大ヒットすることもないが、それ以外ほぼどんな結果でもありうる[7]」。しかし最高の曲と最低の曲でさえ、最初の人気の恩恵があったかどうか次第で、最終的な市場シェアはかなり予測不能である――そして大多数の曲について、すべては社会的影響によって決まる。

現実は多くの点でこの実験と違うことをサルガニク、ドッズ、ワッツの三人は認めている。彼らは現実におびただしい数の変数を調整して、予測不能性がもっと大きくなり、カスケードが不可避となる実際の市場での状況よりも、実験結果が確実に弱く出るように配慮した。メディアの注目、マーケティング活動、批判的な論評、その他の圧力が、社会的影響の役割を広げる。専門家が成功を予測できない場合、それは「個人の判断が社会的影響を受けるとき、市場はもともとの個人の好みをただ集計するだけではないからだ」(8)。ここでマーケティング担当者は、ある文化的商品はすでに人気があるとほのめかすことで、初期のオンラインでの「熱狂」を創出しようとたびたび奮闘することに注目してほしい。たしかに一部の販促活動には、一般客ではなくアーティストの関係者の購入によって生まれた商品への需要を誇張するという、人為的な活動が現にかかわっている。

ソーシャルメディアにはこのような活動があふれている。行動科学という一般的な領域で優れた本を書いたある知人は、「私の本は予想外に売れ行き好調！　ご支援ありがとう！」といったメッセージを何度もツイッターに投稿している。実のところこの本はそれほど売れ行き好調ではないが、その本は売れていると思い込んだ人は本を買ってくれる可能性が高くなることを、知人は知っているのだ。

この点にかんして二〇一三年にアカデミー長編ドキュメンタリー映画賞を受賞した『シュガーマン　奇跡に愛された男』について考えよう。一九七〇年代初期に、今ではすっかり忘れられたアルバムを二枚発表した、シクスト・ロドリゲスというデトロイトの売れないシンガーソングライターを描いた名作だ。彼のアルバムはほとんど売れず、レコード会社は彼との契約を打ち切った。ロドリゲスはレコード製作をやめ、解体作業員として働いていた。本人は知らなかったのだが、そのあいだに彼は南アフリカではなばなしい成功を成し遂げていた——ビートルズやローリング・ストーンズに匹敵する伝説の偉大なミュージシャンとなっていたのだ。南アフリカの人々はロドリゲスの音楽を「ぼくらの人生のサントラ」と呼び、一九七〇年代以降、彼のアルバムは何十万枚も売れた。映画はデトロイトのほとんど無名の解体作業員の負け犬人生と、南アフリカの謎に満ちたロックのヒーローとしての名声を対比させて描いている。

この映画は現実社会のおとぎ話としてとらえられやすく、ほとんど信じがたい――途方もなさすぎて「作り話にもほどがある」と言いたくなる。だが音楽ラボ実験が示すように、これはそれほど途方もない話ではなく、音楽と文化の市場だけでなくビジネスや政治の世界にとっても、深い教訓を与えてくれる。

われわれはもとから備わった品質が成功をもたらし、自由市場では結局のところ質のよいものが流行すると考えたがる。たしかにたいていの場合、品質は必要だが、それだけでは不十分だ。社会力学――誰が誰に、どれだけ大きい声で、どこで、厳密にいつ、熱意を伝えているか――が、ロックのヒーローと解体作業員とを分け、めざましい成功と大失敗の線引きをすることがある。

そしてオンライン音楽についてこれが正しいとすれば、映画、本、選挙の候補者、アイディアなど、ほかの多くのものごとについてもそうである公算が高い（「みんなの票が候補者Xに集まっている」「アイディアYは評判だ」といった形で）。社会力学が初期に力添えをしただけで（あるいはしなかっただけで）、候補者やアイディアはめざましい成功（もしくは失敗）を経験するかもしれない。個人の好みを反映するだけでなく、好みを変えたり定着させたりするのに役に立つかもしれない協調フィルタリングの多大な影響を、ここに見ることができる。

政治的カスケードと混乱

以上の点は一つの仮説を提示する。すなわち政界は音楽ラボによく似ているという仮説である。実際、政界は現実世界の政治ラボ(実験室)のようなものだ。ビル・クリントン、ジョージ・W・ブッシュ、オバマ、そしてトランプは、彼らの明らかな才能のためだけでなく、多数の先行ダウンロードに相当するもののおかげもあって成功したのだ。大成しなかった有能な政治家は多い。それは才能が足りなかったせいではない。初期もしくはきわめて重要な時期に、適度な注目を集められなかったからなのだ。同じことは政治改革にも当てはまる。

この仮説を検証するのは簡単ではないが、ヘレン・マルゲッツ、ピーター・ジョン、スコット・ヘイル、ターハ・ヤッセリの四人は共著書『政治的混乱(原題 Political Turbulence)』の中で大きく前進した(9)。この本の副題は『ソーシャルメディアはいかにして集団行動を形成するか』だが、彼らの命題はもっと具体的で印象的だ。彼らが主張するのは、現代の政界はかなり予測不能な面があること、予測可能性のレベルはソーシャルメディアによっていちじるしく向上していること、また社会的影響は予測不能性を高めるということである。彼らは音楽ラボ実験にはっきりと言及したうえで、ソーシャルメディアの時代には政治の動向はかなり混乱しそうだと主張する。

社会的影響にかんして、彼らは最良の証拠のいくつかを請願書から得ている。イギリス連邦もアメリカもオンライン請願書のプラットフォームを作成した。ほとんどの請願は失敗する――しかもすぐに失敗する。誰一人、わずかな関心さえ示さない。結局のところ、大事なのは請願書が公開される初日である。政治的な勢いは初期の評判をベースに盛り上がっていくので、最初の評判が大きな違いをもたらす。イギリス連邦では正式な回答を得るのに五〇〇人の署名が必要で、成功する請願書の多くが二日でその数を達成する。特定の（わずかな）数の請願書が、初期のカスケード効果に拍車をかけ、その利益に預かると考えるのが理にかなっている。南アフリカでのロドリゲスにそっくりだ。しかし請願書の大多数はそれができない。ちょうどアメリカでのロドリゲスと似ている。

こう考えるのはたしかに道理にかなっているが、データの解釈はこれだけではない。人の影響を受けない署名者が一部の請願書に多数集まり、社会的影響があまり重要でないことも考えられる。しかしマルゲッツらは、それは違うと考える有力な根拠を示している。一つに、ソーシャルメディアは多大な影響力を持つ。署名数とツイート数には緊密な相関関係があり、ツイート数が増えれば署名の数も増える。ツイートの時期と内容にかんする著者らの分析は、ツイートが署名を動かしているのであって、その逆ではないことを示している。

だが社会的影響の力を証明する最も有力な証拠は、二〇一二年四月にイギリスの内閣官房が「評判の請願書」の情報をウェブページで公開して、どの請願が成功していて、何人署名したかを誰でも見られるようにした、という事実からもたらされた。マルゲッツらはこの情報の影響を調べた。少し驚いたことに、この情報は請願書への署名の総数にはまったく影響しなかった。けれども署名の配分にはおおいに影響した。音楽ラボ実験で使ったのに似た方法で、研究者らは〝評判の請願書についての情報を公開したあとでは、それまでよりも少数の請願に署名が集中した〟ことを見出している。これは「情報を持つ者はより豊かになり、情報を持たない者はより貧しくなる」ことの重要な証拠である。[10] ここで取り上げているのは、どういった種類の請願書が政府上層部の目に留まるか、という問題であることに注意してほしい。この問題にかんして、観察された内容は音楽ラボ実験のものとうり二つである。

期待される通り、マルゲッツらは、わずかな設計の変更が意図していない重要な結果をもたらす可能性があることを見つけている。イギリス連邦は（署名数で測定した）上位六件の請願書を政府のウェブサイトに順に掲載し、サイト訪問者がクリックすればつぎの六件を閲覧できる選択肢を用意した。マルゲッツらは評判の請願書についての情報が署名に影響したかどうか、またどのように影響したかを検証した。ここでは検証の詳細には時間をかけないが、主要な成果は重要である。その情報が与えられた結果、署名数上位の請願がより集中して注目を――そして署名も――集めた。結局、「どの請願書が評判かが分かる仕組みを追加したことで、最も評判の高い請願書が多くの署名を集めることになったが、これらの署名は、サイトに掲載されたほかの請願書に向かうはずだった署名を犠牲としてもたらされている」。[11] ソーシャルメディアがいかにして選挙の候補者を宣伝したり、評判を傷つけたりするかについて、おおよそ同様の結論に至ることはたしかに可能である。一つの結果は予想不能性と混乱であり、最初の評判のわずかな違いが長期的変化にはっきりと表れる。

研究チームは社会的影響をさらに検証するために、サイト訪問者が議員にメールを書く仕事を手伝ってくれるウェブサイト、ライトトゥーゼム（WriteToThem）の協力を得た。このサイトは市民参加にかかるコストを軽減するものである。ある実験で、実験参加者は二つのグループに無作為に振り分けられた。最初のグループはコントロール群（対照群）で、サイト訪問者に社会的情報を見せなかった。二つめのグループはトリートメント群（処置群）で、訪問者は自分以外に何人が特定議員にメールを書いたかを見ることができた。総合的に、自分の地元選出の議員のページを訪れた訪問者の三九パーセントは、結局メールを送信した。しかしグループによってかなり差があり、この割合はコントロール群で三二・六パーセント、トリートメント群で四九・一パーセントだった。

驚いたことにトリートメント群では、以前の訪問者がメールを書いた割合が低いか、中くらいか、高いかといった社会的情報は重要ではなかった。重要なのは情報を見せたことだった。それは一つに、すぐ目の前に比較できる情報がなかったからかもしれない。一部の議員はほかの議員よりもメールを送信される率が高いことは、少し手間をかけないと見れなかった。もう一つの理由として、メールを送信された率が低い議員（約四七パーセント）と高い議員（約五三パーセント）の差がごくわずかだったからかもしれない。より範囲を広げれば、数字の差が影響した（そしてそれが目に見えていた）音楽ラボ実験および請願書のデータに似た結果を期待できるかもしれない。

この期待は同じ研究チームによる別の実験によってしっかりと裏づけられている。彼らは気候変動、ザトウクジラの保護、ダルフールの住民の保護、貧困と闘うための新しい通商ルールの交渉、そして中国での人権保護まで、各種の政治問題にかんして人々が請願書に進んで署名し、少額の寄付を約束するかどうかを検証した。コントロール群の参加者には請願書を順不同で見せた。トリートメント群の参加者にも同じように請願書を見せたが、彼らには多数（一〇〇万人以上）、少数（一〇〇人以下）、中間（一〇〇人から一〇〇万人のあいだ）の署名がすでに集まったかどうかを記した社会的情報も与えた。

全体的に、コントロール群の参加者は請願書の六一・五パーセントに署名した。それと比べて、トリートメント群では、署名数が少ないか中間の場合は署名するかどうかに大きく影響しなかった。しかし多くの人が署名したという情報を見た参加者には実質的な影響があった。トリートメント群は六六・七パーセントの場合に署名した。もちろん、これは音楽ラボ実験（あるいは請願書の研究）で観察されたレベルの結果ではない。しかしこの実験の参加者は、六一・五パーセントという全体の署名率に表れているように、すでに署名する気になっていたのであって、トリートメント群での大きな差は期待できないと考えるのは理にかなっている。重要なのは、多数の署名がある場合に、署名する可能性にたいして統計的に有意な一貫性のある影響を及ぼした点である――一貫性があるとは、最初の支持の度合いがばらばらだったにもかかわらず、検証したすべての問題で影響が見られたという意味である。

マルゲッツらは、性格の特徴が異なる人は政治参加の傾向が異なること、参加したことが可視化されているかどうかが重要であること、また社会的影響にたいする感受性は人によって異なることを強調して、ソーシャルメディアにより可能となった「ちょっとした行動」が「成長しつつある政治参加の一つの形であり、一部の国や状況において、人々が取り組む可能性がより高い政治行動として、投票を超えつつある」と結論づけている[12]。

マルゲッツらの最も目を見張る発見は、基礎にある社会力学の性質にかかわる。研究者らによれば、「外向性」は初期の参加意欲を予測する。外向型の人が相当数いれば、政治参加への抵抗の少ない人々が考えを変えるかもしれない――ひとたび彼らが変われば、抵抗のある人々も参加して、やがて大勢を巻き込むだろう。参加のコストが低いので（「いいね」したり、リツイートしたり、署名したりするだけならば）、この方法で何百万もの人々が運動を組織することができる。たしかに、このような一般的な種類のプロセスは北アフリカの独裁国家の崩壊に一つの役割を果たしたようだ(13)——機が熟せば、このようなプロセスはほかの場所でも大きな影響を及ぼす可能性がある。

噂とティッピングポイント

インターネットでは噂はたちまち広まることが多く、そこにはしばしばカスケードがかかわる。ある議案について代議士と連絡をとる必要があると訴えるメールが、多くの人のもとに殺到している——ところがそういう議案は存在せず、冗談か詐欺だったとあとで分かる。さらに多くの人が、架空のウイルスに用心しろと盛んに忠告を受けている。一九九〇年代、クリントン大統領にかんして、殺人も含めた非道な行為を働いたとされる疑いについての偏執的な訴えを詳細に語ることに、何千時間もインターネット上で時間が費やされた。多くのサイト、討論グループ、ソーシャルメディアの投稿がさまざまな噂や陰謀論を広めている。古い例を挙げよう。「インターネットによって衝撃が伝えられ、トランスワールド航空八〇〇便の墜落事故についての疑念は、ほぼ一瞬にして、事故は米軍による誤射によって起きたという確信に変わった。……この事故はホワイトウォーター疑惑〔クリントン米元大統領の州知事時代の土地開発・不正融資疑惑〕とつながっていた。……人々の思惑はメールで送信され、繰り返しコピーされた」(14)。二〇〇〇年、とくにアフリカ系アメリカ人を対象とする噂がメールで流され、ノー・フィアーというスポーツウェアメーカーのロゴを使った「ノーフィアー〔心配無用〕」というバンパーステッカーは、実はクー・クラックス・クラン（ＫＫＫ）の元最高幹部であるデイビッド・デューク率いる人種差別組織を宣伝していると主張した。

テロと投票行動はいずれも、不正確な噂、フェイクニュース、ならびにカスケード効果にとって最も重要な領域となってきた。二〇〇二年に広く出回ったメールは、九月一一日、ボーイングの航空機は実はペンタゴンに激突してはいないという噂を広めた。二〇〇四年には、電子投票機のプログラムが改変されて大々的に不正がおこなわれていたと、多くの人が正式に知らされた（ほかの例にも興味があれば、www.snopes.com を訪ねるとよい。広く拡散された偽情報ばかり掲載するサイトで、その情報の多くがインターネットで広められた）。

オバマ大統領の在任中に、大統領および政権で働いていた人々の不品行、無能さ、虚言、背信行為、奇妙な言動とされることがらについて、無数のメールが広く出回った。オバマはケニヤで生まれたという話（ほかにも大勢いるが、とくにドナルド・トランプが広めた）はよく目立つ例にすぎない。また、オバマはイスラム教徒だという偽情報もある。二〇〇九年から二〇一二年まで、私は光栄にもオバマ政権で働く機会を得たが、私自身の行動や信念についての誤った噂が広まっていることを知って愕然とした（私が「人の臓器を盗み」たがっていると言う人や、ウィキリークスに関与していると言う人がいた）。とりわけ興味深いのは、このような噂を信じる人は必ずしも理性を失ってはいないということだ。彼らはただ人が信じているらしいことに反応しているにすぎない。

こうした例の大半は実質的な害がなく、カスケードの多くは修正可能なので無害である。だが不安を覚えるほど有害な例として、一九八〇年代に南アフリカで広まった、ＨＩＶとエイズの関連性にかんする広範囲に及んだ疑念について考えてほしい。エイズウイルスはかなりの数の成人に感染していたので、この手の疑念はことのほか厄介だった。南アフリカのタボ・ムベキ大統領はネットサーファーとして知られており、「過激な否定論者」によるウェブサイトをたまたま見つけて、彼らの見解を知った。否定論者らの考えは昔も今も科学的にまともではない――だが素人には、彼らの（数ある）サイトの主張の多くはもっともらしく思えた。ムベキ大統領は少なくとも一時期、サイバーカスケードの犠牲となり、同時に、公式声明を通じてカスケードを加速させることに力を貸した――その結果、深刻な危険にさらされている大勢の南アフリカ人がＨＩＶとエイズの関連性に確信を持てなくなった。このカスケード効果が多くの無用な感染と死を招いた可能性は高い。カスケード効果が文字通り人を殺したのだ。

幼児期のワクチン接種は有害であり、とくに自閉症の原因となりうると信じる人々のあいだでカスケード効果が見られることを思い出してほしい。見たところ信頼できそうな報告書が、ワクチン接種は自閉症を引き起こすと示唆していれば、多くの親はワクチン接種を拒むだろう。これはとうてい無害とは言えない。病気や死を招く可能性がある。実際、インターネットは健康およびリスク回避についての誤まった情報の温床となっている。インターネットは大量の真実も提供して、誰でも利用できるようにしている。ところが有害な嘘が情報カスケードを通じて毎日、広まっている。フェイクニュースの問題を考えてみてほしい。

情報全般にかんしてはティッピングポイント現象〔それまで変化の小さかったものごとがある時点から急変する現象〕さえ見られ、劇的な意見の変化が起こる可能性を生んでいる。人は新しい情報を示されると、概して何か新しいことやこれまでと違うことを信じ、また実行することを選択するための異なる「しきい値」を持つようになる。より信じやすい人――すなわちしきい値の低い人――は特定の信念を持ち、特定の行動をとるようになり、その後しきい値が高めの人がそこに加わり、やがて問題となる見解を支持する重要な集団が生まれる。その時点でさらにしきい値の高い人が加わるかもしれず、ことによると十分な人数に達して、大きい集団、社会、あるいは国家を「転覆させる」ほどになるかもしれない。[15] こうした流れの結果、関連する共同体に属するほかの人々が正しいと信じているようだという理由だけで、多くの人が何かを――正しいか間違っているかに関係なく――信じるようになり、カスケード効果が生まれる可能性がある。

情報カスケードは実験室で引き起こしやすく、たくさんの実験上の証拠がある。実社会での現象もカスケード効果とおおいに関係がある。[16] たとえば大学に行くこと、喫煙、政治的抗議行動への参加、第三政党の候補者への投票、ストライキ、リサイクル、告訴、避妊、暴動、つまらないディナーパーティを途中で退席するといったことについて考えてほしい。[17] これらすべての場合に、人は他人がどう行動するかにおおいに影響される。たびたびティッピングポイントに達するだろう。われわれはときとして、根深い文化の力が（たとえば）喫煙や抗議行動の増加、あるいは候補者の当選を招いたのだと考えて、避けられないことだという雰囲気を社会の発展にたいして与えるが、実のところ、社会的影響は容易に避けられたはずの結果をもたらしてきた。ソーシャルメディアはカスケードの明らかな温床となり、その結果、特定の種類の情報源を参照する何千、何百万という人々がいずれかの方向に考えを変えたり、まったくの間違いを信じるようにさえなるだろう。

ありがたいことに、不正確な噂を広めるだけでなくあばくのにも、ソーシャルメディアをはじめとするインターネットの力を容易に借りられる。オンラインでは不正確な噂をすぐに修正することができる。

だから、こうした噂のほとんどは害がない。しかし一見信頼できそうな情報を大勢に広める機会が、民主主義の目標を含めた多くの社会的目標をおびやかすやり方で、恐れや間違いや混乱を引き起こしうることも事実である。これまで見てきたように、この危険は細分化《バルカン》した言論市場で特定の形をとり、ローカル（地域性の高い）カスケードが人々をいちじるしく異なる方向に導く。そうなると、インターネットを介してさえ修正はごくゆっくりとしか進まなかったり、まったく修正されなかったりするかもしれない。というのは、人々は互いの意見を聞いていないからである。修正が裏目に出るという（ひどい）問題を思い出してほしい。

賛成票と反対票

社会的影響がオンラインでどう作用するかについて、引きつづきもう少し学ぼう。エルサレム・ヘブライ大学のレブ・ムチニク教授のチームは、特定のウェブサイトにかんする独創的な実験をおこなった——そのサイトはさまざまな記事を掲載して、見た人にコメントを投稿させ、今度はそのコメントに「賛成」または「反対」の票を投じることができる。(18) このサイトは、投稿されたコメントにかんして、賛成の票数から反対の票数を差し引いて総得点を集計する。社会的影響の効果を調べるために、研究者らは三つの条件を調べた。コメントが表示されるとただちに自動的かつ人為的に賛成票が与えられる「賛成の処理を施した」もの、コメントが表示されるとただちに自動的かつ人為的に反対票が与えられる「反対の処理を施した」もの、そしてコメントに人為的な最初のシグナルを与えない「比較対照」のための条件である。何百万ものサイト訪問者は、三つの条件のいずれかを無作為に割り当てられた。問題は単純で、最初に賛成または反対の票が投じられることで最終的にどのような効果があるか、であった。

多くの訪問者が訪ねた（そして何十万件もの評価が集まった）あとでは、最初の一票が重要なはずはないと、あなたは考えるかもしれない。よいコメントもあればくだらないコメントもあり、最後にはコメントの質が勝つだろうと。良識的だが、あなたがそう考えたとしたら間違っている。最初の賛成票を見たあとで（その票は完全に人為的に投じられたことを思い出してほしい）、つぎの閲覧者も賛成票を投じる可能性は三二パーセント高かった。さらにこの効果は時間が経過しても続いた。五カ月後、最初のたった一件の賛成票が、コメントの評価の平均値を人為的に二五パーセントも引き上げたのだ！　最初の一票は「投票数」（評価の総数）もいちじるしく増加させた。

反対票については、面白いことに、結果はこれと均整がとれていなかった。たしかに最初が反対票であれば、最初の閲覧者も反対票を投じる可能性は増えた。ところがその影響はたちまち修正された。五カ月後には、人為的な反対票は評価の平均値にまったく影響しなかった（ただし投票数は増えた）。ムチニク教授らは「肯定的な社会的影響は積み重なり、実体のない評価をもたらす傾向を生む一方で、否定的な社会的影響は多数による修正の結果、力を失う」と結論づける。(19) ムチニク教授らは、彼らの研究成果は製品の推奨、株式市場の予測、選挙の世論調査に影響があると考える。ことによると最初の肯定的な反応、もしくはわずか数回の肯定的な反応が、最終結果に大きな影響を及ぼしうる――この結論はサルガニク、ドッズ、ワッツが示した証拠とかなり一致している。しかしことによると、否定的な反応は早い時期に修正されるだろう。

興味深いが、実験参加者に金銭による報酬が与えられない場合はとくに、たった一つの研究から重要な教訓を導き出す前に慎重になるべきである。否定的な反応が製品、人、運動、アイディアにたいして長期にわたり影響を及ぼすことは考えられる。しかし集団がこれらのいずれか一つの方向もしくは複数の方向に動くときは、そこに備わった長所が理由ではなく、最初の投票に相当するはたらきを持つ何かのせいかもしれないことに、疑いの余地はない（バラク・オバマやドナルド・トランプをはじめとする政治家は、その結果しばしば成功する）。ここには、集団の驚くべき予測不能性——そして集団によく見られる分別のなさ——についての教訓がある。もちろんムチニクのチームの研究には大きい集団がかかわっていた。しかし同じことは小さい集団でも起こる可能性があり、何かの計画、製品、あるいは票決を支持する最初の賛成票はほかの人に多大な影響を及ぼすがゆえに、もっと仰々しい結果になることもある。

殺人事件は何件？

ここに集団の英知と社会的影響を調べるよいテストがある。大きい集団の中央値の予想はたいてい驚くほど正確である。しかし集団に属する人々にお互いの発言の内容が分かるとしたら、どうだろうか？それが分かれば役に立つだろうと思うかもしれないが、状況はもっと複雑だ。

チューリッヒ在住の研究者ヤン・ローレンツは数人のチームで、スイスにおける暴行、強姦、殺人事件の件数といった特定の数値を予想するように人々に求めた場合に、何が起こるかを知ろうとした。(20)他人の予想を知らされると、意見の多様性はいちじるしく減じ、結果としてその集団が判断力を失う傾向があることが判明した(21)。

大衆の行動についてはもう一つ問題がある。他人の予想を知ったせいで人はより自信を強めることもある。とくに実験参加者は正解すると金銭を支払われたので、彼らが間違えれば、それは人の機嫌を取ろうとしたのではなく、本当に間違えたのだと分かる。意思決定者にとって、集団によって与えられた助言は「完全に誤解のもとかもしれない。なぜなら一見独立しているようだが、じつは密接に関連した助言は、正解にはほど遠いにもかかわらず、確実であるふりをしているかもしれないからだ」とローレンツらは結論づける(22)。ここにはオンラインでの集団の英知についての教訓がある。人は互いに交流しているがゆえに、あまり知恵が働かないかもしれないのだ。

分離、移行、統合

デイリー・ミーは少なくともほとんどの人にとって現実のものではない。フェイスブック、ツイッター、インスタグラム、スナップチャットのアカウントはたしかに多様な見解を広めることができ、多くの人がまさにそのように使っている。リベラル系サイトの事実や意見がたびたび保守系サイトに移行し、その逆も起こる。たとえ似た意見が集中していても、結局は大衆の意見に近づいてゆく多様な議論から、社会は利益を得られることをわれわれは学んだ。そして多くの人にとって、自主的な選択は意見の集中を招かない。

しかし、少なくとも一部の人にとってはエコーチェンバー効果の証拠もある。たとえば二〇〇九年の研究で、エコーチェンバー効果の限定的だが明らかな証拠が見つかっている[23]。R・ケリー・ギャレットは六週間にわたって七二七人の行動を調べ、人は自分の考えを補強する情報をクリックする可能性がいちじるしく高く、自分の考えと矛盾する情報に自分を触れさせる可能性がいくぶん低いことを発見した。ギャレットの説明では、人は自分の立場への支持を得ようとし、しかも一貫してそのような行動をとる。要するに、人は「自分の意見の裏づけとなりそうな記事を読むことに興味を持つ可能性が高く、そういう記事により多くの時間を使う。また、自分の意見に挑戦する情報を含む記事に興味を持つ可能性がわずかに低いが、そういう情報を故意に避けることはない[24]」。人が自分の考えを裏づける記事により多くの時間を費やすという事実は、強調する価値がある。

この場合のエコーチェンバー効果は大きくない。人は自分の信念を裏づける情報を好む一方で、その信念を損なうような情報から逃げもしない。ギャレットによれば「自分の意見を補強したいという人々の思いは異論にたいする反感よりも強い」。ギャレットの結論は、人は「自分の政治的領域から異なる観点をすっかり排除しようとはせず、政治にかんする情報環境をコントロールする力をどれだけ与えられても、彼らがインターネットを利用して、ほかの見解が皆無のエコーチェンバーを作るだろうという証拠はほとんどない」というものだった[25]。要するに、彼女の研究は自分と考えの似た情報源を見つけようとする傾向を見出したが、重要なのは、それらの情報源はけっして閉じていないという点である。

同時にギャレットは不穏な予測を示す。「ニッチな視聴者の要望に応える分極化した報道機関は、制作費が安上がりなオンラインで経済的に実現しやすく、そのことがもう一つの脅威となる。自分の意見をほぼ例外なく裏づけてくれるニュースソースと、自分の意見にもっぱら挑戦してくる別のニュースソースのいずれかを選ぶとなると、ニュースの消費者は前者を選ぶ可能性が高いようだ」[26]。ギャレットはこれらの問題をかなり研究しているが、この点は彼女の主要な研究成果とおおむね一致しており、やはりこの脅威が存在することを示唆している[27]。

こうした問題を最も体系的に論じた研究の一つに、経済学者のマシュー・ジェンツコウとジェシー・M・シャピロによる研究があり、彼らはオンラインとオフラインでのイデオロギーにもとづく分離を比較した[28]。イデオロギーにもとづく分離を測定するために、彼らは「分離指数」を使用した。この指数は彼らの説明によればつぎの通りである。

保守派が保守的な意見にさらされる割合の平均値からリベラル派が保守的な意見にさらされる割合の平均値を差し引いた数値に等しい。たとえば、保守派が訪れるのはFOXニュースのサイトのみ、リベラル派が訪れるのは『ニューヨーク・タイムズ』のサイトのみだとしたら、分離指数は一〇〇パーセントになるだろう。だが保守派もリベラル派もすべてのニュースをCNNのサイトから得るとしたら、二つのグループは同じように情報にさらされることになり、分離指数はゼロになるだろう[29]。

これは便利な分離の測定法である。ジェンツコウとシャピロは二〇〇四年から二〇〇九年にかけてのデータソースを使って、保守派とリベラル派がオンラインで目にする情報に明らかな違いがあることを見出している。インターネットでは、保守派が保守系ニュースにさらされる割合の平均値は六〇・六パーセント、一方リベラル派が保守系ニュースにさらされる割合の平均値は五三・一パーセントで、インターネットでの分離指数は七・五パーセントとなる。これは有意ではあるが、やはりそれほど大きい値ではない。たぶんわずかな数値とみなせるだろう。ジェンツコウとシャピロは、ほとんどの人はエコーチェンバーで時間を過ごすためにインターネットを使ってはいないことを見出した。たとえば、もっぱらFOXニュースのサイトでニュースを得ていたある消費者は、インターネットニュース利用者の九九パーセントよりもたくさん保守的なニュースを消費することになる。ということは、大多数の人は限られた政治姿勢に収まらないサイトをクリックしていることを示唆する。

しかしながら、少なくともここでの私の関心事にかんするかぎり、彼らのデータは四つの理由で、いくらか割り引いて考えるべきだ。第一に、ジェンツコウとシャピロは、インターネットでの分離の割合は、テレビのニュース番組（一・八パーセント）、ケーブルテレビニュース（三・三パーセント）、雑誌（四・七パーセント）、地方紙（四・八パーセント）より高いが、全国紙の分離（一〇・四パーセント）より低いことも見出している。インターネットでの分離の割合が四つの標準的な情報源より高いという事実は、けっして安心できるものではない。第二に、彼らは集計的な行動の話をしているのであり、集計は重要な部分母集団がエコーチェンバーをどれだけ作っているかを覆い隠す。第三に、彼らの研究成果はすでに古く、インターネットでの分離は進んでいる可能性がある。第四に、より新しい研究で、ソーシャルメディアではエコーチェンバー効果がいちじるしく高くなることが判明している。

ジェンツコウとシャピロの研究成果の興味をそそる但し書きが、この部分母集団の問題にまっすぐ焦点を絞っている。アンドリュー・ゲスは個人レベルでのメディア消費のデータを研究してオンライン行動を調べた[30]。ゲスはアンケートと閲覧履歴の両方を調べて、政治関連のニュースと情報にかかわる訪問の割合が低い――総訪問数の約六・九パーセント――ことを見出した。たいていの場合、政治について調べるのに人はオンラインに頼らないのだ。当面の目的にいっそう関連するが、民主党支持者も共和党支持者も自分をエコーチェンバーに振り分けたりせず、代わりにMSNやAOLといった中道とみなせるサイトに集まる傾向がある。一般に、民主党支持者も共和党支持者も、オンライン行動は根本的に違うようには見えない。最も重要な但し書きは、共和党支持者は、民主党支持者がまったく無視する保守系サイト（タウンホール、ドラッジ・レポート、ブライトバート）も訪れていることである。また民主党支持者は共和党支持者よりも、特定のリベラル系サイト（ハフィントン・ポスト、デイリー・コス）に強い興味を示す。だが全体的に見て、ほとんどの人の選択は「幅広いイデオロギーの中間に集まる」ので、「回答者の総合的なメディア消費は、支持政党に関係なくかなりバランスがとれている」ことをゲスは見出している[31]。

要するに、ほとんどの人は支持政党にもとづいてニュースを消費してはいないということだ。しかしそうしている人もおり、そこには左寄りの民主党支持者の一団と、（ゲスのデータではより目立つ）保守系サイトは訪問するがリベラル系サイトは訪問しない共和党支持者の一派が含まれる。つまり小さい集団が、最も党派色の強い報道機関へのアクセスを生み出しているということになる。この研究成果と矛盾なく、ヒラリー・クリントンが私的なメールサーバーを使用していたことが二〇一五年に発覚した余波で、共和党支持者が急に群をなして、保守系と確認できる情報源のニュースや情報の消費を増やしたことも、ゲスは見出している。「政治的分裂に当然表れる、著名な人物がかかわるスキャンダルは、より党派色の強い情報源へのアクセスを即座に生むことがある」とゲスは結論づける。[32] もっともな結論は、ほとんどの人はエコーチェンバーで暮らしてはいないが、その中で暮らす人々は政治に強くかかわっているがゆえに、不釣り合いな影響を及ぼすかもしれないということになる。[33]

ツイッターでの同類性

私はこれまでオンライン行動全般について論じてきた。ではソーシャルメディアはどうか？　私のこでの全般的な関心と矛盾しない、とくにツイッターについてのつぎの仮説を提示してみたくなる。すなわち〝人々のツイッターのタイムラインにはおもに考えの似たタイプの投稿が並ぶ。リツイートするのは、概してその投稿に同意するからだ。自分のタイムラインは自分で生成するのだから、彼らはエコーチェンバーを生み出す。〟たしかに、一部の人はリツイートは「支持の表明ではない」と訴えようとするが、だいたいにおいてリツイートするのは、その投稿が気に入り、フォロワーにも見せたいからだ。たしかにその人から学びたい、あるいは反対の立場の人が何を考えているのか知りたいという理由で、賛同できない相手をフォローすることはあるかもしれない。しかし一般に、ツイッターは何千ものインフォメーションコクーン（情報の繭）を作成しているという仮説が立つかもしれない。

われわれはもう少し先に進むことができる。ビジネスや政治だけでなく非営利の分野でも、人々はソーシャルメディアの力に気づいており、自分に都合よくツイッターを利用している。彼らは好ましい情報環境を育てるネットワークを築こうと精いっぱい努力する。彼らは自分のアイディアや製品――雑誌、映画、テレビ番組、本、選挙の候補者、イデオロギー――のよい印象を生み出そうとしてツイートしており、集団分極化およびカスケード効果に直感的に気づいている。彼らは意図的にエコーチェンバーを作っているのだ。

　これは本当だろうか？　全体像は複雑で、少しずつ明らかになりつつあるが、それが事実であることを示す多くの証拠がある[34]。研究によって、ツイッターにはかなりの同類性が見られることが分かっている。二〇〇一年の重要な概要で、人種、民族、年齢、宗教、教育、およびある種の全体を構成する「ニッチ」がかかわる、あらゆる種類のソーシャルネットワークに同類性が見つかっている[35]。八年後、グーグルのゲオルギ・コシネッツとヤフー・リサーチのダンカン・ワッツ（現在はマイクロソフト所属）は、個人の選択と構造の役割をとくに重視して、同類性の〝発生源〟を調べた。実際の行動を調べてみて、多くの「世代」で、自分と似た他人にたいする一見取るに足らないわずかな好みが「観察された同類性の顕著なパターンを生む」可能性があることを彼らは見出している[36]。

　基本概念にもとづいて、イータイ・ヒメルボイムと共著者らは、ツイッターで多くの同類性を見つけた。彼らは賛否両論ある一〇件の政治問題にかかわるツイッターのネットワークを研究して、「ツイッター利用者がフォローする利用者群はたいてい政治的に均質であり、イデオロギーをまたいだコンテンツにさらされる可能性は低い」ことを発見している[37]。たしかに、人々は政治だけでなくいくつもの共通する興味にもとづいて、ツイッターでの社会的なつながりを築いている。政治の分野では、コンテンツへの興味はおもに自分と似ている利用者の投稿に限られる。イデオロギーをまたいだやり取りは、少なくとも有意義なものはほとんど見られない。

同様に、M・D・コノバーと共著者らは、二〇一〇年に実施された連邦議会中間選挙の前の六週間にわたり、四万五〇〇〇人以上の利用者の二五万件を超えるツイートを含め、ツイッターでの政治的なやり取りのネットワークを調査した。リツイートを調べたところ、イデオロギーの分離がかなり見つかり、「左寄りと右寄りの利用者のあいだにはごく限られたつながり」しかなかった。著者らの言う「リツイートネットワーク（ツイート拡散経路）」は、政治の右翼と左翼に対応する二つの均質な集団に利用者を分ける。[38] 群れの形成はかなり目立ち、二つの異なるコミュニケーション世界の存在を物語っている。

同時に謎がある――正反対の方向に切り込む発見があったのだ。リツイートではなく「メンション」（別のツイッター利用者の「@ユーザー名」を含むツイート）に注目すると、政治的分離ははるかに少なくなるのだ。ツイッターでは保守派がリベラルな考えを持つ人のツイートをメンションし、リベラル派が保守的な考えを持つ人のツイートをメンションする。著者らは、ハッシュタグが大きな理由かもしれないと推測する。#憲法第二修正、を添えたツイートが投稿されると、とくに見解が中立もしくは混在しているとみなされた場合には、多くの人がそのツイートに興味を示すかもしれない。

しかし著者らが見つけたやり取りが「政治の分極化の問題にたいする万能薬でないことはほぼ確実だ」と彼らは最終的に結論づける。問題は、メンションの数は多いにもかかわらず、イデオロギーが相反する利用者が「自分が所属する共同体の他の成員と、境界線を超えて情報を共有することはきわめて稀である」ことだ。それゆえ「イデオロギーをまたいで盛んにやり取りがおこなわれているにもかかわらず、リツイートネットワークの地政学に表れる政治的分離は持続する」。[39]

二〇一二年の選挙の際のツイッターデータの研究が同じ方向に切り込んでいる。[40] この年の一一月五日

——選挙の前日——経済学者のヨシュ・ハバースタムとブライアン・ナイトは、下院議員候補のツイッターアカウントをフォローした二二〇万人のツイッター利用者の情報をダウンロードした。研究者らは利用者がフォローした候補の政党にもとづいて、利用者をリベラルな「有権者」または保守派の「有権者」としてコード化し（たとえば共和党の候補をより多くフォローしている人は保守派とみなされた）、有権者がフォローした報道機関のタイプにもとづいてイデオロギーを確認した（たとえばリベラルな有権者はクリス・マシューズがキャスターを務めるニュース番組のアカウント〝ハードボール〟をフォローする可能性がはるかに高かった）。ハバースタムとナイトは、政治に関心があり、ツイッターを利用するこれらの「有権者」から、ほかのツイッター利用者との九〇〇〇万件のつながりならびに、候補者によるリツイートと候補者のユーザー名のメンション計五〇万件を分析した。

利用者は不均衡なほどに自分と考えの似たツイートにさらされていたことを研究者らは見出した。具体的には、保守派が保守的なツイートにさらされる割合は七七・六パーセント、一方リベラルが保守的なツイートにさらされる割合はわずか三七・二パーセントで、ツイッターでの分離指数は四〇・三パーセントとなることが分かった。これはジェンツコウとシャピロがインターネットでのイデオロギーにもとづく分離で発見した七・五パーセントよりもはるかに高い数値である。

彼らの研究とジェンツコウとシャピロの研究成果とを調整するために、研究者らは二つの要因に注目した。政治家をフォローする人は、自分と考えの似た個人とつながることを強く好むのかもしれず、また、とくにツイッターでのニュース消費はイデオロギーにもとづく分離に影響するかもしれない。複数の党の候補をフォローするツイッター利用者（いわゆる穏健派）では、分離指数がいちじるしく低い

（二一・七パーセント）ことが判明した。[41] メディア消費についても分離指数はいちじるしく低かった（二四・一パーセント）――すなわち報道機関（FOXニュースあるいは『ニューヨーク・タイムズ』）をフォローする利用者のあいだで、イデオロギーにもとづく分離の程度はやはり有意だったが、このような報道機関をフォローしていない利用者の場合ほど目立たなかった。ハバースタムとナイトによれば「同じツイッター利用者が報道機関のニュースを消費している場合、（ほかの有権者とつながることで）ツイッターをソーシャルネットワークとして利用している場合よりも、経験する分離の度合いは低かった」。[42] この二つの要因を合わせると、分離指数はわずか六・七パーセントとなり、ジェンツコウとシャピロの数値に近づく。

要するに、あなたが報道機関および複数の政党の候補をフォローするためにツイッターを利用するならば――すなわちあなたが「穏健派」であれば――イデオロギーにかんしてわずかに片寄った情報にさらされるだろうが、片寄りはたいしたものではなく、インターネット全体でのイデオロギーにもとづく分離と同程度になるだろう。しかし、おもに一つの政党の候補だけをフォローするためにツイッターを使うならば（多くの人がそのように利用している）、また報道機関をフォローしないならば、あなたがさらされる観点はほかの利用者といちじるしく異なり、はるかに限定されるだろう。

こうしたことはいったい何を意味するのだろうか？　多くの利用者にとって、ツイッターではラジオ、新聞、インターネットよりもイデオロギーにかんして分離される。たしかに研究者らは、リベラルな有権者が目にした下院議員候補のツイートのうち、平均して九〇パーセントは民主党候補のものであり、同様に、保守派の有権者が目にした候補者のツイートのうち、平均して九〇パーセントは共和党候補のものであることを発見した[43]（ツイートに触れる機会が成り行き任せであれば、ツイッターを利用する有権者は民主党員と共和党員のツイートをほぼ半数ずつ目にしたはずだ）。すなわち、ツイッターは自分と似た見解を知りたがっている人々がそのような見解を容易に見つけられるようにしているということだ——また多くの人は自分の傾向に従っているということでもある。

エラノア・コレオーニと共著者らはアメリカの共和党支持者と民主党支持者を調べて、かなりの政治的同類性を見つけたが、両者には面白い違いがあることを発見している[44]。手短かに言えば、一般に民主党支持者は政治的同類性がいちじるしく高いが、共和党の公式アカウントをフォローする共和党支持者は、それ以上に高い同類性を示す。

民主党支持者と共和党支持者の違い、またその違いが時間とともにどう変化するかについてはまだ知るべきことがたくさんある。何年かのうちに、いずれかの政党がソーシャルメディアでみずからを隔離する傾向が強まり、そうした傾向は時期によっておそらく変動するだろう。いずれの支持者も、穏健派と過激派のあいだにはほぼ確実に違いがある。自分を民主党の左翼とみなす党員は、中道左派にすぎないとみなす党員と比べればより同類性に傾いていると推測するのは妥当であり、また共和党の右翼と中道右派にすぎない党員とを比べた場合も、同じようなことが言えるかもしれない。人口統計の特徴の役割について知ることもまた興味をそそられるし、おそらく重要であろう。ツイッターでは男女、若者と高齢者、高等教育を受けた人とそうでない人、富裕層と貧困層のあいだで、同類性がどのように異なるだろうか？

しかるべき時が来れば、このテーマだけを扱った本が書かれるはずだ。その本は間違いなく本項の冒頭に挙げた直感的な仮説を複雑にし、制限することになるだろう。だがその複雑さも制限も、ツイッターでは同類性が普通に見られるという主張と矛盾しない可能性が高く、何百万もの人々がツイッターを使ってニュースや意見を見つけようとすれば、同類が群れを成すことになるだろう。

友達とフェイスブック

概論　フェイスブックはどうだろうか？　同社の社員らによる研究は、フェイスブック利用者はある程度、政治のエコーチェンバーを作っていることを強く示唆している。[45]この研究は一〇一〇万人のフェイスブック利用者がニュースとどのように影響し合っているかを調べ、ある程度のフィルターをかける独自の（初期の）アルゴリズムの効果ならびに利用者自身の選択について調べた。同研究の注目すべき長所の一つは、このアルゴリズムの結果とクリックするか否かについての利用者の判断の結果とをはっきり分けている点である。著者らが強調するのは後者の影響であり、「ソーシャルメディアにおいて正反対の観点に自分をさらす力は、何よりもまず個人にある」と提案する。[46]この提案は彼らの実際の研究成果と矛盾してはいないが、全容はさらに興味深い。

フェイスブックのアルゴリズムは重要である。著者らの証拠が示すように、このアルゴリズムは多様なコンテンツに触れる機会を、自称リベラルで八パーセント、自称保守派で五パーセント抑制する。すなわち、リベラルが目にするかもしれない、分野をまたいだ記事一三本のうち一本をふるい落とし、保守派が目にするかもしれない、分野をまたいだ記事二〇本のうち一本をふるい落とす。もちろんたいした数字ではないが、アルゴリズムの効果だけで、利用者は意見が合わないであろう記事を（わずかに）少なめに目にしていることになる。このことは、ニュース消費の形を変えるフェイスブックの潜在能力を示している。人々がフェイスブックからたくさんのニュースを入手しているなら、このアルゴリズムは片寄りを生むだろう。

個人の選択については、これに加えてさらに大きい影響がある。クリックするという動作が原因で、多様なコンテンツにさらされる機会はリベラルで六パーセント、保守派で一七パーセント減る。このことにかんして著者らは〝確証バイアス〟の明らかな証拠を見つけている。これは動機づけされた推論の産物である。人は自分の信念を裏づける資料をクリックし、信念を弱める資料を避ける可能性が高い。この研究を理解するには、アルゴリズムと個人の選択を併せて考えるのがよい。全体として、フェイスブックでは自己選別がかなりおこなわれており、利用者は同意できる記事を見ている可能性が高くなるという結果を生んでいる。

フェイスブック社の研究者が特筆するように、「個人はオフライン環境であれインターネット環境であれ、でたらめに情報と出会うわけではない」ことも事実だ(47)。対面で交流する場合やフェイスブックのアルゴリズムがない場合と比べて、フェイスブックで利用者が目にするイデオロギー的に多様な情報がどれだけ少ないかを測定するのは簡単ではない。しかし数字は、フェイスブックおよびほかのソーシャルメディア会社が、イデオロギーの多様性を促進するためにできること、あるいはやるべきことについての疑問を提起する。すでに見てきたように、二〇一六年にフェイスブックはアルゴリズムを変更して、友達や家族の投稿を、『ウォールストリート・ジャーナル』やハフィントン・ポストといったニュース発行者の投稿よりも優先表示させると決めた(48)。つまりあなたがフェイスブックで目にするものは、あなたの友達が誰で、彼らが何をシェアし、あなたが何をクリックするかに、より依存するようになるということだ。この変更によってエコーチェンバー効果が増大する可能性はおおいに高まる。

「時間をかけて視聴する」　フェイスブック社自身は、この状況をどう考えるかについて独自の見解を持っている。同社の共同創設者兼会長兼CEOであるマーク・ザッカーバーグはかつてこう語った。「家の前で死にかけているリスのほうが、アフリカで死にかけている人々よりも、あなたの興味にとってより意味があるかもしれない(49)」。フェイスブックが消費者主権に強い関心を持っていることを示す明らかな例の一つに、二〇一六年に同社の二人の人物によって書かれた楽しげなブログの投稿がある。そこには「あなたが時間をかけて視聴したくなる記事をもっとたくさん」という、中身を伺わせる見出しがあった。書き手らは告知する。「ニュースフィードのランキングに新しい要素を加えることで、あなたがニュースフィードの投稿を一通りクリックしたあとで、フェイスブックのモバイルブラウザもしくはインスタント・アーティクルで記事を見て過ごす時間の長さを、われわれは予測できるようになります」。彼らは「この変更の結果、あなたやほかの利用者が記事を読む時間の長さにもとづいて、あなたが興味を持ちそうな記事がどれかをより的確に理解できるようになり、あなたが読みたくなる記事を目にする可能性は高まるでしょう」と嬉々として語っている(50)。

フェイスブックのアルゴリズムに加えられた最新の変更は、利用者が読もうと思わなかったかもしれない（そしてあまり時間をかけないかもしれない）幅広い記事ではなく、「時間をかけて視聴したくなる記事をもっとたくさん」提供することを意図していると、彼らは臆する様子もなく付け加えている。将来、アルゴリズムがもっと正確になれば、利用者が読みたくなる記事を事前に選別して投稿する同社の能力は、必ずや改良されるだろう。ある意味、すばらしいことだ――だがある意味、それほどすばらしいことではない。

科学と陰謀論　フェイスブック利用者を対象とする一連の研究は、少なくとも特定の領域でそこにエコーチェンバーが存在し、それが確証バイアスによって生じていることを示す有力な証拠を提供する。[51]イタリアの計算社会科学研究所に勤めるミケーラ・デル・ビカリオに率いられたこうした研究の一つが、二〇一〇年から二〇一四年にかけてのフェイスブック利用者の行動を調べている。[52]この研究の主要な目標は、利用者は実質的にゲーテッドコミュニティに相当するものを作るかどうかを検証することにあった。

デル・ビカリオらは、陰謀論（公開ウェブページ三二ページを使用）、科学ニュース（公開ウェブページ三五ページを使用）、誤った情報を故意に拡散する「トロール」（ウェブページ二ページを使用）をフェイスブック利用者がどのように広めるかを調査した。彼らのデータセットは膨大で、五年間にわたるフェイスブックの全投稿に及ぶ。研究チームは、どの利用者が六九ウェブページのいずれかにリンクしたか、またそのリンクについてフェイスブック友達から知ったのかどうかを調べた。

要するに、研究チームは考えの似た人が集まる集団を見つけた。陰謀論はたとえ根拠がなくても、このような集団内でたちまち広まる。こうした問題にかんして、フェイスブック利用者は自分が受け入れられるメッセージを含む記事を選択したり、シェアしたりする傾向――そして受け入れられない記事を無視する傾向がある。すでに信じていることと記事が一致すれば、人はその記事に興味を持ち、拡散する可能性がはるかに高くなる。デル・ビカリオらが説明するように「利用者はたいてい、特定の物語に照らしてコンテンツを選択したりシェアしたりし、ほかは無視しがちだ」。フェイスブックでは、結果的に「均質で分極化した群れ」が数多く形成される[53]。このような群れの中では、新しい情報は友人のあいだでたちまち伝わる（しばしばわずか数時間で）。

その結果「根拠のない噂、疑念、被害妄想によってあおられた片寄った物語が拡散する」[54]。そういう意味で、確証バイアスはみずからを補強して、悪循環を生む。最初から特定の信念があり、それを裏づける情報を見つければ、人はその信念への傾倒を強めてバイアスを強固にする。この結論にたいする有力な支持が同じチームによる研究からもたらされ、フェイスブックでは間違った信念をあばこうとする試みは概して無視されること——人がそのような行動に注意を向けるとき、彼らは間違いをあばかれた信念への傾倒をしばしば強めることを発見した。二〇一六年の大統領選挙で、アメリカ合衆国はこのような状況を何度も目撃した。

あるいは不正確であることを〝意図〟した主張に人々がどう反応するかを考えてほしい。研究チームは、明らかに非現実的で皮肉な主張を研究した——たとえば、科学的分析の結果、ケムトレイルにはクエン酸シルデナフィル（バイアグラ（TM）の有効成分）が含まれていることが明らかになったと明言する投稿である[55]。主要な成果は、多くの人がこのような主張に「いいね」をクリックし、好意的にコメントしたというものであった。情報が意図的に間違っており、当てこすりを目的として組み立てられているときでさえ、陰謀論の筋書きと一致すれば、情報は関連する集団にとって都合のよい（そして歓迎される）コンテンツに変えられた。たしかに陰謀論も、またその手の話が好きで拡散に手を貸す人々も、必ずしも典型的な事象とは言えない。われわれは陰謀論に特大のエコーチェンバー効果を期待してよいかもしれない。だが同じような自己選別の一般的なパターンのうち、それほど極端でない状況がフェイスブックで見つかると考える、もっともな理由がある。

人はニュースを手に入れるのにますますソーシャルメディアに頼っているので、このような成果は重要だ。ピュー研究所の世論調査によれば、二〇一六年にアメリカの成人一〇人中六人（六二パーセント）はソーシャルメディアでニュースを得ており、一八パーセントはその頻度が高い。この調査では、ツイッターとフェイスブックの利用者の過半数（それぞれ五九パーセントと六六パーセント）がこれらのプラットホームでニュースを得ていることも判明した（いずれも二〇一三年よりかなり増えている。二〇一三年にはこれらの場所でニュースを得ている利用者は半数ほどにすぎなかった）。世論調査では、ツイッターを利用する人口の割合は比較的小さい（一六パーセント）のに比べ、フェイスブックは広く利用されている（六七パーセント）ことも明らかになった——すなわちアメリカの全成人の約四四パーセントがフェイスブックでニュースを手に入れていることになる(56)。

ミレニアル世代と呼ばれる一九八〇年以降に生まれた人々にとって、フェイスブックは政治や行政についてのニュースの情報源として群を抜いて一般的なものである。二〇一六年には、ミレニアム世代の一〇人中六人（六一パーセント）がフェイスブックで政治ニュースを入手しており、つぎに人気の高いCNNと答えたのは一〇人中約四人（四四パーセント）にすぎないことが報告された(57)。フェイスブックは、ニュースサイトへの口コミアクセスの四〇パーセント以上を占める(58)。好むと好まざるとにかかわらず、ソーシャルメディア、とくにフェイスブックは、人々が政治問題について何を知るかを決定するうえで大きな影響力を持つのだ。

事実、価値観、よいニュース

元下院議員の故ダニエル・P・モイニハンが語ったとされる言葉を分かりやすく言い換えれば、人々は自分の意見を持つことはできるが、自分勝手な事実を持つことはできない。しかし最も政治色の強い問題の一部にかんしては、人々のイデオロギーへの傾倒が、事実問題についての判断を下させる。この点は断片化したメディア市場の影響を解明するのに役に立ち、それは分極化の一因となっている。

人々を分裂させる問題の多くは、結局はイデオロギーと選好の問題に要約されるが、ハードサイエンスが有力な発言権を持つ領域が少なくとも一つある——気候変動である。だが数字は人の意見を変えるだろうか？　二〇一六年の実験で、私は同僚であるセバスチャン・ボバディーリャ＝スアレス、ステファニー・ラザロ、タリ・シャロットの三人とともに、三〇〇人以上のアメリカ人を対象に気候にかんしていくつか質問をした。たとえば人為的な気候変動が起きていると信じているかどうか、アメリカが温室効果ガスの排出を削減するための最近のパリ協定を支持したことは正しかったかどうか、といった問いである。(59) 回答にもとづいて、実験参加者を三つのグループに分けた。すなわち人為的気候変動を強く信じている人、普通に信じている人、あまり信じていない人である。

つぎに、アメリカの平均気温は二一〇〇年までに少なくとも華氏六度（摂氏三・三四度）上昇すると多くの科学者が予測していることを参加者に伝え、二一〇〇年までに平均気温がどれくらい上昇しそうかを各自に判断してもらった。全体の平均は華氏五・六度だった。予想通り、三つのグループでかなり差があり、人為的気候変動を強く信じているグループは六・三度、普通に信じているグループは五・九度、あまり信じていないグループは三・六度だった。

つぎはこの実験の要所である。実験参加者は二つの条件のいずれかを無作為に割り当てられた。半数は最初に与えられた情報よりも希望の湧く情報を受け取った（地球にとっても人類にとってもよい情報）。また半数はあまり希望の湧かない情報を受け取った（地球にとっても人類にとっても悪い情報）。よい情報の条件では、最近の数週間で著名な科学者らが気候学を再評価したところ、状況はそれまで考えられていたよりはるかにましであるとの結論に達し、考えられる平均気温の上昇は華氏一〜五度（摂氏〇・五六〜二・八度）にすぎないと提案していると仮定するように、参加者は指示された。悪い情報の条件では、最近の数週間で著名な科学者らが気候学を見直したところ、状況はそれまで考えられていたよりはるかにひどいという結論に達し、考えられる平均気温の上昇は華氏七〜一一度（摂氏三・九二〜六・一六度）になると提案していると仮定するように指示された。つぎに参加者全員が各自の判断を示すよう求められた。われわれの実験は、オンラインおよびソーシャルメディアで起きていることと重なることに注意してほしい。人々は、それまで考えられていたより問題ははるかにましになる、もしくははるかにひどくなると示唆する、気候変動にかんする情報をひっきりなしに受け取っているのだ。

われわれはつぎのことを発見した。人為的気候変動をあまり信じていないグループは、よい情報によって動かされ、彼らが判断した平均値は約一度下がった。だが彼らの考えは、悪い情報ではまったく変わらず、判断の平均値は本質的に一定だった。これと比べて人為的気候変動を強く信じているグループは悪い情報によってはるかに大きく動かされ（判断の平均値は二度近く上がった）、一方、よい情報では判断の平均値はその半分以下（〇・九度）しか下がらなかった。普通に気候変動を信じているグループは、いずれの場合も等しく動かされた（判断の平均値はいずれの場合も約一・五度変化した）。

これが明らかに意味するのは、人為的気候変動をあまり信じていない人々にとって、安心させてくれる情報は影響が大きく、不安にさせられる情報は影響しないということだ。強く信じているグループは逆のパターンを示すだろう。ソーシャルメディアを含むメディアは、最新の科学的証拠についての対立する新たな主張に人々をさらすので、こうした正反対の傾向は予想通り政治的分極化を生み、その分極化は時間とともに増大するだろう。

この背景にはより一般的な心理学の分野の成果がある。自分自身についての情報の場合（他人がわれわれをどれほど魅力的だと思っているか、あるいはわれわれが病気になったり成功したりする可能性はどの程度かについて）、人は普通、悪い情報よりもよい情報に応じて信念を変える。あなたは自分が思うより見た目がよいと聞けば、あなたはたぶんそのうれしい情報から学ぶことがあるだろう。見た目があまりぱっとしないと聞けば、その不愉快な情報を忘れてしまうかもしれない。状況はそれほど悪くならないとほのめかす情報を信用する可能性が最も高い、気候変動をあまり信じていない人々の場合に見られるように、ある種の状況では政治問題でも似たことが起こるだろう。だがたまに、政治にかんするよい情報はわれわれの最も深い使命感をおびやかすことがあり、すると政治をあまり重視しないようにしようと思うだろう。何より、われわれはそうした政治への使命感を肯定してもらいたいのかもしれない。気候変動について最も心配する人々は、気候変動の問題はたぶんそれほどひどくないと教わるよりも、人類はきわめて深刻な危険にさらされていると教わるほうを選ぶかもしれない。彼らにとって、人類にとってても地球にとっても悪い情報は、ある意味よい情報であり（自分の意見が肯定されるから）、人類にとっても地球にとってもよい情報は、重要な意味で悪い情報ととられるのだ。

こうした結果は、多くの問題に見られる分極化ならびに、分極化を増大させるうえでソーシャルメディアが果たす役割を説明するのに役に立つ。たとえば医療費負担適正化法にかんして、人々は何百万もの人が健康保険を手に入れるのにこの法律が役に立ったという趣旨のよい情報にも、医療費と保険料は増えつづけるという趣旨の悪い情報にも出会う。この法律を支持する人々にとって、よい情報は悪い情報よりはるかに影響が大きく、法律を支持しない人々にとってはその逆が当てはまる。情報量が増えるにともない分極化も進むだろう。移民、テロ、最低賃金の上昇にかんして、本質的にまったく同じ話を語ることができる。どちらの情報が多大な影響を及ぼすかは、人々の動機と最初の信念による部分があるだろう。

しかし重要な条件がある。われわれの実験では大多数が考えを変え、新しい情報に影響されない人はほとんどいなかった。ほとんどの人は、少なくともある程度、進んで考えを変えた。学ぶことの重要性と民主的自治の可能性を信じる者にとって、これは朗報である。

アイデンティティと文化

イェール大学ロー・スクールのダン・カハン教授が主導する啓発的な研究によって、科学にたいするわれわれの反応を「文化的認知」が形成すること――またかなり専門的な分野においてさえ、純粋に事実にかんする主張を評価するのにわれわれの価値観が影響を及ぼすことが分かった[60]。その結果、たとえば銃規制、気候変動、核廃棄物処理、およびナノテクノロジーに関連する事実をめぐる問題にかんして、アメリカ人は予想通り分極化する。カハンの特筆すべき主張は、人々の判断は彼らのアイデンティティの感覚――自分をどういう種類の人間とみなすか――からおもに生じるというものだ。結果として、一見、異なる意見が集まる。たとえば保守派のあいだでは銃規制は好ましくなく、アファーマティブ・アクションも同様、気候変動はたいした問題ではなく、連邦最高裁は同性婚を認めるべきではなかったし、最低賃金は上げるべきではない。

原則として、これらの見たところ多様な結論を結びつける特定の価値基準を確認することは可能かもしれない。だが、少なくとも議論の余地がある、ある種の問題にかんする人々の意見の本当の源泉は、自分のアイデンティティについての理解、そしてそのアイデンティティを守ろうとする努力であると、カハンは主張する。カハンはオンライン行動やソーシャルメディアには注目していないが、オンラインでの交流が、彼が説明している現象の一因であることに疑問の余地はない。

遺伝子組み換え生物（GMO）および気候変動にかんする目下の論争について考えてほしい。大多数の科学者は二つの主張を受け入れている。まず、GMOは一般に人の健康や環境にとってたいした脅威ではないという主張。二つめは、温室効果ガスは気候変動を引き起こしており、これは人の健康と環境にとって重大な脅威となるという主張である。

GMOにかんしては、民主党支持者は共和党支持者よりも、有力な科学的判断を拒絶する可能性がずっと高い。気候変動にかんしては、共和党支持者は民主党支持者よりも、有力な科学的判断を拒絶する可能性がずっと高い。党ごとの分裂は容易に証明できる。国の指導者のあいだでは、民主党員の多くがGMOに懸念を抱いており、同じように心配する共和党の指導者は比較的少ない。一般市民のあいだでは、民主党支持の有権者の大多数はGMOは安全でないと信じている。一方、共和党支持の有権者では、GMOの安全性の問題については意見が均等に分かれる——選挙で選ばれた議員と比べれば懸念の度合いは強いが、民主党支持の有権者よりはかなり低い。

連邦議会では、民主党議員は共和党議員よりも、温室効果ガス排出削減のための措置を支持する可能性がずっと高い。一つだけ例を挙げよう。二〇一三年に「炭素汚染にたいする手数料」を要求する拘束力のない決議案にかんする上院での投票で、共和党議員は全員一致で反対し、民主党議員の大半は支持した。最近では、民主党支持の有権者の約七五パーセントは気候変動が「非常に」あるいは「かなり」心配だと答えた。共和党支持の有権者ではその割合は三〇〜四〇パーセントと幅があった。カハンが示すように、気候変動を疑い、まったく心配していない共和党支持者の科学リテラシーが低いわけではない。(61) 彼らはたいていの科学者がどう考えているかを十分認識している。何も知らないのではない。彼らの判断は、彼らの価値観またはアイデンティティの感覚の産物と思われる。

共和党支持者がGMOにたいする科学的判断に従う傾向がより強く、民主党支持者が温室ガスにたいする科学的判断に従う傾向がより強いという事実の説明として、どれが最適だろうか？　要因は三つある。第一に利益団体である。民主党側の懸念はもちろん真摯なものだが、よく組織された団体がGMOに反対するロビイ活動を盛んに進め、市民の反対を激化させることに成功してきた。こうした団体にはオーガニック食品業界やホールフーズ・マーケットが含まれ、民主党内で影響力と信用を獲得し、〔遺伝子組み換え食品の〕表示の義務化（商売敵に損害を与えることになる）によって利益を得てきた。一方、気候変動にかんしては、最も有力な経済的利権（石炭産業など）は共和党内ではるかに大きい影響力を持つ。環境保護団体は温室効果ガス抑制を強く求めており、おもに民主党にたいして影響力がある。

二番めの説明は、ここでの私のおもな関心事に注意を向けさせる。すなわちソーシャルメディアを含めたエコーチェンバーの効果である。GMOにかんしては、一部の民主党支持者はおもに互いの意見に耳を傾け、たとえ科学が味方をしなくても、集団内で議論した結果、彼らの不安は増している。温室効果ガスについては、共和党支持者のあいだで同じ現象が起きている。ほかの場合と同じようにここでも、考えの似た人同士の議論が自信と過激思想と分極化を強めている。

三番めの説明はカハンの研究をもとにしている。この説明は、もとからあるイデオロギーへの傾倒が果たす重要な役割に注意を向けさせる。イデオロギーへの傾倒は、特定の問題にかんして、科学的知見の影響を締め出すことがある。共和党支持者の多くは原則的に、政府が自由市場に干渉することに反対している。彼らはとくに環境分野における政府の干渉を正当化すると主張する科学的証拠を怪しむ傾向がある。これとは対照的に、民主党支持者の多くは、自然界に干渉しようとする企業活動は、化学物質、新技術、あるいは汚染がかかわる場合はとくに、潜在的に危険であると想定することに熱中している。民主党支持者のあいだでは、GMOと温室効果ガスにかんする危険についての科学的主張はすんなり受け入れられる。いずれの場合も価値観が先にあり、科学的判断は副次的である。また当然ながら断片化したメディア市場は関連する価値観を強化する。

たしかに価値観がつねに科学を締め出すとはかぎらない。一部の科学的問題は政治的アイデンティティの感覚を誘発したりしない。たばこが肺がんを引き起こすかどうか、また運転中にメールを打つことが事故の可能性を高めるかどうかという問題を考えてほしい。一部の科学的問題は〝移行する〟。すなわちかつては専門的な問題だったことが政治的に盛り上がり、かつては政治的に盛り上がっていた問題が、専門的な問題に変わることがある。

後者の現象の一例として、オゾン層破壊の問題を考えよう。かなり前からその科学的証拠は歴然としている。この証拠によって、一九八八年にロナルド・レーガン大統領が署名したモントリオール議定書を両党とも支持することになった。それでも、GMOと温室効果ガスの問題にかんしては、もともとの価値観が政治的分極化を説明するのに一役買っていることに疑いの余地はない。利益団体の活動およびエコーチェンバー効果と合わせて考えれば、こうした価値観はアメリカの二大政党の指導者らがある事例では科学界で最も有力な見解を受け入れ、別の事例ではそのような見解を拒絶する強い傾向がある理由を説明する助けになる。

最も残念なのは利益団体、エコーチェンバー、およびアイデンティティの理解が互いに補強し合い、新しい種類の鉄の三角形を形成することである。利益団体はソーシャルメディアを使って、自分たちにとって好ましい世界観を奨励するのに加えて、アイデンティティの理解を生み出したり、補強したりする。エコーチェンバーはこうした団体の影響力を強めると同時に、アイデンティティの理解を定着させる。

比較——討論型世論調査

分極化およびサイバーカスケードと対比するために、スタンフォード大学の独創的な政治学者であるジェイムズ・フィシュキンによるいくつかの研究について考えよう。彼は本物の社会革新をもたらした討論型世論調査の先駆者である[62]。世論調査をたんに世論を切り取った「断片」で終わらせないという考えが基本にある。そうならないように、異なる見解を持つ多様な市民が一カ所に集められ、いくつかの話題を相互に論じたあとではじめて人々の意見が記録される。

討論型世論調査は、今ではアメリカ、イングランド、オーストラリアを含む多くの国で実施されている。この世論調査はインターネットで簡単に実施でき、フィシュキンはこの方向で疑問を解明する実験を開始した。

討論型世論調査において、フィシュキンは個人の意見が顕著に変化することを見出した。しかし分極化に向かう体系的な傾向は見出していない[63]。たとえばイングランドでは、犯罪と闘うための手段として収監を利用することへの関心が討論によって弱まった[64]。「より多くの犯罪者を刑務所に収監すること」が犯罪を防止するための効果的な方法であると信じる人の割合は、五七パーセントから三八パーセントに減った。収監者の数を減らすべきだと信じる人の割合は、二九パーセントから四四パーセントに増えた。また「より厳しい刑罰」の効果を信じる人は七八パーセントから六五パーセントに減った[65]。同様の変化は、被告人の手続上の権利にたいする関心が高まる方向にも、刑務所に代わる手段を進んで探ろうとする傾向の増加にも表れた。

討論型世論調査を扱ったほかの実験では、変化にはさまざまな発見が含まれており、討議によって、子どもの養育費を支払わせるための父親にたいする法的圧力を強めるべきである、また生活保護と医療は州政府に委譲するべきであるとする人の割合はいずれも増えた（それぞれ七〇パーセントから八五パーセント、五六パーセントから六六パーセント）[66]。これらの結果は集団分極化の予測とおおよそ一致しており、たしかに人々がもともとの信念に固執する意志の強さは討論の効果で増すことがある[67]。しかし、このパターンはけっして一様ではなかった。いくつかの問題では、討論によって少数派の立場から多数派への移行が起き（たとえば離婚の成立を「難しくする」政策を好む人は三六パーセントから五七パーセントに一気に増えた）、当然、多数派から少数派への移行も起きた[68]。

フィシュキンの実験にはいくつかのきわだった特徴がある。実験には似た考えを持つ人々はかかわらず、代わりに指名された司会者によって社会問題の諸相を示されたのち討論に入る、市民の多様な集団がかかわる。この実験で討論する人は、集団内で意見をまとめることは目指さず、合意に達するように求められることなく人の話を聞き、意見を交換する。これらの討論は多くの意味で、理由の提示をともなう市民討論のモデルとなる。

もちろん、多様な人々を一カ所に輸送するのは費用がかかる可能性がある。だが通信技術のおかげで、雑多な人々のあいだでの討論型世論調査ならびに理由の提示をともなう議論を広く実施することが——たとえ私人が私的な立場で、討論する機関を独自に組織する選択をすることは稀であっても——はるかに実現しやすくなった。私はフィシュキンがインターネットでの討論型世論調査を考案したことに触れた。この一般的な手法でたくさんの活動と実験がおこなわれている。[69] ソーシャルメディアはこうした目的に容易に利用することができる。

最新技術がなければ互いにまったく言葉を交わせなかったはずの、互いに理由を提示し合う多様な人々同士の討論という形の未来に向けた大きな望みを、ここに見出すことができる。われわれが消費者主権という考えに導かれるなら、また無制限のフィルタリングを讃えるなら、現在オンラインで起きている多くのことが討論型世論調査における議論によって大きく改善されるのはなぜかを理解できないだろう。要するに、熟議民主主義という目標は、消費者主権という理念からはっきりとそれるのだ――それはゲイツが語る「何に興味があるかを伝えれば、好きなビデオを選ぶのをスクリーンが手伝ってくれる」ような未来である。

しかし一つ注意しておこう。多くの政治問題にとって重要なのは事実を把握することであり、そのためには討論型世論調査ではなく専門家が必要である。特定の物質（大気汚染物質）の現在の数値によって死ぬのは毎年二人か、二〇〇人か、二〇〇〇人かという問題を想定してみよう。あるいはトラックの燃費のさらなる向上を要求することは安全性の低い車両を生むことになるか、という問題を想定してみよう。このような問題では専門知識が重要だ。もちろん、専門家にも討議するように求めることはできる。しかし、たとえ人々がかなりの情報を入手していても、討論型世論調査はわれわれを間違った方向に導くかもしれない。

それでもなお、討論型世論調査は討議を交えない世論調査よりもはるかにましである。長年の問題は、われわれは自分の選択を活かすためにどういう種類の理想を求めるのか、またその判断の観点から、どういう態度と規則を求めるのか、である。ソーシャルメディアを含む現在の技術は、それ自体、考えの似た人のあいだでの均質性および討議を支持する方向にけっして片寄ってはいないと、ここで強調しておくことは重要である。すべては人々が手にしている新しい機会を利用して、何をしようとするかにかかっている。あるインターネット起業家の意見について考えてみよう。「私はチャットルームに入り、そこで生まれてはじめてアフリカ系アメリカ人と白人至上主義者が会話するのを目にした……。その流れをたどれば、会話が終わる頃には最初ほど憎悪が強くなくなっていると分かるだろう。ときには厄介な事態になることもある……それでも彼らはオンラインでつながり、実際に言葉を交わしているのだ」(70)。問題はこれが広く一般におこなわれていることからはほど遠いことである。

危険と解決策

異質的な民主主義国で暮らす市民にとって、断片化した通信市場はかなりの数の危険を生むことを証明する十分な証拠を、私はこれまでに示してきたと思いたい。個人としてのわれわれ一人ひとりに危険がある。一連の意見に四六時中さらされることで、ときにはサイバーカスケードの結果として誤りや混乱を招く可能性が高い。またこのプロセスが既存の意見を定着させ、嘘を広め、過激思想を助長し、共通の問題で力を合わせにくくなるという点で、社会全体にとって危険である。

こうした危険を強調するのに、人はすべての情報を現在オンラインで受け取っている、あるいは将来受け取ることになると主張する必要はない。情報源は多くあり、その一部は私が論じた危険を確実に軽減するだろう。またほとんどの人は自分と考えの似た人とだけ話をしているのだろうと予測する必要もない。もちろん、多くの人は対立する意見を探し求めているか、それとも対立する考えと出会っている。しかし技術によって他人から自分を隔てることが容易になれば、かかわる人々にとっても社会全体にとっても重大な危険が生じる。

第5章　社会の接着剤と情報の拡散

言論の自由はぜいたくだと信じる人々がいる。彼らは貧しい国、あるいは社会的、経済的な問題と闘っている国は民主主義を進めようとせず、物質的幸福――すなわち経済成長および誰もが衣食住を確保する機会――を保証するよう努力するべきだと考える。大変な思い違いである。これの何がいけないのかを理解すれば、コミュニケーションの社会的役割についてよりよく理解できるだろう。

多くの国にとって何よりも決定的な問題は飢饉である。飢饉とは食料を手に入れる権利が広範囲にわたり否定されることと定義され、飢饉の結果、大量飢餓が発生する。たとえば一九五〇年代後半に中国で起きた飢饉では約三〇〇〇万人が命を落とした。飢饉の回避に関心のある国にとって言論の自由はぜいたくだろうか？　このような国は民主主義および言論の自由ではなく経済発展を最優先させたほうがよいのか？　実のところ、これは愚かな質問だ。世界の歴史において民主的な報道と自由選挙を備えた体制では飢饉は〝一度も〟起きていないという、経済学者のアマルティア・センが見出した優れた研究成果を考えてほしい(1)。センの出発点には、飢饉は社会的産物であり、食料不足の必然的な結果ではないという考えがあり、彼はそのことを経験的に実証してもいる。たんなる不足と対峙する飢饉が起こるかどうかは、人々に与えられた「受給権《エンタイトルメント》」——すなわち彼らが何を手に入れることができるかによる。食料が不足していても、誰も飢えないように保証するやり方で受給権を割り当てることはできる。だが政府は飢餓を防ぐために必要な行動をいつとるだろうか？　それは政府のやる気次第だ。言論の自由と報道の自由を備えた民主制が敷かれているとき、政府は人々が通常、確実に食料を入手できるように求める強い圧力にさらされる。役人はこのような圧力を受けると反応する。しかし民主的な報道や自由選挙のない体制では、政府は国民にたいする説明責任を免れることができ、したがって飢饉に反応しない可能性が高い。役人は人目にさらされることもないし、仕事を失うおそれもないだろう。

ここにはうまく機能している表現の自由の制度と市民の幸福との関連性についての重要な教訓がある。言論の自由と報道の自由はたんなるぜいたくでも高等教育を受けた層の趣味でもない。こうした自由があることで、政府が市民の利益のために奉仕する可能性は増す。この教訓は、言論の自由を認めることの、自由にとってだけでなく経済発展にとっての価値のうちいくつかを示唆している[2]。またこの教訓は、自由と幸福にとってのインターネットそのものの限りない重要性を示している。インターネットによって無数の市民が社会的・経済的問題について学ぶこと、また彼らが学んだことに反応するよう自国の政府に求めることが可能になった。

独裁政権がインターネットへのアクセスを管理しようとしてきたのは偶然ではなく、それはほかの体制についての知識を国民に触れさせないためであり、また詮索や批判、反乱の可能性から国の指導者を守るためでもある。知識は自由にとっても幸福にとっても重要な味方である。

この点にかんしてソーシャルメディアはとくに重要だ。役人が地方都市で住民を弾圧しているなら、あなたはフェイスブック、ツイッター、インスタグラムを使ってただちにその情報を発信できる。個々の市民が記者として動けるのだ。市民は職権乱用や汚職や被害を公表することができる――そしてそれについて何らかの行動がとられる可能性を高めることができる。アラブの春に際して、エジプトで抗議活動をおこなっていたある人物は「われわれはフェイスブックを使って抗議行動の日程を組み、ツイッターで行動を調整し、ユーチューブで世界中に伝える」とツイッターに投稿した。(3) ソーシャルメディアは事態の進展をリアルタイムで公開し、何が起きているかを世界中に知らせる。災害や何かの発見、あるいはクーデターについて知りたければ、場合によってはフェイスブックとツイッターを見るのが最善である。

しかし当面の目的にとってたぶん最も興味深いのは、誰かが関連する知識(たとえば飢饉が迫っている)を手に入れたら、彼らはそのことについて何も知らない他の人に恩恵をもたらすことになる(飢饉の場合その恩恵は非常に大きい)という事実だ。ここではカスケードがきわめて望ましい可能性があり、よく機能している民主社会では、実際に「定着する」報告が真実であると判明する。このプロセスの結果として飢えや死から守られる人の多くが、飢饉ならびに関連する政府の政策について知ることを最初から自分で選択していたわけではないことに、疑いの余地はないだろう。

ここでは中国の事例が役に立つかもしれない。二〇一一年に二本の高速列車が衝突した。政府は一両を現場に埋めるなどして、どうやら事故を隠そうとしたらしい。微博《ウェイボー》(中国版ツイッター)に投稿が殺到して、政府が事故を隠そうとしていることを批判し、埋めた車両を掘り出して、原因を分析するよう政府に圧力をかけ、温家宝首相が公務を行っている様子を投稿することで、体調不良を理由に事故現場を訪れなかったと主張する温首相に反論した。またこうした投稿に促されて、助からなかった四〇人と負傷者一九一人のための献血の申し出が殺到した(4)。

民主制の利益に預かっている人の多くは、ソーシャルメディアだけでなく民主的選挙さえ、たとえ利用するとしても直接利用することはほとんどない（投票しない人は多い）。しかし制度を機能させるためにそれらを直接利用することは必要ではない。これから起こる問題について誰かが知ったなら、その人はそのことを声高に発信することができる。世界の歴史を見ると、一つの結果として飢饉は回避されている。そして飢饉について言えることは、ほかの多くの問題にも当てはまる。自由はアカウンタビリティ（説明責任）を重くすることができるからというだけで本当に自由が守られるなら、ハリケーンや地震などの自然災害の被害はもっと抑えることができる。二〇〇五年にアメリカで、ハリケーン・カトリーナによってニューオーリンズに甚大な被害がもたらされたのは民主制度がうまく機能していなかったからでもあり、将来、民主的アカウンタビリティによってそのような失敗の可能性が小さくなることが切に望まれる。

経験の共有

これまで私は断片化したコミュニケーション世界に起因する社会問題に焦点を絞ってきた。ここで別の二つの問題に目を向けよう。一つめは異質的な国で暮らす多くの人が多くの共通経験を持つという状況がもたらす社会的利益にかかわる。二つめは、ある人物がひとたび情報を手にすれば、その情報は広まり、他人の利益になるという事実がかかわる。これらの点に言及せずに、うまく機能している表現の自由の制度を理解するのは難しい。

私的・公的な利益の多くは、共有された経験と知識からだけでなく、共有された課題という感覚からももたらされる。人々はこのことに気づいており、しかるべく行動する。人々はほかの人が同じものを見たり同じことをしたりしていることから、何かを見たりしたりするのかもしれない（ハリー・ポッターの本や映画『スター・ウォーズ』の大変な人気は、この事実とおおいに関係がある）。しかしコミュニケーションの選択肢の数が激増すると、当然ながら人々の選択はますます多様化し、それに応じて大衆メディアの時代に豊富にあった経験の共有は減るだろう。このことは、共有される経験と知識と課題によってもたらされる一種の社会の接着剤の力を弱める可能性がある。

この点にかんして、イスラエルの一チャンネル政策についての有益な議論について考えよう――この政策は長期にわたり、「イスラエル放送局が管理する」テレビが「唯一の娯楽となるように」している[5]。自由社会民主主義の観点から、このような政策は明らかに問題であり、実に受け入れがたく思われる。自由社会は一チャンネル政策などとらない。しかしそれほど目立たないが、より興味深いのは、この政策の意図せぬ結果である。この政策が始まってから二年で「ほぼ全員が唯一の独占チャンネルのほとんどすべての番組を見ていた。……さらに、テレビを視聴するという経験の共有がイデオロギーの枠を超えた会話をしばしば促した。……テレビニュースおよび公共問題という共有された中央の場が、仮想の町の集会場となったのだ[6]」。

一つの教訓として「その日の案件について信頼できる報告を受け、議論するために確保された単一の公共の場に市民を集めることによって」、民主主義は「妨げられるよりもむしろ、強まるかもしれない」(7)。共有された番組の視聴は、ほとんどの人もしくは全員に共通経験をもたらすので、民主主義の観点からきわめて有益でありうることを示すために、一チャンネル政策はよいことだ、あるいは許容できるなどと考える必要はない。共有された番組の視聴は民主的な議論を促し、その結果、公職者からのよりよい解決策を促すかもしれないというのがおもな理由だ。

それと関連する問題がある。情報には特殊な性質がある。誰か一人が何かを学んだら、ほかの人、ことによるとほかの多くの人は、その学んだことの利益を得ることになるかもしれない。あなたが近所で起きた犯罪やある種の食品にかかわる危険について知れば、ほかの人はその知識から利益を得るだろう。大衆メディアを備えたシステムでは多くの人が情報と出会い、個人的にはあまり利益がなくても、他者に情報を広める。その結果、社会全体はよりよい場所になる。これまで見てきたように、個人が自分のコミュニケーション世界を設計できるシステムは、この有益なプロセスを徐々に損なう恐れがある。サイバーカスケードによって偽情報が広まる危険があるからだけでなく、真実の(そして価値ある)情報が広まるべき範囲に広まるのを、断片化という状況が妨げるからである。

連帯財

たいていの人は共通経験の重要性を理解しており、われわれの習慣の多くはこの点についての確かな理解を反映している。国民の祝日は、意義が共有された行事について全員で考えるように市民に促すことで、国の形成を助ける。また国民の祝日にはそれ以上の力がある。国民の祝日は多様な人々が共通の思い出と関心事を持てるようにする。

たとえば南アフリカ、インド、イスラエルなどの比較的若い民主主義国でのように、国民の祝日が鮮明かつ具体的な意味を持つ国では、少なくともこれは本当だ。アメリカでは国民の祝日の多くはたんに職場や学校が休みの日となり、休日となった由来の出来事――大統領の誕生日、戦没者追悼記念日、労働者の日――はあまり目立たなくなった。われわれは祝日ができるきっかけとなった苦闘や記念すべき出来事とともに、アメリカの歴史を忘れてしまったように思える。これは大きな損失である。

七月四日〔の独立記念日〕を除いて、キング牧師記念日はアメリカで本当に中身のある国民の祝日におそらく最も近い。それはおもに、この祝日にかかわる出来事がそれほど遠い昔のことではなく、具体的で意味のある出来事として扱うことができるからだ。要するにこの日は重要な祝日なのだ。明確な意味を持つ祝日を一緒に祝うことは、国の形成を助け、多様な市民を一つにするのに役に立つ。九月一一日は追悼の日であり祝日ではないが、国民があの事件を思い出して深く考える日であり、それは計り知れないほど重要なことである。

このような行事を国に限定する必要はない。オリンピックのすばらしい価値の一つは国際性であり、選手の参加によって直接、また競技を観戦して関心を共有することで間接的に、いろんな国の人々が共通項でつながることができる。もちろんオリンピックは愛国心がむきだしになる場でもある。しかし本来オリンピックを覆う精神は国際主義だ。

コミュニケーションとメディアはここでは非常に重要である。ときには何百万もの人々が選挙、スポーツ大会、映画の公開、新しい君主の即位を見守り、その多くはほかの人々が同時に行動しているからそうするのだ。この意味で、最新技術によって可能となった経験のいくつかは〝連帯財〟である――たくさんの人がそれを楽しんだり、消費したりしているときに、それゆえにその価値は上がる。エドナ・ウルマン＝マルガリートが示したように、人はしばしば「消費における連帯」を楽しむ(8)。この点は、公共空間と大衆メディアの両方の歴史的役割とおおいに関係がある。街角や公園は雑多な人々が集まり、交流できる場所であったし、それは今も変わらない。大衆メディアは、正しく運営されてさえいれば、社会の問題と課題を多くの人に同時にはっきりと意識させる。

こうした経験の共有はなぜそれほど望ましく、重要なのだろうか？　おもな理由は三つある。

一　たんなる娯楽は最も重要ではないかもしれないが、けっして無関係ではない。人はたくさんの経験――テレビ、ラジオ、インターネットにかかわる経験を含む――をしばしば〝好む〟が、それはその経験が共有されているからにすぎない。映画『スター・ウォーズ』の新作、スーパー・ボウル、あるいは大統領選の討論会のことを考えてほしい。一部の人にとっては、ほかの多くの人も同じものを楽しんだり購入したりしていないなら、これらの連帯財の価値は下がり、おそらく価値を失う。それゆえ、大統領選の討論会は、自分以外のたくさんの人が個別に注目する価値があるとみなしているという理由もあって、多くの人にとって個別に注目する価値があるのかもしれない。

二　経験の共有は社会的交流を促し、容易にするのに役に立つことがあり、人々が互いの存在を認めて言葉を交わし、彼らに共通点がたくさんあるかどうかにかかわらず、共通の話題、問題、課題、関心事のまわりに人が集まることを可能にする。この意味で、共有される経験は一種の〝社会の接着剤〟となる。経験の共有は多様な人々が同じ文化の中で生きていると信じられる――分かる――ようにするのを助ける。現に経験の共有は、共通の記憶と経験ならびに共同事業に携わっているという感覚をただ生み出すことによって、共有された文化の形成を助ける。たいていの場合、この利益はそれほど大きくない。しかし困難な時期に人々をつなぐための役に立つこともある。たとえば景気が悪いときや、国の安全がおびやかされているときなどである。

三　経験の共有の幸運な結果――とくに、大衆メディアによって生み出されるものの多く――は、経験が共有されない状況では互いによく知らないし、極端な場合には別の種に属するとさえみなすような人々が、希望、目標、関心事を共有する同胞として互いを見るようになる可能性があることだ。これは直接かかわる人々にとっての主観的な善――よいことと感じられ、認められるもの――である。しかしとくにさまざまな種類の共同プロジェクトにつながるならば、それは客観的な善にもなりうる。たとえば人は同胞が大きな不幸に見舞われていることを知ると、金銭その他の支援の手を差し延べるかもしれない。九月一一日の攻撃の結果、アメリカ人はまさしくそのように行動し、共同の取組みに参加して交流の幅と奥行きを広げた。このことは国内の出来事だけでなく世界的な出来事にも当てはまる。関連する窮状について同時に何百万もの人が知るという事実によって、大規模な救援活動がしばしば可能となる。

うまく機能している社会は信頼と助け合いの関係に依存しており、そこでは人々は同胞を潜在的な味方とみなし、進んで助けようとするし、助けが必要になれば助けてもらって当然だと考える。こういう関係のレベル、すなわちストック（たくわえ）は「社会資本」と呼ばれることがある。(9) コミュニケーションシステムによって可能となったものをはっきりと含めた経験の共有は、市民同士だけでなく、まったく知らない人も交えた望ましい関係に貢献するとほのめかすことによって、われわれはこれまでに述べてきたことの適用範囲を広げられるかもしれない。このような経験のない社会は必然的に、こうした関係が衰退する事態に見舞われるだろう。

共有される経験の減少

コミュニケーションの選択肢が無限にある国においてさえ、重大なテロ攻撃のようないくつかの出来事は否応なく幅広い注目を集める。インターネットでは、ニューヨークタイムズ・ドットコムやウォールストリートジャーナル・ドットコムなどの一部のサイトがとくに重要な役割を果たし、ある程度の集中は続く。しかしたんに数字の問題として、ますます多様化するコミュニケーション世界により共有される経験の総量は減っていくだろう。テレビ局が三つしかなかった時代、テレビに映る映像の多くは、純粋に共通経験の特性を備えていただろう。夕方のニュースの最初の話題は、何百万もの人々に同じ判断基準を提供するだろう。そういうことはしだいになくなりつつある。この数十年で、三大ネットワークは何千万もの視聴者を失った。選択肢が増えた結果、現在のネットワークテレビで最高の評価を得ている番組の視聴率は、一九七〇年代の典型的な年に評価が一五位だった番組の視聴率よりもはるかに低い。

選択肢とフィルタリングの利用が急増するかぎり、多様な個人と集団が共有する判断基準が少なくなるのは避けられない。一部の人々にとってよく目立つ出来事は、ほかの人々の画面にはほとんど現れてこないだろう。多くの人にとって明らかだと思われる意見や立場が、ほかの人にはほとんど理解できないということもありうる。

もう一度言うが、これは明らかに悪いことだとはとうてい言えない。すべてを考慮すれば、これはほぼ確実によいことである。人は具体的な選択ができるときに、見ているものやしていることとを楽しめる可能性が高い。もちろん話題と観点の両方にかんして、ある程度多様であることは望ましい。誰もが同じものを見るべきだとか、同じものを見るように強制するべきだなどと提案する人はいない。この問題には強制はまったくかかわらない。私が唯一主張するのは、異質な人々が混じり合う社会にとって共通の枠組みと経験は貴重であり、無制限の選択肢を備えたシステムは多様な選択を助長して、いくつかの重要な社会的価値観を損なうだろうということだ。

われわれがブランダイス連邦最高裁裁判官とともに、自由にとっての重大な脅威は「人々の無気力」であると考えるなら、また共通経験は市民の積極的社会参加と相互の自己理解を促すと信じるなら、こうした経験を大幅に減らすことになるいかなる発展も懸念するだろう。消費者主権という理念は、この懸念について理解することさえ難しくする。しかし共和制の理念という観点から、この懸念はコミュニケーションシステムを評価する際の中心に据えるべきである。

消費者と生産者

このいずれも、経験の共有が失われつつあることを意味しない。経験の共有は望ましく、確実に経験を共有できるように人々がしばしば互いに協力し合うことを、もちろん彼らは知っている。オンラインではコミュニケーションを妨げる壁がはるかに低いため、興味を持った人は同じことをしたり、同じものを見たりしようとすぐに決められる。協調フィルタリングはここで効果を発揮する可能性がある。「あなたに似た人」のほとんどが第二次世界大戦にかんする新作映画を見に行くつもりだと知れば、あなたがその映画を見に行く可能性は高くなるかもしれない。消費者自身が地理上の境界線を越えて団結し、確実に同じことをして、同じものを見るようにすることは可能である。

最新の通信技術はこのようにして、互いに知らない者同士だったり、ほかの状況では互いを集団の成員とみなさないであろう人々のあいだでさえ経験の共有を促すことができる。フェイスブックでは何百万、何億という人々が経験を共有し合える。そうは言っても、ずらりと並んだ選択肢が目もくらむほど多いというだけで、大勢の人が一つの選択肢を中心にまとまる可能性が低くなることがある。このことは私の全般的な関心事の基礎を示すのに十分である。

情報の生産者の側に、共有される経験を中心に人を協調させようとする強い動機があるのは確かだ。たとえばほとんどの人、もしくはあなたに似たほとんどの人は、地域の犯罪や都市環境での子育ての難しさを取り上げたテレビ番組を見るだろうと、生産者自身が主張するかもしれない。また広告主は、たいていの場合もしくは特定の時間にある種のウェブサイトをよく調べることが、多様な人々にとって重要だと強調するかもしれない。実際、人々に特定の行動をとらせるためのきわめて効果的な方法は、ほとんどの人、もしくはあなたに似たほとんどの人がまさしくそのように行動していると告げることである。このように、通常の市場の力は問題を小さくする可能性がある。

だが市場の力で問題はなくならないだろう。選択肢が無限にあるかぎり、人々が同じものを一緒に見ることでたとえ利益があるとしても、生産者が人々にそのような行動をとらせることに苦労するのは避けられない。人口統計学、政治、その他の言葉で定義された多様な集団が、合意された代案にかんしてたまに行動を調整する可能性は高くなり、そうなれば断片化と集団分極化に関連するさまざまな問題をもたらすだろう。

公共財としての情報

私がこれまで取り上げてきた目的は共通経験を確保することで達成されるが、その共通経験の多くはメディアを通じて得られる。それと関連する、同じくらい重要な点がある。情報は経済学者が使用する専門的な意味での「公共財」である。一人の人が何かについて知れば、ほかの人にも恩恵がもたらされる可能性がある。熱波が来ること、また三ブロック先で暴漢に襲われる危険性が高いことをあなたが知れば、ほかの人々もその情報を知る可能性が高い。経済学用語で言えば、われわれはものごとを学ぶと、学んだことの利益を十分に「内面化」しない。この利益は他の人々にとって「正の外部性」となる。

この点にかんして、情報は環境保護や国防と共通する性質を持つ。ある人が大気浄化計画あるいは強力な軍隊による助けを得られるなら、ほかの人にも必然的に恩恵がもたらされるだろう。この種の状況において——公共財がかかわる場合——個人の選択に全面的に頼るのは危険であると言うのは一般的だ。独断で行動し、ゴミを散らかすなどして環境を汚す人々が、他者に及ぼす害を考慮する可能性は低い。独自に行動する人々は、ほかの人がそうしてくれるのを期待して、自分が国防に貢献する可能性は低い。

環境汚染と国防について言えることは情報にも当てはまる。もっぱらかかわりのある個人の関心事にかんしてなされた個人的な選択は、ひどい環境汚染を生み、国防や情報の点でほんのわずかな成果しか生み出さないだろう。あなたの街での犯罪のパターンについて、あるいは雇用主が性差別をしているかどうかについてあなたが学ぶとき、もしくは学ばないとき、あなたは学んだこと、もしくは学ばなかったことが他人（おそらく親族を除いて）にもたらす結果について、普通は考えていない。このことが意味するのは、個人の自己利益だけに関連してなされた個人の合理的な選択は、公的問題についての知識をほとんどもたらさないということだ。これは市場の失敗の最も月並みな事例である——この失敗は、環境汚染と国防の文脈では、個人の選択に全面的に頼ったことで引き起こされる予測可能な問題を克服するために作成された政府のプログラムを通じて対処される。大衆メディアが衰退している状況で、現行のコミュニケーションシステムでの市場の失敗にどう対処すべきかについて、同様に考える必要があるかもしれない

これまでこのように計画した人はいないが、大衆メディアがうまく機能すれば優れた矯正手段となる。個人が自分のコミュニケーション世界を自分で設計しない場合、彼らは個人的にあまり利益がないかも

しれない大量の情報にさらされるだろうが、それによって多くの人を助けられるだろう。たぶんあなたは普段、子ども向けの新しいぜんそくの治療法についての情報を探したりしないだろうが、そのことについて少しでも学べば、ぜんそくを患う息子のいる友人にその話をするかもしれない。交通安全上のリスクにほとんど興味がないかもしれないが、運転中のメールの使用にかんする危険についてひとたび学べば、運転中はメールをしないように心がけたいという思いを強めるかもしれないし、この危険の根本的な問題について理解して、知人をも説得しようとするかもしれない。実際、もともと探していなかった情報を誰かがたまたま知ったがゆえに、毎日、何百万もの人々がその情報を受け取り、その利益に預かっている。

私は情報の伝搬という観点から、インターネットを廃止して、わずかな大衆メディアが幅を利かせるシステムに頼るほうがよいと主張しているのでは断じてない。それは事実からほど遠い。これまで見てきたように、最新の技術は事実も嘘も含めて情報の拡散を劇的に加速する。

大衆メディアにはそれ自体の利益と偏向があり、純粋に実際上の理由で、あらゆる話題や見解にさらされる機会を提供することはできない。結局、選択肢が増えれば、よりよい情報をもっと生産する可能性は高くなる。その点ソーシャルメディアはすばらしい恩恵である。私がただ一つ提案するのは、フィルターをかける完全な能力があるかぎり、人は他人に利益をもたらしたかもしれないものごとをときには学びそこなうだろうということだ。コミュニケーションの選択肢が増えることで情報にかんして得るものは多いとしても、このことが重大な損失であることに変わりはない。

隠喩としての飢饉、一つの説明

ここで、自由選挙と民主的な報道のある国では飢饉が起こらないという、センの研究成果に立ち戻ろう。われわれはこの成果を、飢饉の危険にさらされている貧しい国に限られた、他から切り離された事例もしくは珍しい事例ととらえるべきではなく、政治的圧力によって、民主的な政府が社会問題を避けることを強いられる数え切れない状況の隠喩ととらえるべきである。根本的な問題には犯罪、環境汚染、自然災害、雇用の機会、健康を損なう危険、医療の進歩、選挙の候補者、あるいは汚職さえもがしばしば含まれる。

このことは、情報が普通の消費財とみなされるとすると深刻な問題が生じることを示している。個人が私的な利害にのみもとづいて無数の項目から選択するシステムでは、自分にはたいして利益がないかもしれないが、他人には大きな利益がもたらされるであろう話題や見解について知る機会を逸するというのが、単純な理由である。

こうした問題についても、最新の技術には大きな可能性がある。報道の自由がありインターネットを利用できるなら、将来起こりうる、もしくは実際に起きている飢饉やその他の問題についての情報は、全国に、そして世界中にも広めることができる。フェイスブック、ツイッター、インスタグラム、スナップチャットはその目的で簡単に使える。少なくとも関連する情報が断片化した複数の集団に広まるならば、ここでは断片化が役に立つことさえあるかもしれない。このような情報の拡散が起こらなければ問題が生じる。私が提示しているのは、経験の共有ならびに最初はその情報を選ばなかったであろう人々に情報を提供することの、表現の自由のシステムにとっての、たびたび見過ごされる重要性の説明にすぎない。

ニッチとロングテール

クリス・アンダーソンは、啓蒙的で有益な著書の中でニッチおよびニッチマーケティングを賞賛し、これらをインターネットによって可能となったすばらしい進化と見ている。(10) アンダーソンの話を要約すると、彼の主張は、(アマゾンの書籍やネットフリックスの映画のように)大量の品揃えでニッチ市場の要求に応えることで企業が収益を増やすことは可能だし、彼らは実際にそうしているというものだ。これらの製品を大量に買う人は少ない。書店では、流通システムの長いしっぽ《ロングテール》の先にいる貧乏な売り手はあまり金を稼げない。それと比べてアマゾンでは、膨大な書籍の在庫と大規模な顧客ベースによって、ロングテールからかなりの売上を確保することができる。

アンダーソンはこれを重要なすばらしい傾向と見ている。インターネットなどの最新技術の助けを借りて、大ヒット作だけでなく、小さい市場のニーズに応える商品も販売するのに、たいていの場合ほとんど費用がかからない。実際、そうすることで高い総利益を上げられるかもしれない。アンダーソンの主張のキーワードは「ニッチ」である。

アンダーソンは有益な意見を述べている。彼はロングテールからもたらされる桁外れの経済機会を提供するやり方で、インターネットがニッチマーケティングをおおいに拡大する可能性があると、正しく主張している。また、高度に専門化した趣味のまわりに共同体が形成される可能性があると、正しく提案している。しかしニッチによくない点があるとしたらそれは何かを理解することもやはり重要である。特定の個人が格別に欲している特定の商品を選べるようになることは、明らかに望ましいとは言えない。このプロセスに注目して賞賛するよりほかにやるべきことがある。自由ならびに恵まれた生活は、大きい頭であろうと長いしっぽであろうと、そこで明確に求められているものを選択する機会によって助長され、またことによるとそこでつかみ取れるかもしれないという考えを、アンダーソンの分析は暗に前提としているようだ。もちろん選択肢が増えることを賛美するのは妥当だが、民主主義の観点に立てば、評価はそれほど単純ではない。

ニッチの急増について問題を提起するのを嫌がる傾向は、最も独創的で聡明な分析者らのあいだにさえ見られる、インターネットとソーシャルメディアについて熟考する場合によくある特徴である。たしかに、われわれはもっと先に進めるかもしれない。基礎技術についてよく知っていて、何が可能になりつつあるかが分かっている人の多くは、本能的であさはかな一種のリバタリアニズム（自由至上主義）——重要なのは人が見たいものを見て、好きなものを選ぶのを許されることである、という信念——をしばしば見せる。彼らの自由市場への関心ならびに自由市場を改善することへの関心は、経済学のシカゴ学派の思想に見られるものに劣らず熱心であり、とくにミルトン・フリードマンの著作に著されたものが有名だ。一九八一年から二〇〇七年までシカゴ大学で教鞭をとり、長く教授を務めた者として、私はシカゴ学派に深い愛着があることを告白する。私の考えでは、シカゴ学派はだいたいにおいて正しく、間違いよりは正しさが優っていることは確かだ。消費財——スニーカー、自動車、石鹼、菓子など——にたいして、シカゴ学派は分析のための正しい基礎を提供している。しかし政治と民主主義の領域の話になると、多くのことが見落とされている。

とくに政治の分野では、共有された文化のいろんな側面がニッチの急増によって損なわれ、また断片化も進む危険がある。多くの人がどのように興味を持ち、また各種の共有された文化をどのように取り込み、さらにはどのように生み出すかについての概説だけで満足していては十分ではない。

バイアスとエリート

多くの人がマスメディアの現状を嘆いていると言うのは控えめな表現である。テレビ放送網や大手新聞はいずれかの方向に片寄っていると主張する人々がいる。マスメディアはある種の左寄りの民意を反映しているかもしれない。マスメディアは現状に挑戦することを拒否しているかもしれない。マスメディアは本物のニュースを犠牲にして、視聴率と収益に迎合しているかもしれない。あるいは人々が実際に頭の中で考えている密度の濃い現実を薄めて、ぼやけたイメージを映し出しているにすぎないのかもしれない（いわゆる「レイムストリームメディア（時代遅れのメディア）」）。ことによるとマスメディアは人々の苦労や関心の対象が分からなくなっているだけかもしれない。

マスメディアはどうしようもなく表面的で、扇情的でさえあり、最近誰が卑劣な言葉や残酷な言葉を発したとか、誰と誰がけんかしているとか、あるいは犯罪や有名人やサウンドバイトについて報道することに取りつかれていると、多くの人が考えている（もちろん二〇一六年の大統領選挙では、トランプの無礼な言動が当然ながら大ニュースになった）。それにもかかわらず大衆メディアはたしかに数が減っており、そのため息詰まるほどの均質性を生んでいると考える人もいる。「何百万、何十億という人々に自分自身の声で語らせよう」と彼らは言う。あるいは「全員集合」と呼びかける者もいる。こうした人々にとって、インターネットのある世界は、大衆メディアが幅を利かせている世界よりもはるかにましである。この点で、大衆メディアを讃え、社会の断片化のリスクを強調しようとする努力は、好意的に見てもまったく奇妙としか思えないかもしれない。人が読みたいものを読めず、自称メディアエリートによるフィルターでふるい分けられる世界を望むのは、エリート主義か、それとも頭が混乱しているのではないか。

少数の新聞と放送局が幅を利かせている状況はけっして望ましくないだろう。インターネットによって状況は悪くならずに、明らかによくなっている。ソーシャルメディアは、利用者が大量の情報を受け取れるだけでなく発信もできるのでなおさら、大きな恵みである。また私は新聞や放送局が一般に優れた仕事もしくはまずまずの仕事をしていると主張するつもりもない。新聞や週刊誌が片寄っているとか不適切だと考える人々は、選ぶつもりのなかったさまざまな種類の出会いや経験の共有は民主主義にとって重要であるという提案に文句を言うべきではない。

最も人気のあるインターネットサイトの中には大衆メディアと似たはたらきをするものがあることをこれまでに見てきた。実際、それらのサイトは、テレビや新聞が担っているのと同じ機能をオンラインで果たす大衆メディアである。ＡＢＣ、ＣＢＳ、ＮＢＣ、ＦＯＸニュース、『ニューヨーク・タイムズ』

『ワシントン・ポスト』『ロサンゼルス・タイムズ』『ウォールストリート・ジャーナル』その他たくさんの媒体について考えてほしい。いずれにせよ、人気サイトの多くはリンクを張り、広告や複数のニュース記事を掲載している。重要なインターネットサイトが大衆メディアの社会的役割を担いつづけるならば、心配するべき問題は減る。

それでもなお、わずかな詳細情報とともに大量のニュースや記事を目の前に提示する夕方のニュースや新聞と、よく目立つ見出しや新しい話題への手軽なリンクを含むとしても、ニュースや新聞と同じ方法では多様な話題や観点にとうてい人を触れさせることのできないインターネットサイトのあいだには、違いがある。私には仲のよい友人がいて（妻のことだ）、彼女は日刊紙をオンラインではなく紙面で読むことにこだわっている。目の前に新聞を広げてさまざまなページ一面に記事が並んでいるのを見たいからだ。選択肢のメニューしか見えず、興味のある項目をクリックする権限を与えられるだけでは嫌らしい。記事の最初の数段落は重要で、それが注意を引くことがあるので、彼女はその数段落をすぐ目の前に見たいのだ。

最も人気のあるサイトがリンク、広告、複数のニュース記事を掲載しているのは事実で、それは重要なことである。しかし自己隔離の心配は残る。そして選択者もしくは選択者に代わって選択する人による個別化にかんしては、問題はいっそうひどくなる。

ネットワーク化された公共圏

デイリー・ミーという考えは社会の断片化の危険に人々の注意を向けさせる。しかし時間は有限であるがゆえに、インターネットはわれわれが情報を入手する方法にそれほど影響を与えないだろう――テレビやラジオの場合に劣らず、少数のサービス提供者がインターネットをほぼ牛耳るだろう――と考えることが、これまでのところ可能である。オンラインでは、人の注意力はかなり乏しいもので、多くの人が少数の主要なサイトに集まることは避けられないだろう。いずれにせよ、マスメディアを構成するサイトに人は集まるだろう。『ニューヨーク・タイムズ』と『ワシントン・ポスト』は発行部数が多く、何百万人がサイトを訪れる。『ニューヨーク・レビュー・オブ・ブックス』と『ナショナル・レビュー』の発行部数はかなり多いが、大手メディアと比べればはるかに少なく、オンラインの読者数もはるかに少ない。これらの点を強調するなら、今後の動向はエコーチェンバーではなく、読者の集中が継続することだと思えるかもしれない。基本的に変化ではなく継続、種類の違いではなく程度の差の話になる。

インターネットの用途についてわれわれは本当のところ何を知っているだろうか？　一つのイメージがすでに姿を現しつつあり、私はより詳細に語るつもりだ。だが手始めに、すでに年月を経ているが、いまだに超えるもののない、問題を明らかにする慎重な分析を紹介しよう。法律学の教授であるヨハイ・ベンクラーは「ネットワーク化された公共圏」について説明し、これを讃えている(11)。

ベンクラーは、連続性を予測することはたった今の現実と本質的に矛盾することを示している。たしかにいくつかのサイトは人気があり、ほかのサイトはごく少数にしか閲覧されていない。同時に、新しいモデルは過去のマスメディアのモデルとは異なる。ネットワーク化された公共圏には多様な声が集まり、何が視聴されるかは関連するネットワークにものごとがどのように現れてくるかに依存する。小さい声が大きくなることもある。ベンクラーによれば「適度に読まれているサイトの一群は、マスメディア環境で聴取されていたよりもかなりたくさんの発言者に場所を提供する」(12)。あなたのサイトやブログの読者が少なくても、その読者の一人が、多くの読者を持つ誰かにあなたの言葉を教えるかもしれない。すると、もっと人気のあるサイトがあなたの言葉を取り上げるかもしれず、最終的にあなたは実質的な影響力を持つかもしれない。そこにはカスケードさえ見られるかもしれない。こういったことは過去に起きたどんなこととも異なる。

こういう種類のことはオンラインでは毎日起きており、比較的小さいウェブサイトを運営する人にも作用する。フェイスブックとツイッターではよりはっきりと効果が現れる。ツイッターへの投稿は五〇〇〇人のフォロワーを持つ人にリツイートされ、つぎに二万人、続いて八〇万人のフォロワーを持つ人にリツイートされるかもしれない。たしかに現実のインターネットは「誰もが小冊子の発行者」であるようなシステムとしては機能していない(13)。しかしインターネットは重複する予測不能なネットワークをともない、これまでよりはるかに多くの声、情報、そして広範な参加があるがゆえに純粋に新しく、それはカスケード効果を引き起こし、誰も予測しなかったほど評判になった情報がいきなり目の前に現れるのだ。

もちろん目の前に現れるのは厳密な意味での情報そのものではなく、むしろ全体の見通しあるいは情報を系統立てたものかもしれない。ツイッターで何が情報を急速に拡散させるかを考えてみてほしい（たとえば#黒人の命は大切だ）。ベンクラーがこれについて書いたのはソーシャルメディアのようなものが現在の形で登場する以前のことだが、彼の主張は少なくとも最新の状況にも有効である。

ベンクラーは多くの人々と同様、ネットワーク化された公共圏は本質的に断片化と分極化の危険を免れる――普通の会話は、共有される関心事および共有される知識を生む公共圏という形で残ると力説する。その解釈には少なからぬ真実があるが、われわれはそれを疑問視する有力な根拠をこれまでに見てきたし、これからさらに見ていく。それどころか、ベンクラー自身が示す証拠が彼の結論をかなり複雑にしている。ベンクラーが提案するように「サイトは群れる――とくに時の話題や興味に関連するサイトは、ほかのサイトとつながるよりも、お互い同士で強くつながる」ことをわれわれはすでに知っている。[14] 私は本書でまさにこの点に関心を持ちつづけてきた。多くの人が話題と観点の両方にもとづいて自分を隔てる。ベンクラー自身の言葉を借りれば、個人は「話題、組織、その他の共通の特徴のまわりに集まってきて」、たとえ内部の意見の相違をより分けることにしかならなくても、似たもの同士が「別の立場の意見よりも、はるかにたくさんお互いの意見を読み合い、お互いの言葉を引き合いに出す」。[15]

ソーシャルメディアではまさにこの通りのことが起きている。ツイッターとフェイスブックでは、少なくともいくつかの問題にかんして、たしかに人が群がるのをわれわれは見てきた。彼らは自分が賛同できる話を広める傾向がある。これもやはり見てきたように、その明白な理由に確証バイアスがある。人は自分の考えを裏づける意見と情報（それが本当であれ一見本当に見えるだけであれ）に「いいね」を押し、宣伝するという片寄りがある。嘘はたちまち広まり、人が自分と似た人の発言を読み、そういう人と言葉を交わしているかぎり集団分極化は避けられない。これはネットワーク化された公共圏における避けがたい現実である(16)。

つまり公共圏はたしかにネットワーク化されており、ツイートされた考えやブログの投稿はしばしばふつふつと泡立って、より大きい集団へと伝わる。しかしかなりの断片化が起こり、それは自治にとって問題となりうる。

情報の拡散

異質的な社会は共有される経験から利益を得るが、そのような経験の多くはメディアによって生み出される。このような経験の共有は一種の社会の接着剤となり、共有される問題を解決するための努力を促し、人々がお互いを同胞とみなすように奨励し、ときには真の問題や難局に確実に対処できるように助け、自分はどういう人間なのかを認識するのに役立つ。求めてもいない情報にさらされることには特別な価値があり、個人がその情報からたいした利益を得られないことは頻繁にあるとしても、彼らがほかの人にその情報について伝え、伝えた先でその情報が有益であると判明するということが起こる。

通信市場の個別化が進むかぎり、広く共有される経験の幅は縮小し、同時に選ぶつもりのなかった、多くの場合、自分よりも他人にとって有益な情報を個人が受け取るときに生じる利益の一部を与え損なう。公共空間と大衆メディアの役割が小さくなれば、また適切な代案が開発されなければ、そうした利益も減少し、民主主義の理念にとって有害な結果となるだろう。

第6章　市民

合衆国憲法の起草者らは、一七八七年夏のあいだフィラデルフィアの密室で会合を重ねた。作業が終わると、アメリカ国民は当然ながら、起草者らがやり遂げた仕事に並々ならぬ興味を示した。現在はインデペンデンス・ホールとして知られる建物のまわりに群衆が大挙して押しかけた。その建物からベンジャミン・フランクリンが姿を現すと、群衆の一人が訊ねた。「あなたがたはわれわれに何を託してくれたのか？」。フランクリンの答えは希望に満ちていた。あるいは挑戦的だった。「共和制だ。あなたたちがそれを維持できるなら」。実のところ、この言葉は終わることのない義務について思い出させるための注意喚起とみなすべきである。共和制を維持するうえで、長期にわたる国民の行動と献身の重要度と比べれば、いかなる建国の文書（憲法）の文言もそれほど重要ではなさそうだ。

この提案は独自の問題を提起する。われわれの選択と自由の関係はどうなのか？　市民と消費者の関係は？　これらの疑問の答えは、人々が発言の内容をフィルターにかける新たな能力を手にしていることに政府は対処するべきか、対処するべきだとしたらどんなふうに、という疑問にどうかかわるだろうか？

本章では、通信技術とソーシャルメディアを評価するのに、これらが消費者にどんな影響を及ぼすかを問うだけでなく、市民にどんな影響を及ぼすかをも問うべきだと基本的に主張する。おもな問いは、消費傾向を含めた新しい社会的慣行がわれわれの最高の志の達成を促すか、それとも危うくするかである。より具体的には、消費者主権はコミュニケーションにかんする方針が目指すべき適切な目標であるという考えを新しい角度からそれとなく批判することを意図した二つの提案を示す。

一つめは、人の選好は自然に生じるのでも空から降ってくるのでもないというものだ。人の選好は既存の制度、利用できる選択肢、社会的影響、そして過去の選択を含めた社会状況を少なくとも一因として形成される。選好を生む状況のうち顕著なのは市場そのものである。「自由市場の商人が主張できるのが、市場はそれ自体が生み出す欲望を効率よく満たすということだけであれば、彼らが喜ぶべきことはほとんどない」(1)。消費者による無制限の選択は重要である——その重要性が非常に高いこともある。それは自由の大部分を占める。しかし無制限の選択によって自由の概念を語り尽くせることはないし、無制限の選択を自由と完全に同一視するべきではない。

二つめは、人は市民としての立場で、消費者としての立場で選択するのとは異なる方針を求め、目標を受け入れることがある、という事実とかかわる。市民がこのように行動しようとするなら——少なくとも市民が特定の見解を疎んじておらず、またそのほかの形で権利を侵していないならば——自由の観点から言えば正当な異論はない。市民はしばしば民主的な制度を通じて高い志の達成を進めようとする。その結果、個々の消費者が求めるものとは違う通信市場が生まれるなら——たとえばわれわれが市民として、重大な問題にさらされる機会や幅広い経験の共有を促すような市場を創出するなら——自由は損なわれることなく、促進されるだろう。

この二点は併せて考えるのがよい。市民は無限の選択肢があるシステム下でおこなった私的な選択が、彼ら個人にとっても社会全体にとっても残念な方向に向かうかもしれないことに、たいてい気づいている。彼らはテレビとインターネットにかんする選択によって自分の幸福や社会全体の幸福が全面的に向上することはないと信じているのかもしれない。彼らは状況を改善するために代案と制度を再検討しようとするかもしれない。

同時にわれわれが消費者であるかぎりのことだとしても、インターネットによってこれまで以上に利用しやすくなった新たな購入の機会は、人が思いたがるほどすばらしくはないと私は提案する。なぜかと言うと、こうした機会は「消費のトレッドミル」を加速して、消費によって幸福になり、生活が潤うからではなく、人に遅れをとらずについていくのに役に立つという理由で、よりよい商品をもっと買うようになるからだ。われわれは市民として、このトレッドミルのペースを緩めて、社会的資源が互いに遅れをとらずに歩調を合わせるために使われるのではなく、生活を本当によくする商品やサービスへと向かわせようとすることがあるかもしれない。

選択と状況、そして中国

自由とは、その原因や内容にかかわらず消費の選択を尊重することにあると、多くの人が考えるようだ。たしかに消費者主権の原則そのものにたいする熱意の基礎に、この考えがあるように思われる。この点にかんして、うまく機能している表現の自由のシステムのおもな目標は、無制限の選択を保証することである。これに似た自由の概念が、新興の通信市場を賞賛する多くの声の背景にある。

自由社会が一般に人々の選択を尊重していることは明らかだ。しかし自由は特定の前提条件を必要とし、何であれ選択することと選好を満足させることにたいする敬意だけでなく、願望と信念の自由な形成にたいする敬意をも保証する。ほとんどの選好や信念は、社会制度以前には存在しない。それらは既存の制度によって形成され、形づくられる。たいていの場合、人は見慣れたもの、経験し慣れたことへの嗜好を育てる。地元のスポーツチームについての記事を読み慣れていれば、そのチームへの興味が増す可能性がある。ニュース番組が特定の話題——たとえば福祉制度改革、移民、難民、環境保護、目下の戦争の脅威——を取り上げれば、その話題にたいする嗜好は強くなる可能性がある。

ほとんどの人が特定の映画、本、選挙の候補者、アイディアを好むことを知れば、あなたもやはりそれらを好む可能性が増し、かかわる人々が「あなたに似ている」とすると、この効果は高まる（ドナルド・トランプは二〇一六年の大統領選の選挙運動でこの現象を効果的に利用した）。音楽ダウンロードの実験を思い出してほしい。曲が成功するか失敗するかは、おもに他人がどう行動したかを認識した結果で決まった。

人は機会を奪われると、すでに手にしているわずかなものごとにたいする選好と嗜好を身につけ、育てる可能性が高い。われわれには、機会の剝奪は自由の剝奪であると断言する資格がある——たとえ人々がその状況に適応しており、それ以上何かを求める気持ちが強くないとしてもである。同様のことはコミュニケーション世界にも当てはまる。公的問題にかんして対立する意見に接近する機会を奪われれば、またその結果、それらの見解にたいする嗜好を失えば、人々の選好や選択の性質がどうあれ彼らは自由を失う。この問題は検閲という決定的な悪に手を染める権威主義的社会で、当然ながらとくに深刻である。しかし選択肢がふんだんにある世界でも問題が生じることはある。

この点にかんして、ソーシャルメディアにたいする中国政府の行動を考えてみよう。デール・カーネギーは、一九三六年に最初に出版された行動科学の名著『人を動かす』の中で、議論に勝つことなどできないので、勝とうと試みることさえすべきではないと主張した。「議論というものは一〇中八九、当事者双方が自分は絶対に正しいという確信を強くして終わるものだ」[2]。中国政府は重要な点でカーネギーの助言を真剣に受け止めている。

中国は公務員にわずかな報酬（投稿一件当たり約五〇セント）を払って、オンラインで偽名を使い、政府とその政策に批判的な人々の主張に反論させていたと、ずいぶん前から広く信じられていた。この手の「逆検閲」は「五〇セント党」とされる集団によっておこなわれ、意見の相違と闘うための政府のお気に入りの戦略の一つと考えられてきた。

複雑で巧妙な経験的戦略を駆使して、ハーバード大学のゲーリー・キングが率いるチームはそれが間違いであることを発見した[3]。彼らはまず江西省贛州市章貢区にあるインターネット・プロパガンダ事務所から漏れた大量のメールを詳しく分析した。彼らはこれをもとに中国のほかの地域の状況を推測し、複数のルートを通じて数字を確かめたうえで、中国政府は年間四億四八〇〇万件という驚異的な数のソーシャルメディアへの投稿を作成していると概算した。だが一般市民で構成されるという五〇セント党は実在しない。偽の投稿はおもに公務員によるもので、通常の勤務時間外にパートタイムで貢献している。

もっと重要なことがある。それらの投稿は人々が考える（あるいはキングらが予想した）ような内容とはまったく異なる。投稿は政府を批判する人々との議論にはほとんどかかわっていない。それどころか彼らを無視している。たいていの場合、それらの投稿はその代わりに、政府が手がけているとされるすばらしい活動に注目する。キングらはこれを「応援団の声援」と呼び、そこに見られるのは「愛国心の表明、励ましと動機づけ、鼓舞するスローガンや引用句、感謝の言葉、あこがれの人物についての議論、文化への言及、賞賛の言葉」である(4)。

とすると政府は、関連する批判に対処するのではなく、人々の関心を望ましいほうに向けて注意をそうとしているのだ。つまり〝議論に発展しそうな問題には絶対にかかわるな〟という受け身の方針をとっている。したがって政府は国の体制や指導者についての一般的な不満を含むソーシャルメディアの投稿と対峙する努力をしていない。また少なくとも通例、そのような投稿の検閲もおこなわない。

なぜか？「選挙で選出されたのではない指導者によって独裁支配されている国の民から、おびただしい数の不満の声が上がるのは分かりきっているし、随所に見られること」なので、中国政府はいちいち反応したり検閲したりする理由がないのだと、キングらは主張する(5)。市民がまた一つ別の不満について知ったところで、役人が心配する理由はほとんどない。しかしある種のソーシャルメディアへの投稿は中国政府を警戒させる。政府から見て、集団行動を引き起こす現実的な可能性のある議論である。そのような議論には、差し迫った抗議行動や暴動を起こす具体的な計画についての情報が含まれる。

中国政府はこうした議論を脅威とみなすため、二つの方法で応じている。まず検閲だ。もう一つ、成果を上げていることがらに国民の目を向けさせるための応援団の声援を、それと分かるやり方でタイミングよく「盛り上げる」ように調整する。このパターンが広まっていることから、キングらは中国政府の役人が、おもな脅威は「敵国の軍事攻撃ではなく自国民の暴動である」と考えていると結論づける(6)。

中国政府の行動は、現代社会科学における二つの一般的な見識と一致する。一つめの見識は、友人を作り、人に影響を及ぼしたければ、議論をふっかけるよりも話題を変えたほうが得策というものだ。政治の領域では、実質的な議論はもともとの信念への人々の傾倒を強める場合があることをすでに見てきた。それは一つに、そのような議論は最も関心のある問題に人々の注意を集めるからだ。政治家、雇用主、配偶者にとっての教訓はどれもよく似ていて、話題を変えたほうがしばしば賢明である。

二つめの見識は、暴動をあおることを意図した現在の抗議行動および集団行動についての情報は形を変えて火種となり、最後には大火になる可能性があるというものだ(7)。社会の成員が広く不満を抱えていると、見たところ小規模な抗議行動が警報ベルを鳴らして、ほかにも不満を持つ者がいる——そしてそのことについて何かする用意がある——と市民に知らせることがある。人々がひとたびその警報ベルを耳にすると、状況が進行して手に負えなくなることがある。アラブの春ではまさにそのような事態が起きた(8)。そしてそれはまさしく中国の役人が避けたがっていることである。

中国政府はたしかにこの数十年で驚くべき成果をいくつも上げ、とりわけ見事な経済成長を果たした。しかしあらゆる非民主的な体制にはいくらか脆弱なところがある。ソーシャルメディアにたいする中国政府の驚くべき行動は、政府がその事実を敏感に認識していること——また少なくとも政治の領域ではカーネギーの理解が正しいと中国政府が明らかに信じていること——を証明している。

選好の形成

オンラインで人々の注目を集めたり、注意をそらしたりすること——ときには応援団の声援によって——についてのこうした問題は、選好がどのように形成されるか（あるいは変化させられるか）について教えてくれるので、幅広い意味合いがある。映画スターの私生活の扇情的な報道、スポーツの話題だけ、あるいは左寄りの意見だけにおもに触れて、国際問題に触れる機会がないとすると、人々の好みはそれに応じて形成されるだろう。保守的なテレビ局——たとえばFOXニュース——をおもに視聴し、ツイッターのタイムラインに保守的な意見が並んでいれば、当然、読むものに影響されるだろう。人々が現在の政府——中国だろうが、キューバ、フランス、あるいはアメリカだろうが——を賛美する資料におもにさらされていると、その結果、彼らの好みは変わるだろう。ある人の政治的見解がどうであろうと、自由そのものの観点から重要な点で問題がある。人々がたとえ自主的にであれ限られたコンテンツを選んでいるとすれば問題だ。

ここでの概念——選好と信念は既存の制度や慣習の産物であり、その結果、とりわけ最も深刻な一種の不自由が生じることがある——はけっして目新しいものではない。これは政治および法律の思想の分野に昔からあるテーマだ。アレクシス・ド・トクヴィルは、奴隷制度が多くの奴隷の願望にたいして及ぼす影響をこう記した。「黒人はこの惨めさの深い穴に投げ込まれ、自分の不運にほとんど気づきもしない。黒人は暴力によって奴隷へと身を落とし、服従の習慣によって奴隷の思考と奴隷としての野心を与えられた。黒人は暴君を嫌う以上に暴君を賞賛し、自分を虐げる者たちを卑屈に真似ることに喜びと誇りを見出す」(9)。

同じような趣旨で、デューイは「社会情勢は個性の発達を制限し、歪め、ほとんど妨害するかもしれない」と書いた。だからわれわれは「肯定的なものであろうと否定的なものであろうと、個人の成長に影響を及ぼす社会制度のはたらきに積極的に関心を持つ」べきだとデューイは主張した。デューイにとって公正な社会とは「虐待やあからさまな抑圧を排除する仕事に興味を示すのと同じくらい、法律、政治、経済の最適な制度の積極的な構築にも興味を示す」社会である(10)。ロバート・フランクとフィリップ・クックは、通信市場では既存の「金銭的誘因が、扇情的で恐ろしい、紋切り型の売り物を強く好む」こと、ならびにそれに起因する報酬の構造は「幼少期に始まり一生を通して見たり読んだりするものごとが、われわれがどういう種類の人間になるかを大きく変えるという証拠を考えると、とりわけ悩ましい」ことを力説している(11)。

ソーシャルメディアではこれとよく似たことが毎日起きている。あなたが何を食べるかで変わるかどうかはともかく、何を読むかによって変わる可能性はある。スナークサイト〔人の悪口ばかりをつぶやくサイト〕を読めば、あなたはスナーク〔ルイス・キャロルの詩に登場する架空の動物〕になるかもしれない。少なくともテロを奨励する文章を読む人々の一部はテロリストになるだろう。エコーチェンバーに入れば、それともあなたのフェイスブックページをエコーチェンバーに変えれば、あなたは自分の価値観を変え、性格さえ変えることになるかもしれない。

専制君主はみな人を怖がらせ、特定の選択肢が好ましくないように見せ、情報を制限することによって人々の行動を制限するだけでなく、彼らの願望をも操作することが重要であり、ときにはそれが可能であると知っている。また専制的でない政府であっても、選好と願望にかんしてはけっして中立的とは言えない。彼らは市民が受動的であるよりも能動的であり、無関心であるよりも好奇心を持ち、無気力であるよりも積極的に関与することを望む。実際、私有財産および契約自由という基本制度――自由社会と言論の自由の基礎――は選好の形成自体にいちじるしい影響を及ぼす。

こうして私有財産と契約自由はいずれも、選好にかんして中立的であるという理由ではなく、それが――起業家精神を生み、お互いを潜在的な敵あるいは異なる人種集団の成員としてではなく、潜在的な商売の相手として見るように人々に奨励することによって――よい選好の形成を助けるという理由で、昔から擁護されてきた(12)。言論の自由の権利そのものは、積極的に政治にかかわり、自己統治する市民の創出を助けるプロジェクトの一環と見るのがいちばんである。

限られた選択肢――キツネと酸っぱいブドウ

政府が市民の機会と情報に制限を課すときは必ず、彼らの選択だけでなく選好や願望にも影響を及ぼすことで自由を損なう可能性が高い。もちろんこれはトクヴィルとデューイを心配させたことがらであり、公的な検閲はさまざまな考えや可能性について学ぶ機会を妨げるので、自由のない国ではコミュニケーションとメディア政策の領域で数多くの事例を見つけることができる。

このようなことは旧ソビエト連邦圏の共産主義国では普通におこなわれていて、選好と信念の両方を形成しようとする活動の一環として、一部の国はインターネットへの総合的なアクセス量を減らそうとしてきた。情報を入手できない場合、また機会が閉ざされていたり、閉ざされていることが知られている場合、人は情報をまったく求めなくなるかもしれない。もちろんそれと正反対のことが起こるかもしれない。入手できない〝から〟こそ情報を欲しがるかもしれない。しかし人間には適応力があり、みじめな思いをすることを嫌うので、何かが手に入らないとき、多くの人は興味をなくすか欲しがるのをやめるだろう。

社会理論家のジョン・エルスターは、キツネと酸っぱいブドウの昔話を使ってこの点を説明する。[13] キツネはブドウが酸っぱいと信じているためにブドウを欲しがらない。しかし、キツネはブドウが手に入らない〝から〟ブドウは酸っぱいと信じているのであり、手に入らないという事実に応じてブドウにたいする態度を調整しているのだ。ブドウを食べられないので、ブドウは酸っぱいから欲しくないという結論を導き出す。手に入らないことがまさにキツネの好みの〝理由〟であるとき、その好みに照らしてブドウが手に入らないことを正当化するのは不可能だと、エルスターは正しく述べている。

選択肢を奪われた市民は奪われた選択肢にかかわるものを欲しがらないかもしれず、選択肢を奪われたことを〝理由〟に市民が求めないとき、求めていないという事実に照らしてその選択肢の剝奪を正当化することはできないと、エルスターはより広範な提案をしている。人の好みや、さらには価値観さえも、何を手に入れることができないかに起因するのかもしれない。これは人がたった今何を「欲して」いるかを指摘することで現状を擁護しようとするあらゆる努力にたいする、痛切な反論である。

このことに照らして、われわれは権威主義体制の問題を具体的に挙げることができる。権威主義政府が、選択肢が非常に限られているかわずかしかない――たとえば公式の国営ニュース番組のみの場合を含む――体制を確保すると考えよう。このような政府がソーシャルメディアへのアクセスを制限するとしよう。多くの市民が、少なくとも私的な場で発言する際にはその体制を見下すだろうと予測できる。しかしより多くの選択肢を求める人々の声がほとんどないかまったくないとしても、大部分の人が反対していないという理由でその体制を正当に擁護することはできない。要求がないのは選択肢が奪われた結果である可能性が高い。要求がないことは選択肢の剝奪を正当化しない。この点はテレビ、ラジオ局、ソーシャルメディアだけでなく、ほかのあらゆるメディアに当てはまる。

私はこれまで、多様な機会がないせいで人々が多くを求めていない社会においてさえ、多様な機会を支持する議論を進めてきた。もちろん、本書の主要なテーマであるコミュニケーション世界――無数の可能性があり、その中から選択できる世界――では、この問題はかなり様子が異なる。だがここでもやはり、人々の選好が市場を含めた社会状況に影響を及ぼすだけでなく、その逆の影響もある。人が自分の世界を厳しく制限する代案を自主的に選択しているときに、市民権と自由の観点から問題が生じることがある。

選好は選択肢の数の結果として形成されるだけでなく、市場が何を引き立たせるか、社会的影響（ことに仲間の集団における）、そしてその人の過去の選択の結果でもあり、そのことが独自の制約を課す可能性がある。たとえばある人の選択はスポーツ関連に限られており、そのため政治問題についてはほとんど学ばない。別の人はアメリカ国外で起こることに興味がないので、国内問題だけに関心を向ける。さらに別の人は自分の政治信念を肯定する情報しか読まない。これらの選択は、それが彼らの興味と関心の幅をひどく狭めるからというだけで、さまざまな形で市民としての権利と自由の両方を抑制する。

興味のないことにも目を向けるように人々に要求するべきだと主張しているのではない。これは既存の市場およびわれわれ自身の選択がいかに自由を制限したり拡大したりしうるかについての、より日常的な話である。たしかに、人はしばしばこの事実に気づいており、自分の選好のより幅広い理解と望ましい形成を促すような選択をする。ときにわれわれはラジオ・テレビ番組、ウェブサイト、ツイッターのタイムラインの投稿を選択し、選んだものが代案よりも難解で面白くないとしても、そこから何かを学ぶだろう。また消費者としてとった行動が長期的に自身の利益にならないという理由で、自分の選択そのものを嘆くことさえあるかもしれない。人々が自分の選択を実際に嘆くかどうかにかかわらず、ときにはそうするだけのもっともな理由があり、彼らは自分では認めなくてもその理由に気づいている。こうした点が、公共空間と大衆メディアの最も重要なはたらきのいくつかの基礎にある。

公共空間と大衆メディアはいずれも予期せぬ情報に触れる機会を作り、おびただしい数の選択肢がある世界においてさえ、そのことは選好の自由な形成を促すのに役立つ。この意味において、公共空間と大衆メディアは教育制度と連続している。それらは大人のための一種の生涯教育を提供する――これは自由社会に欠かせない要素だ。この役割を担う制度に政府が直接責任を負うかどうかは重要ではない。重要なのはそういう制度が存在することである。

民主的な制度と消費者主権

以上のいずれも、「政府」という名の抽象概念が望ましいとみなす方向に人々の選好や信念を勝手に向かわせてよいという意味ではない。主要な問題は、これまで主張してきた点に民主主義体制下で暮らす市民が気づき、私的な消費者としての立場でおこなう選択とは異なる選択をしたがるかどうかである。ときには彼らがそう願っているように見えることもある。消費者の選択の悪影響に対抗しようとする公衆の努力は、少なくとも政府が民主的で、市民の思慮深い判断に反応を示しているなら、政府の干渉や受け入れがたいパターナリズムの一種として軽んじられるべきではない。

われわれが何を考え、何を欲しがるかは、知らないうちに果たしている社会的役割に依存することが多く、市民の役割は消費者の役割とはかなり異なる。市民は消費者として考えたり行動したりしない。たいていの市民はこの二つの役割をわけなく区別する。一国の政治的選択は、消費者としての立場で人々の願望を実現するプロセスとしてのみ眺めると、しばしば理解できない。たとえば一部の人々は、たとえ自分は公園を利用せず、また絶滅危惧種を保護することで物的利益を得られないとしても、環境や絶滅危惧種を保護する厳しい法律を求める。彼らは自分では貧しい人を助けたり施したりしないとしても、社会保障や福祉を要求する法律を承認する。彼らはたとえ人種や性別にかんして中立的な行動をとらないとしても、差別禁止法を支持する。人々が政治に参加する者としておこなう選択は、消費者としておこなう選択とは体系的に異なる可能性がある。

それはなぜか？　これは謎かけなのか、それとも逆説なのだろうか？　市民としての人々の行動は特徴的なさまざまな影響を反映するというのが最も基本的な答えだ。人は個人としての消費では最高の志を実現しようとしなくても、市民としての役割においてそうしようとするかもしれない。また、彼らは特定のコミュニケーションシステム——民主主義の目標達成を促進するもの——を切望するかもしれず、法律によってその願望の達成を推し進めようとするかもしれない。セイレーンとの出会いを待ち望んだオデュッセウスと同じように、人々は大衆の利益になるとみなす一連の行動に民主的プロセスの中で「あらかじめ取り組む」のかもしれない。そして彼らは市民としての立場で、市場での消費者の行動をしばしば特徴づける利己的な選好とは異なる、利他的で他人を尊重する願望を満たそうとするのかもしれない。実際、人は社会的、文化的規範によって、市場でよりも政治行動において、志ある目標もしくは利他的な目標をより頻繁に表明したい気持ちにさせられることがある。

たしかに政治の世界では利己的な行動はありふれている。公共選択理論という分野全体が、政治行動とは利己的な個人および団体が自分にとって望ましい方向に政府を動かそうとする努力の結果とみなす。この説明には少なからぬ真実がある——ただし私自身がオバマ大統領在任中にアメリカ政府の行政機関に勤めた経験は、公共選択理論を唱える人々が現実をかなり誇張していることを示唆している。少なくとも行政機関では、公職にある人々はたいてい正しいおこないを心がけている。彼らはけっして利己的に主張する者に利用されているわけではない。

人々が市民としての立場で他人や公益に関心を示す方向に向かうように、社会規範が彼らに強要する場合があることは疑うべきではない。人は市民としてともに行動することで、消費者には手に負えない集合行為問題を解決することができる。各自が個別に行動していては、自然災害の影響に苦しんでいる人々を支援したり大気汚染問題に多大な貢献をするのは不可能に近い（もちろんソーシャルメディアはここでおおいに役立つ可能性がある）。われわれが集団で行動できるなら――民間団体を通じて、あるいは政府を通じて――かなりの成果を上げられるかもしれない。純粋に個人の立場では民主主義の目標を推進するためにたいしたことをしないとしても、市民として――たとえば選挙運動の終盤に候補者のための無料の放送時間を要求して――民主主義の目標を推進しようとするかもしれない。

政治の討議の側面は、知っておくべき追加の情報や見解をもたらし、政治プロセスを通じて表明される人々の判断にしばしば影響を与える。民主制度のおもな機能は、市民の代表を通じて、または市民参加のプロセスを通じて、新しい声や埋もれている声、またどこに利害があり、それが何であるかについての目新しい描写が聞き入れられ、理解されるように保証することである。市民あるいはその代表がテレビ・ラジオ放送での集団討議やインターネットの適切な利用に参加することができるなら、彼らは市場で示される個人の判断によって提供できるよりも、重要な社会的目標についてのはるかに充実した豊かなイメージを創造し、その目標をどのように達成するかを描き出すことができる。このプロセスの結果、個人と社会にとって何が重要かについての選好、価値観、認識が変わるとしても、まったく驚くには当たらない。

もちろん、政府の役人に彼らなりの利害とバイアスがあることは否定できず、政治参加する人々は自分たちの個人的な課題に役立たせるために公的な目標を引き合いに出すかもしれない。インターネットも含めたコミュニケーションの分野では、公共政策を決定するのに偏狭な圧力がしばしば役に立ってきた。結局、こうした圧力に対抗するには自由市場を維持することが不可欠だ。しかし市民が自分たちの志の実現を前に進めようとしているなら、彼らは自由市場をよりよく機能させることができるだろう。市民が言おうとすることに耳を傾けるのは、たしかに重要である。

全会一致と多数決ルール

市民が共有する願望にもとづく議論は、誰の権利も侵害せず、また問題の法案が全会一致で採択されるなら——全市民が賛成するなら——魅力的だ。しかし（よくあるように）少数派が利益ではなく負担とみなすものをこの法案が彼らに課すとしたら、もっと深刻な問題が生じる。たとえば多数派が候補者のためにテレビの無料放送時間を要求したい、あるいは子ども向け教育番組に週三時間ずつ当ててほしいと望んでいる——が少数派は候補者の発言に興味がなく、また子ども向け教育番組が増えても増えなくてもどうでもいいと主張して反対するとしよう。何かの義務または行動に自分を拘束する必要があると考える人は、その必要はないと考える他の人を結果的に拘束することになるなら、自分を拘束しようとすることを許されるべきではない。

少数派の選好へのいかなる干渉も望ましくなく、もし人々の権利が侵害されているとしたら確実に、結局はその干渉が断固反対する理由となるかもしれない。だが権利が侵害されないとしたら、少数派はなぜ拒否権を持つべきなのか？　仮説によって、現状は過半数の支持を得ておらず、実際に多数派は現状を認めていない。変化を支持する声が全会一致の場合のみ現状を変えることができるとするほど、現状はなぜ神聖視され、一方で過半数が変化を支持するだけでは不十分なのか？　現状は頻繁に一種の磁石のような魅力を持ち、現状を好む少数派を重視しすぎているように思われる。

もちろんわれわれは状況を調べる必要がある。だが一般に、通信市場の改善に向けた適度な民主的取組みを禁じる一律のルールに賛成する、どんな議論が起こるかを予見するのは難しい。多数派が高い志を推進したり、熟考にもとづく判断を正当化したりすることを法律で禁止されれば、人々が民主的自治に参加できる可能性は低くなるだろう。多数派の熟考にもとづく判断と少数派の選好のどちらかを選択することになる。もちろん私は少数派の権利が本当に危険にさらされている状況で、少数派を排除するべきだと提案しているのではない。

消費のトレッドミル

私はここでの議論を通じて、人が消費者として行動するかぎり最新の通信技術は明らかに恩恵であると想定してきた。この想定は広く受け入れられており、その理由は容易に理解できる。何かを買いたければ、はるかに簡単に買えるようになった。トヨタのカムリ、ホンダのアコード、あるいはSUV車が欲しければ、その目的でいくつものサイトを利用できる。財布も腕時計も腕輪もオンラインで簡単に見つかる。シャツもセーターも携帯電話も数秒で購入できる。便利さだけではない。インターネットが登場した結果、普通の人が幅広い選択肢を手にして、生産者にとって競争圧力はある意味はるかに厳しくなっている。アンダーソンが「ロングテール」を賞賛していることを思い出してほしい。独特な嗜好を持つ人は、書店、映画館、その他多くの場所で選択肢を制限する空間のバリアを克服して、今では欲しいものを見つけられるようになった。

たしかに消費者にとっての選択肢の増加は、インターネット成長の背景にあるおもなエンジンでありつづけている。少し歴史をさらおう。初期には最も人気のあるサイトのリストで.edu（教育機関）ドメインが幅を利かせていた。一九九六年でも、上位一五サイトに.comのサイトは一つもなかった。一九九九年――わずか三年後――に状況は一変し、最上位の.eduサイト（ミシガン大学）は九二位だった。一九九六年一月の上位一五サイトのうち三年後に一五位以内に残っていたのは三つだけだ（ＡＯＬ、ネットスケープ、ヤフー！）。その頃には営利企業がリストでかなりの存在感を示していた。それらのサイトは急成長し、二〇〇〇年にはすでに二五〇〇万件近い.comサイトがあった。一方、.eduサイトは六〇〇万件、.gov（政府機関）サイトは一〇〇万件以下だった。これ以降、純粋な数字と割合で測った伸びは著しい。二〇一六年四月には一億二五〇〇万件近い.comサイトがあり、.eduサイトは上位一〇種類のドメインにさえ入らなかった。[14] インターネットでは.comサイトが優勢だ。

.comサイトの数が絶えず増えつづけるかぎり、その結果、消費者の消費者としての生活がはるかによくなるのは明らかだと思えるかもしれない。結局のところ、消費者の生活はたしかによくなっている。だが一つ条件がある。〝われわれがたくさんの商品やサービスで何を経験するかは、おもに他人が何を所有しているかによってもたらされた結果であり、全員の消費財が総合的に改善すれば、人々の幸福はほとんどもしくはまったく向上しない〟ということを広範な証拠が示している。[15] 立派な証拠があるにもかかわらず、これはまったく奇妙な提案のように思えるかもしれない。よりよい消費財が消費者にとって望ましいのは明白ではないか？　より高速で軽量なコンピュータを所有するほうがよいのは明白ではないか？

実はそれほど明白ではない。なぜかというと、人はたくさんの商品を評価するのに、商品全般と比べてどうかを見るからだ。消費財全体が（たとえば）二〇パーセントよくなったとしても、人々の幸福度が二〇パーセント増すわけではないし、幸福度は少しも上がらないかもしれない。

この点を理解するために、あなたが今乗っている自動車は、あなたの好きな車種の中で一〇年前の平均的な車だとしよう。一〇年前にその車はあなたにとって、たいていの人にとってと同じく申し分なかった可能性が高い。車がまったく進歩しておらず、誰もが品質の点で一〇年前と同じ車を所有しているなら、それほどひどいことではない可能性も高い。しかしこの一〇年の自動車の進歩を考えると、一〇年前の車を使いつづけるのは間違いなく残念なことだろう。それどころか、その車を嫌いになるかもしれない。それは一つに、はるかに進歩した車によって準拠枠（判断の基準）が設定されているからだ。進歩した車が、あなたの車を評価する基準となるのだ。

この点は、人は隣人をうらやむものだという主張に左右される必要はないし（だがうらやむこともある）、また人は自分の地位や、人と比べて自分の暮らし向きがどうかを大変気にするものだという主張に左右される必要もない（とはいえ地位は重要だ）。多くの商品にとって、経済学者のロバート・フランクが説いた最も重要な点は、〝準拠枠は個人的にではなく社会的に設定される〟ことだ[16]。われわれが所有するものがもたらす経験はこの準拠枠によって決まる。インターネットはこの準拠枠を大きく変えている。これは多くの売り手にとってはすばらしい進歩だとしても、消費者にとって純粋な恩恵ではない。

インターネットが消費者に及ぼす影響を評価するには、単純な点だけを見る必要がある。何百万人もの消費者が商品を見つける環境が進歩していることに同時に気づけば、彼らの生活はたしかによくなるが、自分以外の人にも、つねに変化しつづける準拠枠にもペースを合わせるためだけに、それぞれがよりよいものをもっと購入しようとしつづける一種の「トレッドミル」に乗っていることに気づく可能性も高い。実のところ自動車について言えることは、タブレット端末やテレビなどインターネットで入手できる膨大な品揃えの大半を含めた、ほかの無数の商品にもよりいっそう当てはまる。

たしかに自動車は社会の枠組みの中で評価されるが、より安全で加速性がよく、燃費のよい車は、多くの点でわれわれの生活を純粋に改善すると主張することは少なくとも可能である。しかし準拠枠が社会との関係でも設定される多くの消費財にとって、本当に重要なのは他人が所有するものと比べてどうかであり、その商品がいかに絶対的に優れているかではない。ある時と場所においてすばらしいタブレット端末やテレビは、別の時と場所においては滑稽なほど旧式に見えるだろう。

要するに、インターネットの登場でこれまで以上に速度を増した消費のトレッドミルの問題とは、支出は増え、商品が改良されているにもかかわらず、準拠枠が変化するせいで、消費者がもっと幸福になり、生活がよくなると思えない点だ。消費者がよりよい商品を手に入れたり、同じ商品をより値打ちな価格で手に入れることをインターネットがはるかに容易にしているなら、消費者の生活はたしかによくなるだろうし、ことによるといちじるしく改善することさえあるだろう。しかし消費者にとってさえも、このことはわれわれが考えたがるほどには生活を改善していないだろうと疑う、あらゆる理由がある。

この議論を誤解してはならない。準拠枠の変化とは無関係に、多くの商品は実際に人々の幸福度を高める。これらの商品には「非顕示的消費」がかかわる傾向があり、人々はそのような商品から、他人が何を所有し、何をしているかとは関係無く利益を受け取る[17]。余暇がたくさんあるとき、運動して健康を保つ機会があるとき、また家族や友人と長い時間を過ごせるとき、他人が何をしていようと生活はよくなる可能性が高い。しかし社会的比較のために設定した枠が重要であるとき、よりよい消費財に焦点を絞った社会は深刻な問題と向き合うことになるだろう。人はあまりに多くの資源を消費のトレッドミルにつぎ込むようになり、トレッドミル効果の影響を受けない商品や、別の状況であれば社会にとって（犯罪や環境汚染にたいする改善された予防策、あるいは貧困層にたいする支援の面で）はるかによい商品につぎ込む資源はあまりに少なくなるだろう。

したがって消費財の購入もよりよいものをもっと購入する機会も、人が考える以上にその人の役に立たない――たしかにまったく役に立たなくはないが、役に立つことは少ない。これらのテーマにかんする新しい研究が数多くの疑問を提起しているが、私はここでその疑問に答えるつもりはない。しかし消費者にとって購入の選択肢の幅が広がり、まさに欲しいものを買えるという程度では、生活がすこぶるよくなるかどうかはまったく分からない。

目下の目的のための私の結論は簡潔である。インターネットによって消費者にとっての商品の購入はたしかに簡単かつ便利になる。よりよい商品をもっとたくさん、しかもすぐに手に入れることができる。この程度に、インターネットはほとんどの人にとって本物の恩恵である。しかしわれわれが普段考えるほどではない。とくに大方の商品の消費者にとって、インターネットはたいして生活をよくしないまま消費のトレッドミルを加速させる。市民が自分の行動や生活を振り返れば、その事実に気づくはずだ。

われわれは市民として、トレッドミルの速度を落とすことを選択するかもしれないし、今はトレッドミルを動かしつづけている資源をもっとよい用途に確実に振り向けようにするかもしれない。市民がこの立派な目標を達成しようと試みるかぎり、自由の概念が邪魔することはまずないだろう。

民主主義と選好

人々の選好が不正行為や制限しすぎた選択肢の産物である場合、自由の観点から問題があり、選好を尊重するように強要することで、自由にたいして深刻な害を及ぼすことになる。選択肢が豊富にあるとき、状況ははるかにましである。しかし自由の観点から、人々の過去の選択が自分の世界を狭めたり、市民としての能力を制限するような選好の形成につながるときも問題が生じる。

消費者は市民ではなく、両者を混同するのは大きな間違いである。それらが同一でないのは一つに、民主的な選択のプロセスがしばしば人々の志を引き出すからである。われわれが——各自が消費者として何を買うべきかではなく——国として何をなすべきかについて考えているとき、しばしばより壮大な長期的目標について考えるようになる。したがってわれわれは、消費者としては「娯楽報道番組《インフォテインメント》」を求めるとしても、質の高い通信市場を推進したいと望むかもしれない。民主的プロセスの中では集団として行動することもでき、個人としての選択肢だけに限定されることはない。われわれは集団で行動することで、自分一人では相当な困難なしには解決できない問題に適切に対処するのを妨げる、さまざまな障害を解決する立場にある。

これらの点は環境保護、所得格差、反差別法といったコミュニケーションの領域外にある多くの問題に明らかにかかわりがある。多くの状況で、市民としての立場で行動する人々は、消費者としての立場で選択する場合とは異なる方法を好む。もちろんこの理論的根拠のもとに政治的多数派がとるかもしれない行動にたいして、通常は権利の形で制約を課すことは重要である。コミュニケーションにかんして個人に無制限の選択肢が与えられたシステムには数え切れない利点がある。しかしいくつかの点で、それは市民にとっても自治にとっても利益にならず、その結果生じる問題を軽減しようとする取組みは、自由の名において拒絶されるべきではない。

第7章　規制とは何か?

一〇年以上前、私のパソコンに「あなたへのラブレター」という件名のおかしなメールが届いた。メールにはファイルが添付されていた。メールを開くと、ラブレターとはその添付ファイルのことだった。送信者は私が一度も会ったことのない人物——偶然にも本書の版元であるプリンストン大学出版局に勤める人——だった。私はそのファイルを読むべきだろうと思い、一回クリックした。だがそれはラブレターではないかもしれないという考えがふとよぎり、もう一度はクリックしなかった。

私はアイラブユー・ウイルスを送りつけられたのだ。これはとりわけ悪質なウイルスだ。ファイルを開けば、愛のメッセージだけでなく思いがけない贈り物を受け取ることになる。感染したパソコンは、アドレス帳に登録されたすべてのアドレスに同じラブレターを送信するのだ。多くの人にとってこの事件はいくぶん愉快な出来事だったようだが、非常に不愉快でばつの悪い出来事でもあった——法学の教授が、歓迎されない無数のラブレターを学生にも同僚にも送りつけるという、なんとも居心地の悪い立場に立たされるところだったのだ。

アイラブユー・ウイルスには感動的な芸をいくつも披露する能力があった。たとえばファイルを削除することができた。また突然変異することがあるらしく、多くの人がラブレターではなく母の日のメッセージを受け取ったようだ——ラブレターほど面白くないが、たぶんそれほど害はない。だがいたずらを働くこともあり、どこかの会社の社員は、友人やほとんど面識のない（母親ではない）同僚に母の日のメッセージを何十通も送信した。このウイルスは自身のウイルス対策ソフトに変身できるらしく、またいずれにせよ直後にウイルス対策のメールが届き、「アイラブユー・ウイルスからあなたを守る方法」というそれに合わせたファイルが添付されていた。この添付ファイルもウイルスだと判明した。

アイラブユー・ウイルスの世界的な損害は、ばつが悪いというレベルをはるかに超えていた。ベルギーではATMが使えなくなった。ヨーロッパ中でメールサーバーが落ちた。納税者もかなりの負担を強いられた——これはウイルスに感染したコンピュータに政府のものが含まれていたからで、また世界中の政府が法律を施行する取組みに協力したからでもある。ロンドンでは議会がサーバーを停止することを余儀なくされ、アメリカ議会ではメールシステムに障害が起きた。アメリカ国防総省では、機密扱いのメールシステムが四つ故障した。最終的な被害額は一〇〇億ドル以上と見積もられた。最後には連邦捜査局（FBI）がこのウイルスの出所をたどり、フィリピンにいる若者を突き止めた。

共通の見解

これまでの私の議論はうまく機能している表現の自由のシステムという社会基盤——表現の自由のシステムがうまく機能するために必要なものは何か——にかかわってきた。だがこれを批判する者は、個人の選択によって生じるかもしれない問題に対応する際に、政府や法律は正当な役割を持たないと答えることが可能だろう。この点を考えて、自由な選択によって生じる結果があまり望ましくないとしても、自由社会は個人の選択を尊重し、「規制」を避ける。自由とはそういうものだ。

ここでの主張が本当に自由にかんするものだとすると、私はすでに自由の何がいけないかを示そうとしてきた。自由をつねに「選択」と同一視するべきではない。たしかに自由社会はたいてい自由な選択を尊重する。しかしときには選択が自由の欠如を反映し、また自由の欠如を生むことがある。

おそらくこの主張は何か別のことに根差している。あらゆる種類の政府の規制にたいする漠然とした敵意だ。もちろんこれは広く蔓延している種類の敵意である。よく見かけるのは、通信市場への法的な干渉は、それが一種の政府の規制であるという理由だけで拒絶するべきだし、まさにそうした理由で疎んじるべきであるという主張だ。フェイスブックやツイッターではたしかにそういう主張が容易に見つかる。

多くの人がラジオとテレビについて主張している。莫大な数のチャンネルがあり、チャンネル不足はもはや規制の理由ではなくなったと。政府はただ舞台から去るべきではないのか？　政府は規制をまとめて撤廃するべきではないのか？　インターネットについてもさらに強い調子で同じ主張がなされており、インターネットは一種の政府の介入がない領域ととらえるべきだと提案する。一九九六年、言論の自由を擁護する（元グレートフル・デッドの作詞家）ジョン・ペリー・バーロウは「サイバースペース独立宣言」という影響力のある文章を執筆し、「産業社会の諸政府よ……過去に属するあなたがたには、われわれを放っておいてもらいたい。あなたがたは歓迎されていない。われわれが集う場所であなたがたは主権を持たない。……あなたがたにはわれわれを支配する道徳的権利はないし、われわれが本当に理由があって恐れるべき強制の手段をあなたがたは持たない」ととくに主張した。(1) これは一九六〇年代の言葉、「ここに集うわれわれ」と過去の人々を対比する、一種の「わたしの世代《マイ・ジェネレーション》（「マイ・ジェネレーション」はイギリスのロックバンド、ザ・フーの代表曲）」の宣言のように聞こえる。だがこの宣言は一九九〇年代にも繰り返し唱えられた。今も繰り返し唱えられている。

矛盾した見方――あらゆる場所に規制と法律がある

バーロウの明瞭さと傾倒具合に関連して、アイラブユー・ウイルスの一件はバーロウの主張が非常識であることを示している。政府がコンピューターウイルスからの保護を支援するのを禁じるようなシステムを、分別のある人が支持できるだろうか？　個人のプライバシーや国の安全を危うくするような形でのシステムへの侵入を防ぐ取組みを禁じるシステムは？　サイバーテロを防止する取組みを禁じるシステムは？　しかしこの一件はもっと微妙で興味深いことも示唆している。本当の問題は、政府の規制に反対するのは筋が通らないということである。

通信市場――テレビであろうと印刷媒体であろうとインターネットであろうと――の「規制」は避けられない。問題は規制を設けるかどうかではない。どんな規制を設けるかである。新聞と雑誌、ラジオ局とテレビ局、ウェブサイト、フェイスブックとインスタグラムのアカウント――いずれも毎日政府の規制の恩恵を受けている。むしろ、規制のない言論システムなどほとんど想像できない。提案された規制について最も強く苦情を訴える人々は、現在の規制から、たいていは金銭的に最も利益を得ている人々であることが多い。彼らは自分たちだけに頼らず、政府と法律にも頼っている。彼らが苦情を訴えているのは規制そのものではなく――規制は必要としている――現在の規制のもとで得られるよりも利益が減るであろう規制制度である。

この点を理解するために、まずは過去数十年のテレビとラジオと放送免許の実態を検討してみよう。放送局は最初から、あるいは神から授かった権利として免許を持っているわけではない。彼らの免許は断固として政府の認可のたまもの――もともとABC、CBS、NBC、そしてPBSに無償で提供されていた周波数にたいする独占権の形で、法的に与えられた財産権――である。一九九〇年代前半、政府は既存の免許保有者にデジタルテレビを製造する権利さえ与えた――ロバート・ドール下院議員ら大勢がこれを「七〇〇億ドルの大盤振る舞い」と呼んだ。この政府によって割り当てられた周波数――競売によるのではなく、この場合は政府を介した無償の財産権の付与――はラジオ局とテレビ局を所有し運営する人々の権利に政府と法律が責任を持つ、周知された方法にすぎない。

だが無償の割り当てなど必要ない。多くの経済学者が、周波数にたいする権利は競売方式で割り当てるべきだと考えている。そして実際に、連邦通信委員会（FCC）はこの提案を少なくともある程度採用した。しかし競売がかかわる場合でさえ、免許保有者はなお財産権の恩恵を受ける。競売でチャンネル770を手に入れたら、ほかの人はあなたの同意なくチャンネル770を使うことはできない。政府はあなたを保護してくれるだろう。CBSやNBCなど、従来の放送局については言うまでもない。シヨータイムやHBO、地方の放送局も、法律によって保護ならびに施行されている財産権の恩恵を受ける。もちろんどの放送局の運営者も、招かざる侵入を防ぐために配備される、インターネット警察に相当する要員を雇うことはできる。しかしそれは必ずしも簡単ではない。法律がなければ、ラジオ局やテレビ局に誰でも自由にアクセスでき、現在の免許保有者は自社の周波数を守るためにもっと多くの費用と時間を費やすことになるだろう。

あなたはフェイスブックのアカウントを持っていても、お金を払っていないだろう。それでもそれはたしかにあなたのアカウントだ。誰かがそのアカウントを勝手に使い、スターリンの写真にメッセージ(「史上最も偉大な人物!」)を添えて投稿しはじめれば、あなたの権利は侵害されている。おそらく法的手段をとることができるだろう。同じことはツイッターのアカウントにも当てはまる。誰かがあなたの名前(「qcfgvwav」なり「ツイッターは悪魔の道具箱」なり)で投稿すれば、彼らは法的な意味であなたの財産に侵入したことになる。フェイスブックでもツイッターでも、このことは重要だ。

そう考えない人は多いが、財産権が法律によって付与される場合、それは典型的な政府の規制である。財産権は権力を生じ、権力を制限する。財産権は誰が何を所有するかを決定し、誰が誰にたいして何をするかもしれないということを明記する。財産権はある人々が他者を除外することを許可する。つまりそれが規制というものである。

ラジオ局とテレビ局の場合、財産権は他者に厳しい制限を課し、制限された他者は連邦法のもと、CBS、NBC、またはFOXが許可しないかぎり、CBS、NBC、またはFOXで発言できないかもしれない。政府の規制がテレビ局のシステムに責任を負っているときに、テレビ局にたいする政府の規制を非難するのは筋が通らない。テレビ局のシステムは複雑な規制の枠組みなしには成り立たず、放送局はその枠組みの恩恵を受けているのだ。

　また、そもそも最初に関連する財産権を設定したのが政府である、という事実にすぎないわけでもない。政府は納税者の負担で、民法と刑法によってこれらの権利を保護してもいて、いずれの法律も放送局が「保有」する周波数に人々がアクセスすることを禁じている。あなたがCBSを介して大衆にアクセスしようとして、CBSの許可なくそのチャンネルに登場すれば、犯罪を犯したことになり、FBIがかかわる可能性が高い。長年にわたり、放送局が政府の規制に不満を訴えてきたという事実はかなり皮肉なことである。こうした規制はそもそも放送局の権利にたいして責任を負っているのだ。（たとえば）子ども向け教育番組、公的な問題への関心、多様な意見に発言させる機会にたいする要求という形で放送局に課された穏当な公益要件に、彼らが声高に反対するのはとりわけ皮肉である。放送局は規制そのものに反対しているように装いながら、実は気に入らない特定の規制に反対しているのだ（たしかに、そういうことをするのはけっして彼らが初めてではないし、最後でもないだろう）。

　もちろん放送局が政府の要求に応えてもあまり益がないことをせめて示せるなら、ここで正当に反論できるかもしれない。しかしそれまで法律も政府もなかった場所に、公益規制によって法律と政府とが強要されたかのように放送局が振る舞うことは正当ではない。法律と政府がまさしく存在するという事実がなければ、放送局は今の形では存続できないだろう。そもそも放送局が収益を上げることを可能にしているのは法律と政府なのだ。

　放送局に当てはまることは新聞や雑誌にも当てはまる。だがここでの問題はそれほど明白ではない。新聞と雑誌も財産権を与えられることでやはり政府の規制の恩恵を受け、同じように納税者の負担で保護される。たとえば『ワシントン・ポスト』紙や『タイム』誌で何かを発表したいとしよう。おそらくあなたはいずれかの媒体が重要な視点を無視していると考え、意見の隔たりを埋めたくなったのだろう。意見の掲載を求めて断られたとすれば、ついていなかったのだ。その最も重要な理由は、法律によって断固とした排除権――他者を排除する法的権限――が設定され、この権利を新聞にも雑誌にも与えたからである。法律は、この排除権を民法と刑法の保護によって支えるために十分に備えている。CBSやABCに劣らず『ワシントン・ポスト』紙と『タイム』誌も法規制の恩恵を受けており、人々が発言したいことを発言したい場所で発言するのを妨げている。

ここで、この種の法的保護のない新聞と雑誌の世界を想像できるかもしれない。そこは規制のない世界になるだろう。しかしそこはいったいどういう世界だろう？　法律――契約を履行し、財産権を守り、このような権利を侵害する人々を罰する――の助けがなければ、すべての当事者は、自分の力が優っていることを誇示しようとする苦しい闘いを強いられるだろう。このような世界では、人々に主張する権限があるなら、その場合にかぎり、意見を発表したい場所で発表することができるだろう。新聞と雑誌は、そうする十分な権限があるかぎり、自称ライターによる投稿を排除できるだろう。この闘いに誰が勝つか、分かる者がいるだろうか？（おそらくあなたは銃を持っているか、小人数の私兵を雇っていて、銃を突きつけて『ワシントン・ポスト』紙に意見を掲載させることができるかもしれない）。われわれの社会では、新聞と雑誌へのアクセスは腕力ではなく法規制によって決定され、財産権を割り当てて施行し、このすべてを公費でまかなうのだ。

インターネットの場合——歴史にかんする覚え書

インターネットは政府によって管理されていないし、管理されるべきではないと広く主張されているにもかかわらず、オンラインでもよく似た状況だ。オンラインでも規制と政府の支援は随所に見られる。しかしこの状況には興味深い欠点がいくつかあり、ここで詳しく述べる価値がある。というのは、それらの欠点は規制とインターネットの関係にかかわり、またそれ自体が注目に値するからである。

まずは歴史を考えよう。政府の介入がないとされるこの領域は、民間ではなく国によって開発された。それどころか民間企業は共同開発の機会を何度も与えられながら辞退しており、このことはある意味、驚くべき見通しの甘さを示している（理解に苦しむが事実だ）。政府の行動が意図せず悪い結果を招いた話はよく聞くが、インターネットは政府——しかも国防総省——の行動によって意図せずもたらされたよい結果である。

一九六〇年代初頭にアメリカの国防高等研究計画局（ＤＡＲＰＡ）が新しいコンピュータネットワークを開発した。これは最初アーパネットと呼ばれ、コンピュータ同士が互いに対話できるようにして、さまざまな大学で国防研究に携わる研究者のあいだでコンピューティング資源を共有できる環境を整えるという明確な目的があった。一九七二年には数百人、その後、数千人の初期ユーザーが、電子メールはコミュニケーションの新しい基盤であると気づきはじめた。一九七〇年代初期、政府はアーパネットを民間企業に売却しようとしてＡＴ＆Ｔにシステムを引き継ぐ気があるかどうかを打診した。ＡＴ＆Ｔ

はアーパネットの技術と同社のネットワークに互換性がないと判断して、この申し出を断った(民間企業の洞察力などだいたいこんなものだ)。

最終的にアーパネットは——米国科学財団という形で、連邦政府の援助を得て運営され——用途が広がった。一九八〇年代後半には新しいネットワークが数多く生まれた。そのうちのいくつかはアーパネットよりはるかに進んでいて、同一のプロトコルを実行する多数のつながったネットワークから成る、国が支援するネットワークに「インターネット」という名称が使われるようになった。一九八九年にアーパネットは全米で地域ネットワークへと移行した。その一年後に重要な革新が訪れ、スイスのジュネーブ近郊にある欧州原子核研究機構(CERN)の研究者らが、インターネット上でマルチメディアを扱えるワールド・ワイド・ウェブ(WWW)を開発した。CERNの研究者らはワールド・ワイド・ウェブの構築に際して民間企業の関心を引こうと試みたが、彼らは断り(「複雑すぎる」という理由で)、研究チームのリーダーでウェブの発明者でもあるティム・バーナーズ=リーはこれを独力で構築しなければならなかった。

今では信じがたいが、インターネットの商用利用は商業活動にたいする規制を取り払う新しい法律が施行された結果、一九九二年になってようやく始まった。この頃には政府からの直接の資金は大方引き揚げられたが、間接的な資金提供と支援は続いている。一九九五年には、全国的なネットワークの基幹回線(データを伝送する物理的なパイプ)が民間の合弁企業に売却され、政府はドメイン名を登録する独占権を一社に与えた(今では多様な売り手からドメイン名を購入できる)。もともと国によって開発されたインターネットは、今では継続的な連邦政府の監督を大方免れている——しかし、保障された財産権ならびに違法な発言（陰謀、収賄、児童ポルノなど）にたいするさまざまな規制という、目立たないが重要な例外がある。

おそらくこうした経緯はきわめて分かりにくいだろう。しかし基本的な点は、インターネット政策について現在交わされている論争の最も根本的な部分のさらにその核心にある。たとえば、二〇〇〇年に雑誌『アメリカン・プロスペクト』で催されたインターネット討論会に関連する、オンラインでの啓蒙的な意見交換について考えよう。影響力のあるオープンソースソフトウェアの開発者であり、理論家でもあるエリック・S・レイモンドは「政府による規制」に強く反対し、「自由放任主義」と「賢明な利己心にもとづく自主的規範」を支持した。インターネット専門家のローレンス・レッシグは本書で力説しているのとほとんど同じ言葉を使って、「契約法、正当に制限された財産権、独占禁止法、［そして］AT&Tの分割」は「政府の政策」によって可能となった「規制」であると応じた。

レイモンドはレッシグに答えながら、ほとんどあきれ返っていた。「規制」という言葉が「能動的な強制的干渉を含まず、財産法や契約上の権利の施行など、私もハッカーもレッシングにおおむね同意するように、強制的で〝ない〟方針を含むなら、意見は違わない」とレイモンドは認めた。しかし大規模な「共同体の合意」を支持しようとしているレイモンドにとって、「規制」という言葉にこの種の法律を含めるのは、レッシグの「世界モデル」がひどく混乱していることを反映している。「契約と財産法は固有名詞を含まない。それらは法の前に平等な人々のあいだの力の均衡をはっきりとした形にしており、よい仕組みである。規制は法律で明示された一当事者に力ずくで結果を決める特権を与え、ひいき目に見てもかなり問題がある。握手と顔に拳を突きつける行為ほどに、両者はもはや似ていない」。

レイモンドは広く受け入れられている見解を述べたのだが、混乱しているのはレッシグではなくレイモンドのほうだ。財産法と契約上の権利は疑いなく「強制的」で、もっぱら「能動的」である。これらの権利は、少なくとも人間社会で許容できる形では、自然界には見られない。発言したがる人々が財産権を侵害したことにより懲役刑の判決を受けるとき、そこには紛れもなく強制がかかわる。これは、その身分そのものが明らかに法律の産物であるホームレスだけに当てはまるのではない。オープンソースソフトウェアの開発者でさえ、財産法におおいに依存する――実際、彼らは（ライセンスを通じて）契約法に依存し、また彼らのソフトウェアに降りかかる出来事を取り締まるために、少なくともある種の著作権法にも依存する。著作権法に違反したことで、あるいはCBSやウェブサイト所有者の「空間」に侵入したことで処罰される者は、強制という言葉の合理的な理解の範囲内で強制される。

また契約と財産法はたんに「力の均衡をはっきりとした形にする」だけではない。これらは権利を与えることによって力の均衡を〝生み出す〟――そのような力の均衡は政府による「能動的」選択なしには存在しないだろうし、また存在しえない。すべてが強制的な自助努力に委ねられていた純粋に法律のない状態では、インターネットやほかの場所でのソフトウェアにかんする力の均衡がどうなるかが、誰に分かるだろうか？　契約も財産法もよくできており、すばらしい仕組みとさえ言える。だが多くの人にとって、それはたいていの場合、ただの握手ではなく、「顔に拳を突きつける行為」にはるかに近い（ホームレスになるとは、追い出された家（故郷）に近づこうとすると顔面に鉄拳を食らう、あるいはそれに近い状況を意味する）。

財産法と契約が「固有名詞」を含まないのは本当であり、このことは重要だ。財産法は、ジョーンズは財産を所有できるがスミスは所有できない、またはキリスト教徒は財産を所有できるがユダヤ教徒は所有できない、とは言わない（少なくとも現在、法律でそういうことは言わないが、多少の例外はある）。これは大変な社会的功績だ。しかし（ほかの種類の）どれだけの規制が固有名詞を含むだろうか？ 許容できない規制の例をいくつか挙げよう——たとえば連邦議会もしくは最高裁にたいする批判の禁止、あるいは現在進行中の戦争にたいする反論の禁止である。そこに固有名詞はない。規制がかかわる、より許容できる何かの行動を政府がとる場合——たとえばウイルス拡散の禁止もしくは賄賂や財物強要の禁止——政府は固有名詞を挙げる必要はない。要するに許容できない規制も許容できる規制も、いずれも固有名詞を挙げないということであり、固有名詞を挙げることは有用な境界線になりえない。契約と財産法は「法の前に平等な人々のあいだの力の均衡をはっきりとした形にし……、規制は法律で明示された一当事者に力ずくで結果を決める特権を与え」るというレイモンドの意見を思い出そう。概念の問題として、こうした主張を理解するのは不可能である。

レイモンドが何かに気づいていることを否定はしない。私的秩序の形成に役立ち、通常かなりの柔軟性を残す契約および財産法は、人々に（たとえば）ゴミをリサイクルし、自動車に課された規定の排ガス規制に従い、公共の建物で喫煙を控えるようにと告げる、規制のためのより厳格な命令とは異なる。規制そのものに柔軟性を持たせることはしばしばよい考えである。というのは自由度が増し、コストを削減できるからだ。われわれは抽象的な契約と財産法を賞賛することは控えるべきだが、理論上、それらはよい仕組みである。とはいえ、いずれも一種の規制である。その点を否定すれば、勘違いすることになるだろう。

インターネットの場合──ふたたび規制のこと

政府がオンラインで財産権を設け、施行しているというだけで、通常の物理空間に劣らずインターネットにも政府の規制は行きわたっている。このことはソーシャルメディアにも当てはまる。政府のやりたい放題を黙認するべきだということではない。そうではなく、本当の問題は規制を設けるかどうかではなく、どのような種類の規制を設けるかである、という意味だ。

アイラブユー・ウイルスやその他のウイルスによって、近年サイバーセキュリティの問題および「サイバーテロ」の危険と現実性に少なからぬ関心が集まっている──メールの添付ファイルによるものだけでなく、「ハッカー」がウェブサイトに侵入して機能を停止したり、情報を盗んだり、自分で選択したメッセージを投稿したりするものもある。この問題は国の安全にかかわり、きわめて重大である。この問題と闘うには強硬な手段をとらねばならないが、多くの国は十分な備えをしていない。コンピュータウイルスが国の安全をおびやかすかどうかは分からないが、ある（古い）見積もりによれば、アメリカは毎年一三〇億ドルの費用を負担することになる。(2) サイバー犯罪全体を見ると、二〇一六年に見積もられた費用は年間五七五〇億ドルだった。(3) 費用の一部は容易には金額に換算できない。ロシアが民主党全国委員会のサーバーに侵入してメールを公開し、二〇一六年の大統領選挙を妨害したと報じられた一件について考えてほしい。民間組織も公的機関もかなり無防備である。今から一〇年後、二〇年後に大変なことが起きたとしても、驚くには当たらないだろう。

問題の重大さにもかかわらず、深刻な混乱は思うほど頻繁には起こっていない。なぜか？　企業は混乱を避けることにかなりの時間と労力を費やしているし、そのような行為が違法だという事実に助けられている。州法、連邦法、および国際法の複雑な枠組みがインターネットでの行動を規制して、サイトを侵入から守り、ソーシャルメディアのアカウントを持つ人々を含むサイト所有者に不法侵入を免れる権利を与える。こうした権利は公的に設定され、公費で施行される。現に、莫大な資源――ＦＢＩによる大がかりな取組みを含む何十億ドルもの資金――がこうした財産権の保護につぎ込まれている。実際にサイバーテロが起これば、かかわった法律違反者を捜し出し、また彼らを起訴することによって、政府が財産権を守るために介入することは誰でも知っている。

われわれはそうしたければこれを政府の「規制」と呼ぶことを拒否してよいかもしれない。だがなぜそうしたいのか？　これは言葉の意味の問題だろうし、そんなことをしてもあまり役に立たないだろう。政府が権利を設定し、それを保護するとき、また人々が好き勝手に行動するのを政府が禁じるとき、政府は規制という言葉の標準的な意味の範囲で規制している。インターネットはけっして法律のない、すなわち規制を免れた空間ではない。なぜなら、政府は財産権が危険にさらされている人々を守ろうと待ち構えているからだ。

このようにインターネットの権利のシステムは、ほかのあらゆる場所での権利のシステムと原則的に違いはない。しかしインターネットには複雑な事情がある。通常の空間で、大きな政府の存在なしに財産権のシステムを考えるのは、現実的に言って普通は難しい。このようなシステムは、財産の所有者が私設警察を雇うなどして自助努力に頼らなければならないことを意味し、放送局、新聞社、雑誌社を含むたいていの財産所有者にとって不可能だ。なるほど、ここにはいくらか複雑な事情がある。ノーベル賞を受賞したエリノア・オストロムやイェール大学の法学教授ロバート・エリクソンをはじめとする高名な社会科学者らは、人々が法律に頼らずに安定した社会を創出することに成功する「自発的秩序」の存在を探った。(4) しかし、地球上のほとんどの場所でそのような社会は実現しないだろう。パリ、ベルリン、ケープ・タウン、ボストン、北京、メキシコ・シティといったすべての都市が、法律の強力な影響力を必要としている。

インターネットはオストロムとエリクソンが明らかにしたものにより近いかもしれないと考えるのは、あながち無分別ではない。たとえば、政府は〝ただその場から立ち去ることができ、サイト所有者は自分の技術力を使って他者を排除できるかぎりにおいて、そうする権限を政府によって与えられる〟と、われわれは考えるかもしれない。このようなシステムではたしかに規制はなくなるだろう。アマゾン・ドット・コムはアマゾンによって経営され、運営されるだろうが、アマゾンの法的な所有者が部外者の侵入を免れるのは、技術を使って財産権を守れる範囲でのことになる。要するにアマゾンは法律ではなく技術の結果として一種の主権を手に入れ、おそらく技術のみによってこの主権を確保できるのだ。同様に、あなたはツイッターアカウントを手に入れるだろうが、ツイッター社やほかの民間企業と協力してその危険をなくすことができないかぎり、外部から侵入されるおそれがある。

現在の技術力のおかげで、これは想像を超えた状況ではなくなっている。おそらく多くの人が政府の助けに頼らずに、侵入者やサイバーテロリストなどからうまく自分の身を守れるだろう。しかしつまるところ、少なくとも現在想像できる状況のもとでは、それはけっして十分ではないし、いささか無謀ですらある。財産権を享受するための助けとしての民法と刑法の大きな価値に照らしてみると、技術だけに頼るように人々に強いるのはあまり意味がないだろう。さいわい、自助努力に頼るこの想像上の世界はわれわれの暮らす世界ではない。ウェブサイトの所有者とソーシャルメディアの利用者は政府の規制の恩恵を受けており、規制がなければオンラインでの彼らの存在ははるかに不安定になるだろう。

規制はどこにでもある、ありがたいことに

以上の点のいずれも、財産権を確立して保障する形の規制にたいする反論ととらえるべきではない。それどころか、うまく機能する表現の自由のシステムは財産権を〝必要とする〟。法律が新聞社、雑誌社、放送局、ウェブサイト、およびソーシャルメディアアカウントの所有者を生み出し、彼らを保護するとしたら、このような表現の自由のシステムはさらに向上する可能性がある。財産権はこれらの機関をはるかに安全で安定した場所にし、それゆえに言論にかんしてははるかに多くの成果を生む。

ソ連時代の共産主義国では報道機関は公営であり、財産はすべて政府によって再配分された。このような環境で言論の自由が進まなかったと言うのは控えめすぎる。二〇世紀に社会主義を批判した最も偉大な経済学者であるフリードリヒ・ハイエクは、あらゆる点で私が本書で力説してきたのと同様に、法規制がどこにでもあることを力説した。ハイエクは自由放任主義の擁護者とよく言われるが、けっしてそうではなかった。「合理的に擁護できるシステムにおいて、国がただ何もしないということはないだろう」とハイエクは主張した。「有効な競合システムには、理知的に設計され、絶えず調整される法的

枠組みがほかの何よりも必要である」[5]。

あるいは私がこれまでに述べてきたことのいずれも、たとえば大統領選挙を報道しなければならない、また異なる意見にも反論権を与えなければならないと政府が要求することによって、新聞や雑誌（オンラインであれ別の形態であれ）に掲載される内容を取り締まることが適切だとか、合法だなどとは示唆していない。しかしこのような要求にたいする反論は、それらの要求は法のない領域に干渉するだろうという意見以外の何かにもとづいていなければならない——この類いの要求はそれまで政府が不在だった場所に政府の影響力を持ち込むことになる。政府はすでにそこにいて、今もそこにおり、そのおかげでわれわれの生活はずっとよくなっている。政府が何か新しいことやこれまでと違うことをしようとしているなら、問題の一つは、それによって民主主義すなわち言論の自由のシステムがよくなるか、それとも損なわれるかである。この問題は、抽象的な政府の規制についての不満に言及することでは解決できない。

最新の形態のテレビやラジオ、ウェブサイトやソーシャルメディア、あるいはそれらを統合したり、枠を超えたりする未来の技術を政府が規制しようとしているとしたら、自由社会は政府の規制に反対するのでその試みは失敗するはずだ、と述べることは意味がない。自由社会は政府の規制に反対しない。いずれにせよ、少なくとも発言したがる人々を閉め出す財産権という形での政府による言論規制は、報道機関の法的所有者のために排除権を尊重し、それゆえ排除権を設定する自由のシステムに広く行きわたっている。

そこで私は訴える。インターネットやほかの新しい通信技術——現在、生まれつつある技術や人がまだ思い描いてさえいない技術――にたいする可能なアプローチについて議論しているときに、ある方法は政府の規制をともなうが、ある方法はともなわない、などと言うべきではない。この種の意見はわれわれが今手がけていることについて、また本当にとるべき方法についての混乱を生む。そしてこの混乱はけっして無害ではない。これは言論市場の運営をいかにして改善すればよいかと問う人々をかなり不利な立場に立たせる。民主主義的公衆は、政府の影響力を自分のために働かせることで毎日毎時間、利益を得ている人々が引き合いに出す自分に都合のいい作り話とは無関係に、率直かつ現実的に根本的な問題を議論することが許されるべきである。

第8章　言論の自由

アイラブユー・ウイルスの拡散を招いた人々は言論の自由の原則によって守られていたのだろうか？ 守られていたと言うのはばかげているだろう。しかし、この形の言論が規制されるかもしれないとしたら、その場合の政府の権限の限界はどこにあるだろうか？

メールではなくウェブサイトがかかわる事例を考えよう――ある意味、未来を象徴することになるかもしれない事例である。問題のサイトはニュルンベルク・ファイルという大げさな名前だった。サイトの冒頭で「懸念を示す全米の市民の連合が協力して、人工中絶医にかんする関係書類を集めている。いつの日か人類にたいする犯罪で彼らを裁判にかけることができるかもしれないとの思いからである」と述べている。このサイトには「人工中絶にかかわっていると見られる医師とその共犯者」の長い名簿があり、「アメリカで胎児を虐殺する仕事に手を染めているすべての人物の氏名」を記録するという明確な目標を掲げている。この名簿には中絶手術をおこなった多数の医師の氏名、自宅の住所、医師免許証番号が記載され、医師の配偶者と子どもの名前も並記されていた。

これだけであれば問題はない――たぶん。だが、これらの医師のうち三人が殺害される事態となった。

医師が一人殺されるたびに、このサイトは医師の名前を線で消していった。サイトには昔の西部風の「指名手配ポスター」もあり、医師一人ひとりの写真の下に「お尋ね者」と書かれていた。ある医師団体が訴訟を起こし、このサイトも含めた彼らの活動は、殺害の脅迫と威嚇をともなう「殺害予定者リスト」に等しいと主張した。陪審は損害賠償として原告に一億ドル以上を支払うよう裁定した。控訴審判決でもこの評決が支持されたが、裁定額は大幅に減らされた（だが一〇〇万ドル台は維持した）。

言論の自由の原則はニュルンベルク・ファイルを保護するべきだったのか？　おそらく保護するべきだったのだろう。しかしそう考えるとしたら、中絶手術をした医師の住所氏名をウェブサイトに掲載し、彼らをどこでどう殺すかについてのあからさまな指示を記載することを、あなたは許すだろうか？　ウェブサイトに爆弾製造の説明書を載せることを許すだろうか？　このような説明書を、爆弾をどこでどう使用するかについての助言とともに掲載することは？　どこでどう攻撃するかをテロリストに示すことは？

これらの質問はまったく非現実的ではない。今では何十というサイトが爆弾の製法の説明書を掲載している——だが私の知るかぎり、どこでどのように爆弾を使用するかを教えているサイトは一つもない。サイトに爆弾製造の説明書を載せることに異存がないならば、ほかの問題を検討するのがよいかもしれない。あなたの言論の自由の理解では、プライスフィクシング・ドット・コムというサイトで人々が連携し、ライバル同士が協議して価格を決め、その他の反競争的行為に従事することは許されるだろうか（このサイト名は私が考案した）？　あなたの言論の自由の理解では、映画、音楽、書籍の無断コピーを作成して、何十人、何千人、何百万人もの人にただで提供したり販売したりすることは許されるだろうか（これは私が考案したのではない）？　あなたの言論の自由の理解では、テロリストが人殺しをさせるための要員を募集することは許されるだろうか（これから見ていくように、これは現実に起きている）。

言論の自由の原則を正しく理解すれば、それは絶対ではなく、人々がインターネットで発言したいことがらにたいして政府が幅広い制限を設けることを許可するというのが、私のここでの基本的な主張である。解決すべき問題がいかに難しくても、政府はコンピュータウイルスや共同謀議を規制することができ、また犯罪行為への参加を呼びかける明確な扇動行為が少なくとも現実である可能性があれば、その扇動行為を規制することができる。これから見ていくように、インターネットを使ったテロ行為を働く要員のリクルートによって、難しい問題が提起される。この難問は言論の自由の原則の最前線へとわれわれを連れていく。

ここは表現の自由にかんする憲法の原則について本格的な議論をする場ではない。しかし表現の自由のシステムが基盤とする民主主義の基礎を示す過程で、私は基本的な憲法の原則の概要を提示しようと試みる。

新しい見識？（そうではない）

裁判所で少なからぬ支持を得ている新しい見解は、合衆国憲法第一修正は「消費者主権」の理念を尊重するように政府に要求しているとみなす。これの意味するところはきわめて単純で、人が好きに選ぶのを政府は許可しなければならないということである。たしかに裁判所やニュースの解説者は、第一修正について、コミュニケーションシステムにとって消費者の選択が最も重要という見解にもとづいているかのように扱うことがある。この見解は言論の自由の原則のもともとの考えとは相容れないが、現行法の多くに見出せる。

一例を挙げると、第一修正は商業広告に与えられる憲法の保護を説明するのに役に立つ。このような保護が始まったのはごく最近である。一九七六年まで、連邦最高裁および法文化全般での合意は、第一修正は商業言論をまったく保護しないというものだった(1)。それ以降、商業言論はしだいに普通の言論と同様に扱われるようになり、ついにクラレンス・トーマス裁判官は、法律が商業言論と政治的言論を区別するべきかどうかに疑問を持った(2)。現在まで、トーマス裁判官はこの点にかんして他の裁判官を説得できていない。最高裁が商業言論に与える保護はいくらか弱めだ(たとえば不誠実で人を惑わす広告は規制できる)。しかし、最高裁の商業言論にかんする判決は、しばしば広告にたいする規制を取り消す結果になっており、そういう理由で、それらの判決は消費者主権の考えと第一修正とをつなぐ一つの方法と見るのがよい。

同じ種類に属するのが、最高裁の選挙資金規制にたいする強力な反対意見である。〝市民連合〟事件での最高裁による議論の余地のある判決の後、企業は政治運動に好きなだけ資金提供することが基本的に許されている(3)。最高裁は五対四という僅差で、選挙の候補者のための財政支出は、言論の自由の原則によって一般に保護されることをはっきりと示した――そして私にはかなり傲慢な行為に見えるのだが、最高裁は、許容できる支出の上限を定めることで政府が政治的平等を促進しようとするのは違法であるとも主張した(4)。最高裁の考えでは、財力の違いに由来する不平等は、民主的な取り締まりにふさわしい対象ではないのだ。

最高裁によれば、平等に言及して選挙資金規制を正当化することはできない。候補者の自己資金からの支出が規制されないことがあるのはこういう理由である。また、一個人から候補者に提供される選挙〝献金〟にたいする規制を、現実の汚職もしくは汚職らしき状況を防ぐ方法としてのみ設けることができるのも、これが理由である。

選挙資金規制をめぐる憲法論議は複雑で盛んに意見が交わされており、最高裁裁判官の見解は大きく分かれている(5)。一部の裁判官は、選挙献金は言論の自由の原則が保護するものの核心部分であるという理屈で、選挙献金を規制する政府の既存の権限をさらに縮小しようとする。ここでもやはり消費者主権の考えが作用しているようである。選挙資金および献金をめぐる論争の多くで、政治過程そのものが一種の市場として扱われており、そこでは市民が、投票し意見を述べることを通じてだけでなく、金銭によっても意志表明する消費者とみなされる。私は政府が課したい規制を課せるようにするべきだと提案しているつもりはない。私は政治の領域を市場とみなすべきであるという考えならびに、政府は経済的不平等が政治的平等へと移行することにまったく対応できなくなってるという、最高裁で過半数の支持を得た有力な主張に触れ、これらを退けようとしているにすぎない。

当面の目的によりいっそう関係があるのは、政府がたとえば人々の関心を重大な問題に向けたり、あるいはテレビで放映される内容を規制したりすることによって通信市場に干渉するのを言論の自由の原則が禁止するという、現行憲法で強く支持されている、広く受け入れられている意見である(6)。たしかに、たとえその結果、言論が規制されることになるとしても、政府は財産権を設定し、保護することを許されるという点には誰もが同意する。われわれは政府がウェブサイトと放送局に財産権を与えることがあるということを見てきた。そのことに憲法上の問題はない。

政府は独占的な行動を取り締まること、ならびにコミュニケーションにおいて純粋な自由市場を確保するべく設計された独占禁止法を施行することを許されるという点にも、誰もが同意する。言論のあからさまな取り締まりをともなわず、市場をうまく機能させることを意図した構造上の規制には、通常異論は出ない。そのため政府は著作権法を設けて、少なくともある程度は無断コピーを禁止する（しかしながら、著作権法と言論の自由の原則をいかに両立させるかについては、きわめて重要で活発な論争が交わされている）[7]。しかし政府が公的問題の報道、候補者のための無料の放送時間、あるいは子ども向けの良質な番組をある程度保証するようにテレビ局に要求しようとすれば、第一修正が侵害されていると主張する人は多いだろう。

こうした論争の表面下には何があるのだろうか？

言論の自由の二つの原則

ここでは、裁判所で機能する言論の自由の原則と公開討論の場で機能する言論の自由の原則を区別するとよいかもしれない。裁判所がかかわるかぎり、言論市場をよりよく働かせようとする政府の取り組みによって提起されるであろう憲法上の問題の多くには、明確な答えがまだない。たとえば憲法の問題として、テレビの教育番組および公共問題を扱う番組を今、政府が要求できるのかどうかはよく分からない。テレビ局三、四社が業界を支配していた時代には、最高裁はこのような規制を許可したが、今の時代にこのような規制が合法かどうかという問題は棚上げしている。[8] 今後の予測としてせいぜい言えるのは、熟議民主主義に関連する目標を政府が推進しているかぎり、政府が適度な主導権を握ることを最高裁が許す可能性は十分にあるということだ。

たしかに言論の自由の原則が新しい技術にたいして果たす役割を制限する厳しい規則を設けることについて、最高裁は自意識過剰なほど慎重に対応している。状況は急速に変化しており、分からないことが多いと最高裁は気づいている。事実と価値の問題は絶え間なく変化していて、最高裁は未来に向けた教えも制約もほとんど提供しない、事例固有の限られた裁定を下す傾向にあった。[9]

しかしながら言論の自由の原則は裁判所の外で独自の道を歩んでいる。通信市場を民主主義の目標達成に役立たせることになるかもしれない政府の取組みを邪魔立てするような形で、ときには戦略的に、しかしときには主義にもとづいて、しばしば言論の自由の原則が行使される。法の枠外で、またロビイストの事務所、新聞社、ラジオ局、録音スタジオだけでなく普通の家庭でも、第一修正の持つ〝文化的〟影響力は大きい。このことは裁判所における第一修正の専門的な役割に劣らず重要である。そこでは言論の自由の原則と消費者主権の一体化がますます進みつつある。最悪なことに、新たな文化的理解は第一修正と民主的自治のつながりを断つ。

ここでゲイツの言葉を思い出そう。「事態はすでにいささか手に負えなくなってきている。ディレクTVをつけてチャンネルを順に変えていくと――あなたの人生の三分間が浪費される。今から六年後にはリビングルームに行って、何に興味があるかを告げるだけで、好きなビデオを選ぶのをスクリーンが手伝ってくれるようになる。『チャンネル4、5、7を見てみよう』といった面倒はなくなるだろう」。論理的に突き詰めるなら、この新しい見識は言論にかんして憲法第一修正を無制限の消費者主権という夢と一体化する。それはゲイツの言葉通り正確に第一修正を解釈するだろう。それはコミュニケーションの領域で、第一修正を憲法による消費者主権の保証へと変容させるだろう。

何十年も前になるが、消費者主権の具体的表現としての第一修正の概念について、私は個人的な経験をしており、簡単に説明しておくことは有益かもしれない。一九九七年から九八年にかけて、私は「デジタルテレビ放送局の公益への貢献義務にかんする大統領諮問委員会」の委員を務めた。われわれの任務は、テレビ局は公益という目標を推進することを求められるべきか、求められるべきだとしたらどうすればよいか――たとえば聴覚障害者用の字幕、緊急警報、子ども向け教育番組、選挙の候補者のための無料の放送時間によって――を検討することであった。

委員会のメンバーの約半数は放送会社で、その大半は、提案された政府の規制は押しつけがましく、擁護できないとして異議を申し立てることにすっかり満足していた。二人の共同議長のうちの一人は大変手強いCBS社長のレスリー・ムーンベスであった。ムーンベスは見るからに知的で、公共心のある人物だったが、同時にけっして臆することなく、控えめに言ってもテレビ放送網の経済的利益に沿っていた。メンバー構成のせいで、委員会はこれといった提言を何も示せそうになかった。それどころかテレビ局の特権をおおいに尊重するしかなかった。いずれにせよ諮問委員会は諮問委員会にすぎず、報告書を書くことしかできず、誰かにたいして義務を課す権限はなかった。

とはいえ、公益への貢献義務はすべて違憲とみなされるべきだし、またそうなるだろうことを第一修正を引き合いに出して示そうとする、一般に放送業界とつき合いのある経済的利益団体による、明らかに潤沢な資金を使った、熱心でよく目立つ継続的なロビイ活動に委員会はさらされた。趣味のよい服を着て、高額な料金を請求するワシントンDCの弁護士が、われわれ委員を前に何時間も証言して、第一修正の意味についての訳の分からない主張を繰り広げた。大量の法律文書が作成され、委員全員に配信された――そのほとんどは（たとえば）候補者のための無料の放送時間を要求するのは違憲である、といった主張だった。さまざまな取組みの考えうる影響についての経験にもとづく慎重な議論を展開する代わりに、「それは第一修正に違反する！」という単純な主張を何度も聞かされた。関連する取組みが実際に第一修正に違反するかどうかは、あまり問題にされなかった（委員のほとんどは法律家ではなかったのだ）。

委員会の会合で最も存在感があったのは神出鬼没のジャック・グッドマンだった。彼は放送業界のロビイ活動と訴訟を担当する部門である全米放送事業者協会の弁護士で、この団体は政府が試みるほぼすべての規制から身を守るための一種の武器として第一修正を振りかざす。グッドマンと同協会がいそいそと、あるいは連邦通信委員会の職員のかすかな足音が遠くから聞こえただけで、言論の自由の原則を引き合いに出すだろうと言っても、それほど大げさではない。

もちろんこれは言論の自由のまったく合法的な行使であった。しかし大統領諮問委員会がすでに大方、放送会社で構成されていて、その委員会が第一修正の偏向した信じがたい解釈で攻めたてられるのは、何か間違っているように思われる。

もっと一般的な問題がある。全米放送事業者協会および同様の経済的利害を有するその他の団体は概して、全米ライフル協会が憲法第二修正を利用するのとまったく同じ方法で第一修正を利用している。この二つのグループは法制における双子とみなすべきである。全米放送事業者協会は公衆と裁判官の前で第一修正について利己的で訳の分からない主張をする準備を整えており、弁護士と広報担当に大金を払ってその主張を立証する仕事を手伝わせている。全米ライフル協会は第二修正によって同じことをしている。いずれの場合も、社会的・経済的利益が危険にさらされている者が、事情が異なれば救いようもなく党派心丸出しで利己的に見える主張に表向きの道義と体面を与えるために、いかに信じがたい形であろうと憲法を利用しようと待ち構えているのだ。

諮問委員会は第一修正、わずかに関連のある最高裁判の判決、ならびに下級裁判所の意見の補足説明についてはたっぷりと聞かされたが、われわれの質問の多くが向かうべき実際的・経験的問題についてはごくわずか——実質ほぼゼロ——しか聞かせてもらえなかった。CBS、NBC、ABCで子ども向け教育番組が義務づけられたら、実際に何人の子どもが見るだろうか？　その番組を見る代わりに子どもたちはどの番組を見るだろうか、あるいは何をするだろうか？　教育番組は子どもの役に立つだろうか？　教育番組が必要とされるとき、ネットワークはどの程度の金を失い、誰がその金を出すのか——広告主、消費者、ネットワークの従業員、それともほかの誰かなのか？　候補者のための無料の放送時間が市民および選挙資金の調達に同様に及ぼす、どんな現実的な影響があるだろうか？　このような要求は重大な問題へのより本質的な関心を生むだろうか？　選挙資金を調達するように迫る現在の圧力は弱まるだろうか？　子どもと成人の両方にとってのテレビの暴力映像の影響はどうか？　テレビの暴力映像は実社会での暴力を本当に増やすだろうか？　正真正銘の精神的被害を生じる形で、子どもを不安にさせるだろうか？　字幕がないことは、耳が聞こえずらい人に厳密にどう影響するのか？

われわれはさらに先に進むことができる。二〇世紀前半に、たとえば最低賃金と最大労働時間についての法律によって政府が労働市場を規制するのを禁じるために、憲法第一四修正の適正手続条項が使われた[10]。最高裁は、労働者と雇用主が規制による制約なく、自分で「選択した」通りに賃金と労働時間を決めることを憲法は認めていると考えた。これは最高裁の歴史上、最も悪名高い時期の一つに数えられる。こういう目的で第一四修正を司法で利用することは、はなはだしい権力の乱用であったという点に、大方同意している。その根底にあったのは司法にとっての問題ではなく民主主義の問題であったことを、今ではほとんどの人が理解している。最高裁は少なくとも賞賛に値する程度にはよい結果を出せたはずの民主主義の実験を、禁止すべきではなかったのだ。

実際、今では評判の悪いこれらの判断の中で勇気づけられる主要な考えは――労働者、雇用主、消費者によって示された条件を政府が「邪魔」しないように保証する――まさしく消費者主権の考えであった（政府はすでにそこにいたのだから、「邪魔」という言葉はカギ括弧で括らなければならない。財産、契約および不法行為にかんする法律は、労働者がいくら受け取り、何時間働き、消費者がいくら支払うかを説明するのに役に立つ）。しかし二一世紀には、第一修正が公衆の討論で、またときには裁判所でも似たような目的を果たしている。

司法解決に適さない事実と価値の問題に依存する複雑な問題を、民主的プロセスで解決するのを妨げるようなやり方で、消費者主権ではなく第一修正が引き合いに出されることはよくある。こう述べたからといって、第一修正はいかなる役割も果たすべきではないと主張しているのではない。それどころか、実施されるかもしれないことにたいして第一修正はかなりの制限を課す。私が言論の自由の原則の限界を強調しているからといって、民主的自治を守るうえでの言論の自由の原則の中心的な重要性を軽視しているととらえないでほしい。しかし私がこれまでに論じてきた問題に対応するいくつかの考えられる取組みは、言論の自由の保障とまったく矛盾しない。そうした取組みは最高の志の実現を促す。

言論の自由は絶対ではない

政府は言論をまったく規制しないという明確な意味において、言論の自由の保障は「絶対」であるという考えを詳しく調べることによって、われわれはここでいくらか進歩することができる。この見解は公開討論の場で大きな役割を果たし、いくつかの点で有益な神話的通念である。たしかに第一修正は絶対であるという考えは、政府がすべきでないことをしないように思いとどまらせるのに役に立つ。同時に、政府による違法な検閲を批判する人々に、重要な言葉の力を与える。それはよいことだ。しかし神話は、たとえいくつかの点で有益だとしても神話にすぎず、公的に影響力のある神話は多くの問題を生じる可能性がある。

つぎの点があいまいであってはならない。言論の自由は絶対ではない。政府が財産法の中立的ルールを課し、発言したがる人に特定の放送局にはアクセスできないかもしれないと伝えることによって、言論を規制してもかまわないことをわれわれは学んだ。しかしこれは始まりにすぎない。政府はコンピュータウイルス、無資格の医学的助言、贈収賄未遂、偽証、共同謀議〔二人以上の者が犯罪の実行を合意すること」(「協議して価格を決めよう！」)、大統領暗殺の脅し、恐喝(「一〇〇ドル出さなければ、きみの私生活をみんなにばらしてやる」)、犯罪の誘い(「この銀行に押し入るのを手伝わないか？」)、児童ポルノ、著作権法違反、虚偽の広告、純粋に口頭での詐欺(「この株は一〇万ドルの価値がある」)、その他たくさんの対象を規制することを許されている。

こうした言論の形の多くはたいした実害をもたらさないだろうという点に注意してほしい。たとえば犯罪を働こうと誰かを誘う、失敗する運命にある無益な試みは、犯罪の誘いであることに変わりはない。同情を誘う理由で実行された詐欺の企ては、やはり詐欺である。実は作動しないコンピュータウイルスを送りつけることは、やはり違法であり、コンピュータに侵入して個人情報を盗むことも同様である。

ことによるとあなたの考えは、これらの言論の形は〝すべて〟言論の自由の原則によって守られないという、アメリカの現行法として確定している(またほかのほとんどの国でも確定している)見解とは違うかもしれない。著作権法の現在の用いられ方の一部は筋の通らない無用な規制を言論の自由に課している——そしてインターネットの時代にこうした規制はとくに厄介であるというもっともな主張はたしかにある。(11) しかし、これらの言論の形の〝それぞれ〟がこの原則によって保護されるべきだと信じているのでないかぎり、あなたは言論の自由絶対主義者ではない。もしそう信じているとしたら、あなたはかなりの変人だ(そう信じる理由を十分に説明しなければならないだろう)。(12)

ここは合衆国憲法第一修正の適用範囲を詳しく説明する場ではない。だが異なる種類の言論を区別しなければならないことは明らかである。たとえば、かなり有害であることを示せる言論と比較的害のない言論を区別することは重要だ。原則として、政府は後者を規制するべきではない。民主的自治に影響する言論と影響しない言論も区別したほうがよいかもしれない。たしかに、政治的言論を規制しようとする政府の取組みにはとくに厳しい責任を課すべきだ。それほど単純ではないが、政府が違法な理由で行動している可能性にかんして、政府が引いている〝境界線の種類〟を区別したほうがよいかもしれない（この問題は後ほど取り上げる）。

以上の考えはさまざまに組み合わせることができ、実際、アメリカにおける現代の言論の自由の法の構造はこうした組み合わせの一つを反映している。言論の自由の原則は個々の消費者による無制限の選択を要求するという考えがますます顕著であるにもかかわらず、政治的言論は最高水準の保護を受けており、政府は、政治的言論に求められる正当化というとくに厳しい責任を果たすことなく、（たとえば）商業広告、猥褻表現、一般人への名誉毀損を規制するかもしれないと、最高裁は言いつづけている。しかし目下のところ必要なのは、言論の自由の原則あるいは第一修正が絶対であるとは誰も本気で信じていないと口にすることである。われわれはそのことに感謝するべきだ。

第一修正と民主的熟議

本書の基本的な関心事は、消費者に与えられる無制限の選択肢が、もともと選択していなかった情報との出会いや経験の共有を含めた、表現の自由のシステムの前提条件をいかに危うくするかを確認することである。この関心事の性質を理解するために、言論の自由の原則は民主的熟議への関与の観点から解釈するべきであると主張すれば、われわれは最も進歩できるだろう。言論の自由の原則のおもな目的は、そのような関与を実現することである。

消費者主権を力説する人々と、言論の自由の原則を生んだ民主主義のルーツを強調する人々のあいだには相当な違いがある。後者にとって、商業広告を規制しようとする政府の取組みは必ずしも反対すべきものではない。たしかに誤解を招きかねない虚偽の商業広告は、誤解を招きかねない虚偽の政治的言論よりも、政府の取り締まりを受けやすい。喫煙のリスクを減らそうとする民主的な取組み――たとえばたばこのパッケージ正面へのイラストによる警告の表示を義務化することで――が提案されないことはまずない。それで人の命を救えるならそのような警告は許容できるかもしれない。言論の自由の原則には民主主義の基礎があり、基本的に消費者主権は関わらないと信じる人々にとって、テレビ、ラジオ、インターネットを政府が規制することは、少なくとも民主主義の目標を推進するための行動と正当にとらえられるかぎり、〝つねに〟容認できないわけではない。

たとえば、週三時間の子ども向け教育番組を放送するようにテレビ局に求めることを政府が提案するとしよう（実際、政府は現在そうしている）。また公職の候補者に特定の長さの無料の放送時間を提供するように、あるいは選挙報道に特定の時間を割くように、政府がテレビ局に要求することを決めたとしよう。消費者主権を信じる人々にとってこれらの要求はかなり厄介であり、言論の自由の保障にたいする主要な侵害事例のように思える。言論の自由の原則を民主主義の目標と関連づける人々にとって、こうした要求は最も高い志と完全に一致している。多くの民主主義国で――ドイツやイタリアを含む――民主的自治を改良するために、マスメディアを規制できることはよく理解されている(13)。

言論の自由という民主主義の概念には目新しさや因襲打破の要素はない。それどころか、アメリカにおける言論の自由のもともとの理解の核心部分に民主主義の概念がある。たとえばマディソンは外人・治安諸法を攻撃する際、これらの法律は言論の自由の原則と矛盾すると主張し、この原則を政治主権の概念のアメリカ的変容と明確に結びつけた。イングランドでは主権が国王に与えられることにマジソンはとくに言及した。しかし「アメリカでの状況はまったく異なる。政府ではなく国民が絶対主権を手にしている」(14)。

いかなる「治安法」も違法と判断しなければならないのは、このことを基礎としていた。「政府の成員を選出する権利は……自由で責任ある政府の本質であり」、「この権利の価値と有効性は、公職の候補者の優劣についての知識に依存する」。治安法に象徴される権力は「ほかの何よりも、普遍的な不安を生む」はずだというのは、そのような理由であった。「というのは、公人および公共の問題を自由に調査する権利ならびに、他のすべての権利の唯一有効な番人と正当にみなされてきたそこにかかわる人々が自由にコミュニケーションをとる権利に、非難が向けられるからである」(15)。

このように、マディソンは「人々が自由にコミュニケーションをとる」ことを、言論が一種の消費財として扱われる消費者主権の行使としてではなく、自治の中心的要素、「他のすべての権利の唯一有効な番人」と見ていた(16)。この点でマディソンの考える言論の自由は、ブランダイス裁判官の意見と近かった。ブランダイス裁判官は第2章で見たように、公開討論を「政治的義務」とみなし、自由にたいする最大の脅威は「人々の無気力である」と信じた。

とすると合衆国憲法の伝統の主要な部分は、民主的プロセスにとって重要な言論をおおいに重視し、第一修正を自治の目標の中心に据える。歴史を手本とするなら、パブリックフォーラムの概念を拡張することなどによってまともに機能する表現の自由のシステムを進めようとする政府の取組みは、容認できるだろうということになる。また政府は政治的言論を規制しようとするとき特別な責任に直面する——それはほかの形態の言論を規制しようとするときに直面するよりも厳しい責任である。

アメリカの歴史は、民主的熟議への貢献の観点から第一修正を考えるための唯一の基礎ではない。この議論は基本原則によっても正当性を証明することができる。[17] 言論の自由の原則は、民主主義の観点から通信市場をもう少しうまく機能させようとする取組みを禁じると解釈するべきかどうかという問題を考えよう。いつもの例である子ども向け教育番組、公職の候補者のための無料の放送時間、聴覚障害者用の字幕の話題に戻ろう（インターネットとソーシャルメディアは独自の問題を提起するので、いったん離れる）。おそらくこれらの提案のいくつかはほとんど役に立たず、有害でさえあるが、どういう観点から言論の自由の保障と矛盾すると判断するべきだろうか？

報道機関のすべての所有者に、「彼らの」報道機関で何を提供するかを決める完全な権利を合衆国憲法が付与するとわれわれが信じるなら、その答えは明らかだ。政府はこれらのいずれも要求できない。だがわれわれはなぜそのように信じるべきなのか？　政府がいかなる見解も支持していないなら、またそのことが民主的プロセスの運用を実際に改善しているなら、苦情を訴える正当な根拠を見つけるのは難しい。実際、ショッピングセンター——大量の言論が生まれる場——の所有者は、表現活動のために自分の財産を解放しつづけるように求められることがあるという明確な判決を、最高裁が出している。[18] ショッピングセンターはテレビ局ではないが、民主主義政府がパブリックフォーラムの考えにもとづいて、多様な意見に出会う可能性、そのような意見について討議する可能性を高めようとしているのなら、言論の自由の観点に立った妥当な反対理由は本当にあるのだろうか？

同様に、民主的自治にかかわるという意味で政治的な性格を持つ言論は、政府が根拠をとくに強く示さなければ規制できないと述べること――また商業広告、猥褻、そして民主的自治にかかわらないという意味で政治的でないその他の言論は、政府が根拠をそれほど強く示さなくても規制できると述べることは道理にかなっている。ここで私はこの考えを全面的に擁護するつもりはない。この考えはもちろんいくつか難しい疑問を提起する。しかし、新しい技術にたいする考えられるかぎりの政府の規制にたいするこの疑問の重要性を考慮して、手短に触れておくに値する点が三つある。

第一に、政府の責任は政治的言論を規制するときに最大になるという主張は、政府自身の動機を良識的に理解することで明らかになる。政府はここで自己防衛したり、有力な民間団体を支援するなどして、違法な考えにもとづいて行動する可能性が高い。政府は自分の利益を損なうおそれのある言論を取り締まろうとするときに最も信頼できなくなり、言論が政治的であるとき、政府の利益はほぼ確実に危険にさらされる。だからといって政府が商業言論、芸術、あるいは民主的自治と関係のないその他の言論を規制するときに、しばしば信頼できなくなることを否定はしない。しかし政治問題がかかわる場合に政府の規制に疑念を持つのには、有力な根拠がある。

第二に、民主的熟議を重視することは、規制が片寄っている可能性が高いときだけでなく、規制が有害である可能性が高いときにも言論を保護することになる。政府がインターネットの児童ポルノを規制し、テレビの子ども向け教育番組を要求する場合、こういう種類の規制は効果がない、押しつけがましい、あるいはもっとひどい状況だという理由で抗議するために通常の民主的なルートに頼ることは引きつづき可能である。しかし政府が現在進行中の戦争にたいする批判を禁じるとき、通常のルートはまさに当の規制によって、重要な意味で妨げられる。公開討論の取り締まりは、政治の正当性の前提条件である熟議プロセスを損なうので、他に類を見ないほど有害である。

第三に、民主的熟議の重視は、ほかのどの代案よりも、特定の言論の自由にかんする問題についての最も合理的な判断に、はるかに適している可能性がある。最も難しい言論の問題についてのわれわれの意見がいかに食い違っても、最低でも、政府が政治的表現を規制するためのきわめて有力な根拠を持たないかぎり言論の自由の原則はその政治的表現を守ると、たぶんわれわれは考えるだろう。一方、偽証、贈収賄未遂、脅迫、無資格の医学的助言、犯罪の誘いといった形の言論は、言論の自由による保障の核心にあるように見える可能性は低い。このような理解はたしかにすべての憲法上の疑問には答えてくれない。このような理解は政治的言論とそれ以外の言論を区別するための明確な基準を提供しない——これは予想されるように悩ましい問題である[19]（明確な基準がないことは区別そのものに反対する決め手となると信じる人にたいしては、いかなる代わりの基準もそれ自体の線引きの問題につながるだろうと答えるのがよい。いくつかの形の言論は規制できるという点には誰もが賛成しており、線引きは事実上避けられない。疑うなら、この手の問題を解消するような基準を考えてみるとよい）。芸術や文学、性的に露骨な言論、あるいは人を中傷する言論を政府が規制してもよいかどうか、規制するとしたらいつかを、このような理解は教えてくれない。政府はあらゆる場合に、政治的であろうとなかろうと言論を規制するためのたしかな根拠を用意することを求められる。

しかし私が擁護している手法は、質問を正しい方向に向けるには役に立つ。政府が虚偽や詐欺的な商業広告、私人の名誉毀損、児童ポルノを規制しているときは、たしかな根拠にもとづいている可能性が高い。政府が共同謀議もしくは特定の人物を狙ったあからさまな暴力の脅しを含む言論を取り締まろうとしているときに、政治的反対者の規制に求められる厳しい基準を満たす必要はない。私がここで論点を全面的に擁護することなく提案しているのは、民主的熟議に根ざした第一修正の概念は、出発点としてきわめて適切だということである。

中立の形態

このいずれも、政府は思い通りに通信市場を規制しても許されるという意味ではない。政府がしていることに反対すべきかどうかを知るには、政府がどういう〝種類〟の線を引いているかを知ることが重要である。[20]

ここには三つの可能性がある。

・政府は〝問題となっている言論の内容にかんして中立〟を保つ形で言論を規制しているかもしれない。これは言論を規制する最も異論の少ない方法である。たとえば午前零時以降は公道で拡声器を使用してはならない、あるいは演説者はホワイトハウスの正面にある前庭の芝生に立ち入るなと命じることを、政府は許される。この種の規制は、いかなる特定の内容の言論にも制限を設けない。つぎはインターネットの例だ。CNNが許可しないかぎり、CNNのウェブサイトを誰も使用してはならないと政府が命じるとしたら、政府は言論の内容にかんしてまったく中立に行動している。コンピュータウイルスを送信することにたいする規制も同様である。政府はアイラブユー・ウイルスを禁止するが、アイヘイトユー（あなたが嫌いだ）・ウイルスやアイアムインディファレントトゥーユー（あなたには関心がない）・ウイルスも禁止する。法律に違反するのはウイルスを送るという行為であり、内容は関係がない。

・政府は発言の内容に応じるやり方で、しかしいかなる特定の見解も差別せずに言論を規制するかもしれない。たとえば政府は地下鉄での商業言論を禁じるが、地下鉄でのそのほかの形態の言論はすべて許可するとしよう。第一修正の専門用語では、この形の規制は「内容にもとづく」が「見解にかんして中立」である。公的な問題を報道し、反対意見を持つ人々の発言を許可するように放送局に求めたかつての公正原則について考えてみよう。ここでは言論の内容は政府が命令していることとおおいに関連があるが、特定の観点が利益を受けることも、処罰もされることもない。

同じことはニュルンベルク・ファイルのウェブサイトにたいする損害賠償の裁定にも言える。ここでは言論の内容がたしかに重要であったが、特定の見解が処罰されたわけではない。ニュルンベルク・ファイルが医師を扱ったのと同じように、中絶に反対する人々を扱ったサイトにも同じ裁定が下されるだろう。同じ部類に属するものに、特定の領域では子どもが性的に露骨な言論に近づけないようにしなければならないと定めた規制があるだろう。この場合、直接見解にもとづいて線引きがされることはない。

・政府は懸念のある、あるいは気に入らない見解を規制するかもしれない。この形の規制はしばしば

「見解による差別」と呼ばれる。たとえば政府は、戦争を始めるという決定を誰も批判してはならない、ある人種グループが別の人種グループより劣ると誰も主張してはならない、また暴力による政府打倒を誰も擁護してはならないと命じるかもしれない。ここで政府は、おそらく特定の見解がとりわけ危険だと信じているがゆえに、禁止したい見解を選び出しているのだ。

インターネット上でもほかの場所でも、この三種類の規制を別々に扱うべきだと述べることは理にかなっている。見解による差別は最も異論の余地がある。内容にかんして中立的な規制は最も異論の余地が少ない。言論に含まれる見解を理由に公職者が言論を規制しているなら、彼らの行動はほぼ間違いなく違憲である。政府は主張や立場に懸念がある、あるいは賛成できないというだけで検閲することを許されるべきではない。賛成できない見解を公職者が禁止しているなら、彼らはせめて、発言の機会を増やすだけでは十分に反論できない重大な危険をその見解が実際に生むことを示すように求められるべきである。公職者はある見解を処罰し、それと正反対の見解を処罰しない理由を、納得のいく言葉で説明することも求められるべきである。

内容にかんして中立的な規制はそれとはまったく正反対で、合法であることが多い。政府が内容にかんして中立的な行動をとったとすると、少なくとも基本的なコミュニケーションの経路が開いているならば、また政府が規制のたしかな根拠を示せるならば、裁判所はたいてい介入しないし、介入すべきではない。もちろん根拠や目的のない規制は、たとえ内容にかんして中立的だとしても取り消さなければならない。公道――ついでに言えばインターネットも――を表現活動に使用してもよいが、午後八時から午後八時半のあいだに限ると政府が命じるとしよう。そうだとすると、規制の中立性は言い訳にならない。しかし、内容にかんして中立的な規制は正当性を証明しやすいことが多い。規制の中立性とそれゆえの幅の広さが、規制を設けるもっともな理由があることを保証する。政府が午後八時半から午前七時五九分まで表現活動を禁止する可能性は低い。なぜなら多くの人がその禁止令に抵抗するだろうからだ。より可能性が高いのは、人が眠りにつこうとしている時刻の騒々しい示威行為を禁止する規制であり、そのような禁止令はまったく問題ない。

ここで中間の事例を検討してみよう。政府が内容にもとづいて規制していて、見解にかんしては中立的である場合、問題が二つある。まず、〝特定の線引きをするということは、見解による差別が隠れていること〟――特定の見解を禁止したいという、隠されてはいるが感づくことはできる願望――〝を示唆するかどうか〟である。そういう差別を示唆する場合、おそらくその法律は無効にしなければならないだろう。政府が最近の戦争あるいは妊娠中絶をテレビで論じてはならないと命じるとすると、専門的な問題として、政府が差別しているのは特定の見解ではなく話題全体だが、政府の動機を疑うかなり正当な理由がある。最近の戦争についての議論を禁じるのは、おそらく政府を批判から守ろうとしているのだ。

おそらくより根本的な二つめの問題は、〝政府はこのような形の規制に携わるための、内容にかんして中立の有力な根拠に訴えることができるかどうか〟である。最近の戦争についてテレビで論じることを禁じる命令は、こういう理由で取り消すべきだ。この禁止令は、特定の見解が表明されるのを禁止することを除けば、あまり意味がなさそうである。しかしたとえば政府が、週三時間の子ども向け教育番組を提供するように放送局に求めているとすると、政府にはより有力な論拠がある。その場合、政府は、テレビを確実に子どものために役立たせようとしているのだ――これはまったく正当な利益だ。

もちろん一部の事例で、内容にもとづく差別と見解にもとづく差別の境界が試されるかもしれない。性的に露骨な言論が現代の共同体の基準に反するときに、政府がそのような言論を規制しているとすると、政府は見解にもとづいて規制しているのか、それともたんに内容にもとづいて規制しているのか？これは簡単な問題ではなく、多くの人が正しい答えをめぐって議論してきた。しかし、言論の自由にかんする考えられるかぎりの課題の大部分を理解するには、ここで論じた三種類の規制を理解すれば十分なはずだ――そしてその理解は残りの課題に取り組むのに役に立つはずである。

処罰と補助金

われわれがその問題をどう解決しようと、言論の自由のシステムを改良するために政府にできることは多くあるという点に変わりはない。ここでは一方にある「補助金」ともう一方にある「処罰」とをさらに区別することが重要である。概して政府は言論に処罰を科すときにかなり大きな問題を抱えがちだ。このような処罰は表現の自由のシステムが避けるものの手本である。政府が選択的補助金を支給しているなら、駆け引きする余地は増すだろう。公職者はすべての発言者に補助金を支給することを求められておらず、一部の人に金を出してほかの人に出さないなら、政府は安定した位置にいられるだろう。だが処罰と補助金の区別は必ずしも明白ではない。

最もよく目につく処罰は刑事罰と民事罰である。政府がインターネットで人を中傷することを犯罪とみなしたり、公職の候補者に無料の放送時間を提供しないテレビ局に民事制裁金を科すとしたら、政府は言論を罰しているのだ。こうした処罰の分析は、これまでに論じてきた問題――政治的言論を含むかどうか、政府がどういう種類の線引きをするか、など――次第であろう。

やや微妙だが同じ範疇に属するのが、適切な言論の内容についての政府の見解を理由に〝事情が違えば人々に受け取る資格が与えられたはずの給付金を政府が撤回する〟場合である。たとえば、政府が特定の種類のすべての演説者――子ども向け教育番組を提供することに同意するテレビ局など――に年に一度補助金を支給するとしよう。だが政府が認めない発言を提供するテレビ局への補助金を取り消すとする。たとえば、大統領に批判的なニュース番組を流すテレビ局への補助金を政府が取り消すと考えてほしい。たいていの場合、このような処罰は刑事罰や民事罰とまったく同じように分析するべきだ。普通の罰が科されるときと同じように補助金が取り消される場合、事情が違えば受け取る資格があったはずの財産を政府は人々から奪っているのであり、われわれにはおそらく政府の動機を疑う立派な理由がある。別の状況であれば受け取れたはずの金を取り上げることで政府が反対者に対応すれば、政府は言論の自由の原則に違反しているのである。

しかし、政府が演説者に選択的補助金を支給する場合には、別の問題が起こる。政府は一般に「芸術および公共放送システムのための全国基金」を通じて、たとえば一部の美術館と芸術家に資金を提供し、他には提供しないことでしばしば選択的補助金を実施する。政府が子ども向け教育番組には進んで資金を提供し、土曜の朝、番組を放送させるためにテレビ局に金を出す――だがコメディやゲーム番組には金を出さない――という状況を考えてほしい。あるいは南北戦争にかんする一連の歴史的展示には金を出すが、ベトナム戦争、第二次世界大戦、アメリカにおける男女平等の歴史にかんする展示には金を出さないと考えてほしい。ここで最も重要な点は簡単に述べることができる。〝アメリカにおける（また一般にほかのすべての国の）現行法のもとで、政府は思い通りに言論に補助金を支給することが許されている〟[21]。

政府はしばしば演説者となり、演説者として好きなように発言することが許されている。役人がある見解を支持して別の見解を退けることが問題だとは誰も考えない。政府が納税者の金を使って特定の企画や事業に補助金を出そうとするとしても、たいてい違憲を申し立てる根拠とはならない。この原則で唯一の例外は、見解にもとづいて差別する形で政府が個人の演説者に資金を割り当てるとすると、第一修正の問題が生じるかもしれない点である[22]。この例外の本質ははっきりしないままである。しかし、共和党のウェブサイトには金を出すが民主党のウェブサイトには出さないという政府の決定に、憲法を根拠に挑むことは間違いなく可能だろう。

もちろん、このような差別は私がここで示そうとしているあらゆる提案の範囲を越えている。重要なのは、政府が言論を処罰するのではなく補助するかぎりにおいて、政府が駆け引きする余地はいくらでもあるということだ。

影響力があり、慎重な第一修正

本章では多様な言論の自由の問題を取り上げ、その一部は簡単に触れただけだが、細部にばかり目を奪われて大局を見失わないようにすることが重要である。私の基本的な主張は、第一修正は民主主義の理念をおおいに体現しているということ、第一修正は消費者主権の考えと同一視されるべきではないということ、また第一修正は絶対ではないということである。難しい問題もある。ソーシャルメディアを使ってテロリストを募ることはその一つである。しかし言論の自由の原則の核心となる要件として、政府は政治にかんして、さまざまな見解の中で中立を保たなければならない。内容の規制は嫌われる。見解による差別はほぼ必ず限度を超えている。

これらは永続的な原則である。コミュニケーションが生まれる場としての技術がどこに向かうにせよ、重要な仕事は政府を確実にその原則に従わせることである。

第9章　提案

うまく機能している民主主義体制は、断片化したコミュニケーションシステムによって損なわれるだろう。民主主義国はこのような断片化によってすでにある程度危険にさらされている。こうしたことを主張してきたからと言って、私は未来に向けた青写真を示すつもりはない。本書は政策マニュアルではない。いくつかの問題には解決策がないことも思い出してほしい。だがたしかに、ものごとを悪いほうではなくよいほうに進めることはできる。民間組織または公的機関のいずれかによっておこなわれるかもしれないことを考えるにあたり、取り組もうとする問題について、また考えられるかぎりのその対処法について、いくらか理解する必要がある。(1)

三つの点を説明することが重要である。第一に、われわれは破滅についてではなく解決可能な問題について語っているのであり、問題にはそれを埋め合わせる利益がある。ツイッターとフェイスブックは民主主義に挑戦するが、民主主義を危険にさらしはしない。結局のところ、それゆえにいずれもよいサービスであり、なくなってほしいと願うべきではない。第二に、現代の通信市場は全体としてとらえるべきで、私はウェブサイトやソーシャルメディアにではなく、ラジオとテレビに適用できるいくつかの提案を探るつもりだ。第三に、いかなる改善も緩やかに進むと思われ、その多くはかなり穏やかなものになるだろう——問題解決の特効薬というよりは前向きな歩みにすぎず、いずれにせよ十分ではない。ここでの私のおもな目標は、分極化と断片化の危険を探ることであり、一、二歩、あるいは一〇歩進めばこれらの危険をなくせると述べることではない。

これまでの議論が正しければ、民主主義の観点から基本的な懸念は三つある。

・選ぶつもりのなかった情報、話題、立場に触れることの価値、あるいは少なくとも、真実についてのある程度の理解と興味が引き出されるほど十分にそれらに触れることの価値
・多様な共通経験の重要性
・政策と原則という本質的問題ならびにこういう問題にかんする多様な立場に関心を向ける必要性

もちろん市民の要求が厳しく、民間のサービス提供者が基本的な懸念を和らげるためのさまざまな新しい提案を生み出しているなら理想的だろう。彼らはかなりの程度にそうしている。少しでもオンラインで過ごせばその証拠が見つかるだろう。自由社会では政府の命令ではなく、純粋に個人的な解決策を重視するべきだ。現在の通信技術は人々を雑多な見解に触れさせる、つねに拡大しつづける途方もない機会をもたらし、経験を共有する機会ならびに政策と原則の両方を実質的に議論する機会をたしかに増やした。個人の選択は、新しい話題や見解に触れる機会を減らすのではなく、おおいに増やすことにつながる可能性があり、また共有される経験を減らすのではなく、増やすことにつながる可能性もある。

しかし個人の選択でそうすることができないかぎりにおいて、民間組織とおそらく公的機関による意識的な取組みが、どのようにして不足を補えるかを検討する価値はある。

状況にどう対処するかについて考えるには、自分で選んでいない話題や見解に人々がどう反応する可能性があるかを理解する必要がある。自分で選んでいない話題に興味が湧かないなら、そのような話題に人々を触れさせる価値はなさそうだ。賛成できない見解に人々が耳を傾けようとしないならば、また賛成できない見解を聞くことで分極化が進むだけならば、そのような見解に触れさせることにはあまり意味がないだろう。自分で選んでいない意見や話題に触れることから人々がけっして学ぼうとしないなら、われわれは人の好みを識別して予測するという新たな企業の能力に頼って、人がすでに気に入っているものを見たり、聞いたり、手に入れたりすることをただ認めるのがよいかもしれない。

主義主張がはっきりした人が、反対意見に触れても何も学ばないかもしれないのは事実である。それでも、たいていの人は自分で選んでいない見解に進んで耳を貸すだろうと言えなくはない。多くの人は自分で選んでいない未知の話題に興味を持つ用意ができている。人はそのようにして学ぶのであり、そのことはよく分かっている。熟議民主主義をうまく機能させるにはこういう人が多いほうがよい。ことによると熟議民主主義は彼らなしには機能しないかもしれない。さまざまな情報に触れることで多くの人が利益を得られるなら、彼らにとってもわれわれにとっても役に立つように通信市場を改善する方法について、考えてみる価値はある。

私はここで、つぎのいくつかの可能性を簡単に論じる。

・熟議ドメイン
・テレビ放送網およびその他大手のコミュニケーション生産者による関連する行動の情報開示
・自発的自主規制
・公的補助を受けた番組やウェブサイトを含む、実用的な補助金
・教育ならびに公的な問題への関心を促すことを意図した「マストキャリー」政策
・人々の関心を多様な考えに向けるための、創意に富むリンクの活用
・とくにフェイスブックのために設計され、おそらくほかにも適した、反対意見ボタンおよびセレンディピティボタン

提案によっては効果のある報道機関と効果のない報道機関があるだろう。公的な問題を扱う番組の情報公開はテレビとラジオの放送局にとっては実際的だが、ウェブサイトにとってはそうでもない。私はテレビ局にたいするマストキャリーの要求〔第9章参照〕を検討していくが、インターネットにかんしてこういう要求を正当化するのは難しいだろう——またほぼ間違いなく違憲であろう。私はインターネットでの創意に富むリンクの活用に賛成するが、政府がリンクを要求するべきだと提案するつもりはないし、そう信じてもいない。最も重要なことだが、この提案の目標は個人の行動によって実現でき、それは（繰り返しになるが）大変好ましいやり方である。

熟議ドメイン

周知された熟議ドメインをインターネットにいくつか用意して、多様な意見を持つ人々が議論する場を確保することは非常に有益であろう。第4章では、自宅にいる人々に電話をかけて軽率な反応を引き出したあとの世論ではなく、雑多な人々のグループでの時間をかけた会話の結果としての世論を説明しようとする、フィシュキンの討論型世論調査を見た。フィシュキンは貴重で魅力的な大量の情報を使ってウェブサイトを作成した。(2) 彼はほかのたくさんの人々とともに、インターネット上に討論の機会を設けるプロセスに携わってきた――それは違う意見を持つ人々が出会って理由を語り合い、意見の異なる人々の見解を少しでも理解する機会を持てる場である。そこには結果として市民参加、相互理解、よりよい考えが生まれるだろうという希望がある。

われわれは実社会でもオンラインでも、このテーマでいくつもの変化形を想像することができる。新しいウェブサイト、熟議民主主義ドットコム（deliberativedemocracy.com）について想像してみよう――deliberativedemocracy.org でもいい（どちらもまだ使われていない。確かめた）。このサイトは民間組織が簡単に作成できる。ここを訪れれば、サイトが目指す目標と内容についての総合的な説明が見つかるかもしれない。このサイトは雑多な意見を持つ人々が人の話を聞き、発言するように促される場だと誰でも理解するだろう。ひとたびこのサイトを訪れたら、あなたはたとえば国の安全、関連する戦争、市民権、環境問題、失業、外交問題、貧困、株式市場、子ども、銃規制、労働組合、その他たくさんの話題を表すアイコンをクリックして好きな話を読み、（そうしたければ）議論に参加できる。これらの話題の多くにはより範囲を狭めた下位の話題のアイコンが添えられているかもしれない――環境問題のアイコンの下にあるのは地球温暖化、遺伝子組み換え食品、水質汚染、危険廃棄物貯蔵地の議論かもしれない。

それぞれの話題と下位の話題は、議論の導入部および枠組みとして、合意された事実や対立する見解の簡単な説明を提供することができる。利用者の私的な創造性は、議論を限りなく予期せぬ方向へと確実に進めるだろう。このようなサイトの個人管理者は、人々がどのように交流し合うべきかについて独自の規範を設けるだろう。たとえば deliberativedemocracy.com は礼儀正しさという規範を奨励するかもしれない。

今では多くの熟議民主主義の実験が、ときには意識的に、またときにはメールやメーリングリストで発生する種類の内発的発展を通じて生まれている。ここで熟議民主主義コンソーシアムの活動は注目に値する。この団体は幅広い参考文献、リンク、情報を提供している。(3) 少数の熟議サイトがいちじるしく目立つ状況には、明らかな理由で多くの利点があるはずだ。そういう状況だとすれば、たとえば deliberativedemocracy.org は多数の市民にとって特別目立ち、たまの読者にすぎないとしても、何十万あるいは何百万もの人々が参加できる広場を提供するだろう。だがたくさんの熟議サイトが現れて互いに競い合うとしても、まったく警戒するにはあたらない――これは今起こりつつあることの妥当な説明である。

礼儀正しさについての簡単な説明

礼儀正しさというと、それにかんして、つぎの通り理解されるいわゆるラパポートのルールについてじっくり考える価値がある(4)。

1. あなたはターゲット（対象）となる相手の立場を分かりやすく鮮明に、かつ公平に表現して、相手に「ありがとう。その言い方を自分で思いつきたかった」と言わせるように試みるべきである
2. 合意点を列挙するべきである（それが一般にもしくは広く合意されたことがらでない場合はとくに）
3. どんなことであれターゲットから学んだことに言及するべきである
4. そのあとではじめて、あなたは反論または批判を一言だけ述べることを許される

ラパポートのルールは、ソーシャルメディアあるいは政治的議論全般にかんしては必ずしもあまり尊重されていない。一つに人生は短く、最初の三つの手順に従うのに時間がかかりすぎるからだ。あなたは先に進みたいのだ。もう一つの理由は、あなたがひどく怒っている、もしくは少し興奮気味なだけでも、相手から感謝の言葉を引き出すようなやり方でターゲットの立場の説明などしたくないかもしれないからだ。フェイスブックやツイッターでは、無理もないがターゲットは「そんなことは言ってない！」と言い返してくることが多い。実際、彼らはそんなことは言っていないのだ。ラパポートのルー

ルは少しこうるさいが、人々がこのルールの方向にもう少し変わればすばらしいだろう。

殺菌剤としての日光

この数十年で、簡単な規制が利用される機会が目立って増えている。すなわち今何をしているかを明らかにするように人々に要求するようになった。環境保護の分野ではこれはひときわ有効な戦略となっている。おそらく最もきわだった例は、緊急事態計画および地域社会の知る権利にかんする法律である。この法律のもとでは、企業も個人も、貯蔵されてきたもしくは環境に排出されてきた有害かもしれない化学薬品の量を州政府と地方政府に報告しなければならない。これは思いがけない見事なサクセス・ストーリーとなった。たんなる情報公開の要求もしくは脅しが、低コストの自主的な有害物質排出量削減につながったのだ。(5)

この基本的な知識をもとに、環境保護庁は情報公開だけで有益な効果が上がることを願い、期待して、温室効果ガスの公開インベントリを作成した。労働安全衛生局は情報公開により安全性が高まることを願ってアメリカでのすべての労災死亡事故について事故後ただちにウェブサイトのトップページに目立つように掲載し、勤務先の名前を挙げている(6)(このサイトにそのような形で名前が出て喜ぶ雇用主はいないだろう)。これと似たことはほかにもたくさんある。何十もの国がオープン・ガバメント・パートナーシップ(開かれた政府を目指す連合)に参加しており、(とりわけ腐敗を減らすことによって)政府の業績を改善するための刺激策として、政府の公開性を活かそうとしている。(7)

情報公開が汚染に対処するための評判の方法となっているのは不思議ではない。汚染者が活動を公開するように求められれば、実際には政府の命令がなくても、政治的圧力または市場の圧力によって汚染の削減につながるだろう。何の要求も課す必要がないことが理想である。人は自分のために情報を公開するだろう――一つに関連情報を公衆が要求するからだ。コミュニケーションの領域では自主的な情報公開が好まれるだろう。感心なことに、いくつかの大手ＩＴ企業は透明性の高い報告書を公開している。(8)たとえばツイッター社は政府による情報提供の要求、コンテンツ削除の要求などの件数を公表している。(9)ベライゾンやワッツアップといったほかの企業は同業者ほど情報を公開していないようだ。重要な情報が公開されないかぎり、情報公開の要求を検討する価値はある。

テレビの場合を考えよう。たとえば特定の番組は子どもにとって有害かもしれず、また別の特定の番組は社会にとって有益かもしれないとしよう。言論を直接規制することなく悪い番組をやめさせ、よい番組を奨励する方法はあるだろうか？　少なくともどの情報が公開されているかを明記することが可能ならば、情報公開の政策は将来有望な方法を示唆する。こうして、Ｖチップ〔レイティング対象番組の受信を制限するために受信機に取りつけるチップ〕の義務化は、家庭から締め出したい番組の受信を親が止められるようにすることを意図している。Ｖチップは、さまざまな年齢の子どもにとって番組が適切かどうかについての情報を提供するレイティングシステムとの併用で機能することが想定される。

同様に、一九九六年の電気通信法の規定は関連する三つの要求を課している。第一に、テレビのメーカーは番組レイティングのデータを読み取れる技術をテレビに備えつけなければならない。第二に、業界が許容できるレイティング計画を一年以内に作成しない場合は、連邦通信委員会がレイティング方法を作成しなければならない。第三に、放送局は関連する番組が有害指定されれば、テレビ信号にレイティングを組み込まなければならない。レイティングシステムは何年も前に実用化されており、少なくともまずまず成功していて、親は子どもがどんな番組を見ているかをはるかに簡単かつ容易に監視できるようになっている。

情報公開の政策のおもな利点は比較的柔軟性が高いことだ。最も重要なのは、視聴者の好きにさせてくれる点である。視聴者があらかじめ番組の性質を知らされれば、視聴時間を増やしたり減らしたりして市場圧力をかけることができる。放送局はこうした圧力に敏感だ。視聴者はまた、放送局あるいは選挙で選ばれた代表に苦情を訴えて、政治的圧力をかけることもでき、ここでも変化を引き起こすことが可能である。民主主義の観点から情報公開には本質的価値もある。うまく機能している熟議民主主義のシステムでは、市民が監視と熟慮の仕事に従事できるように、ある程度の情報が必要となる。市民が私的または公的な活動を監視できるようにするためのよい方法――また規制を減らすべきか増やすべきか、それとも別の規制が必要かを評価できるようにするためのよい方法――は、私的活動も公的活動も市民に知らせることである。公衆が全体を監視する立場に立つことになるという事実そのものが、テレビとラジオの番組を提供する側のよりよい選択を促すだろう。

情報公開は異なる通信媒体に適したさまざまな方法で利用することができる。テレビ・ラジオ放送局、ケーブルテレビ局、IT会社、ソーシャルメディア会社は、たとえばさまざまな情報公開の政策を自主的に採用するかもしれない。ここでの考え方は、ブランダイス裁判官を連想させる、「日光は最高の殺菌剤」というものだ。このような政策が自主的に採用されないならば、法律による適度な要求を検討するのがよいかもしれない。これは、害を及ぼすかもしれない行為や、出せたかもしれない結果より劣る結果しか出せないような行為に従事しているいかなる人にも、その事実を公衆に公表するよう確実に求めるというやり方になるだろう[10]。情報公開によって行動は変わるかもしれないし、変わらないかもしれない。行動が変わらないとすると、公衆はその情報にあまり関心がないのだと考える根拠がわれわれにはある。行動が変わるならば、公衆はおそらく、情報を要求する程度には心配しているのだ。

具体例として簡単な提案について考えよう。〝テレビ・ラジオ局は、公共サービスおよび公益に資するすべての活動について、三カ月ごとに詳しい情報公開を求められるべきである。この情報公開には、候補者に与えられる無料の放送時間、公的問題に取り組む人々が発言する機会、反論権、教育番組、慈善活動、従来から十分な公共サービスを受けていない共同体のために制作された番組、聴覚障害者用の字幕、ローカル番組、および公共サービスの告知の説明を含むかもしれない。

驚いたことに、全米放送事業者協会が情報収集したにもかかわらず、ほとんどのラジオ・テレビ局はこれらの情報をまだ一般に公開していない。環境保護法での同様の取組みによって証明されたように、よりよい結果をもっと多く生み出そうとする一種の競争が生まれ、また業績改善に向けたさまざまな社会的圧力の助けを借りて、情報公開の要求そのものが業績改善をもたらすことが望まれる。

私は従来の公正原則に何度か言及した。この原則は、公的問題を報道することならびに異なる意見に反論権を認めることを放送局に要求した。この原則は第一に公的問題を報道しようとする意欲をそいだことをおもな理由に撤回されたことを学んだ。この原則の撤回は十分に正当化されたものの、その結果、断片化が進み、それによって分極化が進んだことにかぎって言えば、欠点があったことも学んだ。しかし、従来の公正原則は擁護可能だったと考えるかどうかにかかわらず、情報公開の要求――公的問題および多様な意見の報道と関連する――は公正原則の最も魅力的な目標を達成するための、はるかに押しつけがましくない方法であろう。このような要求は公的問題の報道を増やし、多様な見解への関心が高まるような変化を生むだろう。情報公開の要求は、本章の冒頭で確認した三つの問題に取り組むのに役立つことさえ考えられる。

いかなる情報公開の要求であれ、何の変化も生まない可能性もある。しかし、環境保護局の有害化学物質排出目録は有害化学物質の排出削減を間違いなく促したが、人々はそうなると予期していなかったことに注意してほしい。自主的改善が起こるには、情報公開の要求は、おそらく外部の監視者からの何らかの経済的あるいは政治的圧力をともなうか、もしくは少なくともある程度、情報の生産者の良心をともなわなければならない。情報公開は外部の監視者がいて、その監視者が成績の悪い生産者に費用を負担させることができる場合に、よい結果をもたらす可能性がある。

外部の監視者には、成績の悪い放送局を「侮辱」しようとする公益団体が含まれるかもしれない。よりよい成績という形の一種の「頂点を目指す競争」を仕掛けようとする競争相手が含まれるかもしれない。また、新聞記者やウェブサイトが含まれるかもしれない。おそらくマスコミの特定の成員と協力して、公益団体および特定の番組を好む視聴者を動員できれば、かなりの改善が期待できるかもしれない。情報公開の要求が、独自の監視者を生む助けになることさえ考えられる。情報公開の要求はそれほど押しつけがましくないこと、また民間の反応が柔軟であることを考えると、この方法はたしかに試す価値がある。

最悪でも失うものはほとんどないだろう。うまく行けば、よりよい番組や業界の成績の実態についての重要な情報といった形で得るものがあるだろう。大部分の視聴者の願望を考えると、情報公開によってもたらされうる結果は、まともに機能する熟議民主主義という目標を推進するような、教育番組および市民向け番組の質と量の向上であろう。

私はここで、情報公開の要求をテレビ・ラジオ局に適用することについて力説してきた。このような要求をウェブサイトにも課すべきだとは言わない。ウェブサイトの驚くべき幅広さと多様性を考えると、そのような要求は意味がないだろう。アマゾン、スタートレック、FOXスポーツ、コロンビア大学、あるいはリパブリック・ドットコムのサイトによって、厳密にどんな情報が公開されるだろうか？　もちろん一部の情報公開や警告は自主的に提供されるかもしれない。たとえば多くのウェブサイトはすでに、子どもにふさわしくないコンテンツについて情報を提供している。このほかの情報公開の慣行は、疑いなく消費者も市民も助けることができるだろう。しかしここでの私の懸念ゆえに、こうした慣行を強要すべきではない。

自発的自主規制と最高の慣行

たんなる情報公開を超える、より野心的な方法には、情報提供者による自発的自主規制が含まれるだろう。コミュニケーション世界の内外での、この二〇年で最も注目すべき動向の一つは、さまざまな社会的目標を保護することを意図した自発的自主規制の方向に向かっている。[11]職場の安全の領域では多くの雇用主が、事故と疾病の件数を減らすことを目指した、合意された「最善の慣行」に従っている。環境保護の分野でも同様の取組みを手本としている。これと同じ考え方を民主主義の目的のために容易に採用できるかもしれない。たとえば、テレビ・ラジオ局はおそらく何らかの行動規範によって公的問題にかんする多様な意見を提供することで、視聴者がすでに考えていることの声高な訴え以外の見解と確実に出会えるようにしようと試みることに、合意するかもしれない。

自発的自主規制の裏側にある意欲の湧く考えの一つは生産者同士の競争であり、それはたいていの場合すばらしいことだが、ときには公衆全体から見て有害なこともある。[12] 人々の関心を引こうとする終わりのない努力は長期的な害を及ぼすかもしれない。ますます進む「報道のタブロイド化」の傾向には誰もが気づいており、主流の新聞も放送局も、スキャンダルや煽情的な話題を目立たせている。このような傾向はインターネット以前からあるが、インターネットによって加速させられているようだ。多くの場合、ニュースはまったくニュースを含まないように見える。ニュース番組は直前に放送された虚構のドラマの続きで、ドラマで描かれた「実生活の出来事」を詳しく論じているだけのように思えることがある。多くのジャーナリストがこの問題を案じている。市場の力の効果にかんして、ロバート・フランクとフィリップ・クックがつぎのように警告している。

ますます力を失っていく政治討論は、われわれがたどっている現在の文化的道筋のもう一つの代価である。複雑な現代社会は複雑な経済問題と社会問題を生み、最善のコースを選ぶ仕事は、最善の状況のもとでも難しい。それなのに、徹底した分析と論評はサウンドバイトに取って代わられ、そこでは競合するジャーナリストと政治家が情け容赦なく互いに奪い合い、われわれはますます正確な情報を得られない、不機嫌な有権者となるのだ[13]。

しかし生産者間の合意はこのような競争を終わらせ（もしくは止め）、それゆえ——言論規制の領域に法律を押しつけることなく——価値ある法律の機能のいくつかを働かせることが可能だ。

テレビにかんしては、全米放送事業者協会によって、またおそらく公衆のためにテレビ放送を制作する幅広い人々によって提供され、奨励される行動規範によるのと同じように、自主的な取組みによって民主主義の目標を推進する可能性を考えよう。実際、同協会は何十年にもわたりそのような行動規範を実施してきた。協会がそうしたのは、一つには経済的利益を促すためであり（広告料を上げることで）、また一つには規制を避けるためであり（業界が有益な自己規制を実施していることを示して、政府の取組みを不要とすることで）、さらに一つには放送局自身の道徳的責任を果たすためでもあった。とくに自発的自主規制はたとえばたばこの広告、子どもの広告、家族での視聴、蒸留酒の広告、ニュース報道の公正さを含む、メディア政策のさまざまな分野で役割を果たしてきた。

一九八〇年代には、テレビの暴力映像についての連邦議会の懸念により、暴力映像の放送時間を減らすための基準作りをネットワーク、放送局、ケーブルテレビ事業者・番組制作者ならびに同業者団体にまさに許可する目的で、独占禁止法適用除外制度を設ける魅力的な新しい法律ができた。これまで見てきたように、今はテレビ放送のためのレイティングシステムがあり、これは自発的自主規制の有益な具体例として扱われるべきである——これはおそらく全面的に成功してはいないが、番組が適切かどうかについての一般的な感覚を親に提供している。

このような新しい規範はソーシャルメディアやウェブサイトに当てはまらなかったとしても（その性質と多様性を考えると、たしかに当てはまるはずはないが）、これまでに論じてきた問題のいくつかに対処できるかもしれない。市場圧力の強さを考えるとそれは実現性の乏しい絵空事かもしれないが、協会加盟者は本質的な問題をまじめに報道し、政治を煽情的に取り上げることを避け、公的問題を詳しく報道し、多様な意見を送り届けられるようにすると同意することができる。実際、このような考えは一九七九年に放送規定が廃止されるまで、テレビ業界で長らく重要な役割を果たしていた。選択肢の幅が広がり、テレビ局の求心性が失われつつあることを考えると、この方法でできることにはたしかに限界がある。しかし多くの状況で、このような自発的自主規制はかなりよい結果を出してきたし、何らかの規範は公衆にとって一種の質の保証となりうる。

正式な行動規範が実施できなければ——たぶん実施できないだろう——最善の慣行を確立してそれを手本とする、それほど正式でない取組みを想像することができる。テレビ・ラジオ放送の提供者にとって、このような慣行は子ども向け番組、緊急放送、そしておそらく選挙の報道に対処することになるかもしれない。また子どもを守り、プライバシーを保護し、多様な意見への関心を高めることを意図した、いくつかのウェブサイトのあいだでの非公式の協定もしくは取り決めを想像することもできる。市場の力が深刻な問題を引き起こしている場合、われわれにはこの流れに沿った創意に富む思考を促す、十分な理由がある。

補助金

歴史あるもう一つの実施可能な手段に、政府の補助金があるだろう。テレビとラジオにかんして、アメリカを含む多くの国が民間資金と公的資金の両方に頼ってきた。アメリカでは公共放送サービス（PBS）は、子ども向け教育番組を含め、民間部門では十分な資金が見つからないだろう（と思われている）番組を提供することを意図している。面白いことに、また一般に信じられていることに反して、PBSの資金の大半は民間の資金源から出ているが、政府もかなり支援している。これは純粋な官民の協力関係である。また多くの領域において、さまざまな種類の芸術的、文化的、歴史的作品を制作する人々の支援に納税者の資金が当てられている。

テレビでもインターネットでも、公的問題の討論番組や子ども向け教育番組を提供するたくさんの選択肢を含めた、選択肢の大幅な急増によって、独立した公共放送網にかんする従来の理論的根拠は弱まっている。だからと言って、その理論的根拠が無視されているということではない。何千万人ものアメリカ人が今も無線放送に頼っており、その多くはPBSの恩恵を受け、PBSに依存している。またあらゆる点で、選択肢がはるかに少なかった時代より今のほうが状況はよくなっていると言うつもりもない。チャンネルが四つしかないシステムにおいて、PBSには今は欠けている一種の顕著な特徴があり、視聴できるテレビ局が何十、何百とある現状がすべての子どもや大人にとってあらゆる面でよくなっているかどうかは、けっして明白ではない。公共放送は重要なサービスを提供しつづける。しかし多くの民放局が同じようなサービスを提供している状況では、現在の形でのＰＢＳの理論的根拠がかつてより弱まっていることは明らかに思われる。

そのほかに、それともその代わりに、何かできることはあるだろうか？　一つの可能性として、納税者の金を少しだけ使って、インターネットにおける政府がかかわらない非営利の場での質の高い取組みを支援することが考えられる。このような場は今、急速に増えており、われわれの文化に多くを付け加えている。もちろん納税者の資金には限りがあり、政府の財源にはより優先度の高い要求が向けられる。私が一つだけ言いたいのは、ＰＢＳのモデルを再考する価値があるということだ。新しいコミュニケーション環境でもっと理にかなった新しい提案をそろそろ検討するべき時期である。

マストキャリー——憲法論議

言論にかんする法律で最も興味深い進展のいくつかは「アクセス権」すなわちマストキャリールールをともなう。実際、パブリックフォーラム論は、街路と公園にたいして一種のマストキャリールールを設ける。これらの場所は演説のために解放されなければならない。あなたも私もそこに接近する権利がある。テレビやラジオにマストキャリールールの使い道はあるだろうか、それともそういう考えの一切が過去の遺物なのだろうか？

これらの質問に答えるには法的背景をいくらか理解しないといけない。一九七〇年代、連邦最高裁は、テレビ・ラジオ局をかつての公正原則の形での一種のマストキャリールールに従わせて、公的問題への関心を要求し、多様な意見に発言させる機会を求める権利が政府にはあると主張した[14]。同時に最高裁は、民間の新聞は公共空間として扱ってよく、マストキャリールールに従わせることができるかもしれないという考えを、断固として退けた[15]。最高裁の考えでは、政府は、意見や事実についての賛否両論ある主張と闘おうとした人々に「反論権」を与えるように、新聞社に強制することはできなかった。放送局と新聞社の明らかな違い――一九七〇年代でさえ判然としなかったが、今では両者の違いは極度にあいまいである――は、おもに技術的な理由で放送局の数が「少なく」、そのためよりきちんと政府の取り締まりに従わされるということである。

数が少ないという理由はかなり説得力が失なわれ、公正原則の継続的な実行可能性はきわめて疑わしい。連邦通信委員会がこの原則を復活させようとしたなら、最高裁はおそらく却下しただろう。それにもかかわらず最高裁は、ケーブルテレビ事業者にマストキャリールールを課す法律を支持した[16]。

今も有効な関連する法律は、「民放のローカルテレビ局」と「民放でない教育テレビ局」の両方のために多数のチャンネルを空けておくよう、ケーブルテレビ事業者に要求している。何百万人ものアメリカ人が今も信頼している放送局の経済的継続性を保証するための一つの方法として、連邦議会はこれらの要求を擁護した。最高裁はマストキャリーの要求が合憲であることを認めた際、「公衆が多数の情報源に接近できるように保証することは政府の最高の目的である。なぜならそれは第一修正の中心的な価値を高めるからである」ととくに言及した。最高裁はまた「コミュニケーションの主要な手段にたいする民間の権限……の乱用の可能性」についても力説し、合衆国憲法は「民間の同業者がコミュニケーションの重要な経路を物理的に制御して、情報と考えの自由な流れを制限することのないようにするための対策をとる能力を、政府から奪わない」と力説した[17]。

こう述べたとき、最高裁はブランダイス裁判官が描いたまさに第一修正の共和制の構想を思い出していたのだ。実際、スティーブン・ブライヤー裁判官は、別の意見で、ブランダイス裁判官の考えとのつながりをつぎのように明確にした。制定法の「方針は、今度は公開討論ならびに情報にもとづく熟議を促そうとしており、これはブランダイス裁判官が何年も前に指摘したように、民主主義政府が前提条件とし、第一修正が達成しようとしているものである」[18]。とするとこの意見は、熟議民主主義と関連する目標を進めるために、政府には通信技術を規制する権限があるという考えにたいする明白な支持である。とくに、ブライヤー裁判官の合衆国憲法にたいする全般的な取組み方はこの流れに沿っている。ブライヤー裁判官は憲法全体を熟議民主主義の見地に立って解釈している[19]。

ここまでは問題ない。しかし最高裁の判決の裏の意味について考えることに興味のある人々にとって、疑問は多い。ケーブルテレビ事業者がケーブルテレビ局への接近を規制したことは、最高裁の論拠にとってどれほど重要だったのだろうか？　政府がＣＢＳ、ＣＮＮ、ＦＯＸニュースにたいして――これらのサイトのいずれかが意見の十分な多様性を保証しなければならない、もしくは地域社会にとって重要な問題を報道しなければならないと主張して――マストキャリールールを課したとしよう。「リベラル」な立場にもっと関心を向けるようにＦＯＸニュースに要求する法律――もしくはニューヨークの住民がサイトをクリックすると、とくにニューヨークにかんする記事が表示されるようにＣＮＮに要求する法律を想定できるかもしれない。このような要求はどれも賢明でないと誰もが同意することを私は望んでおり、もしそのような法律が課されたなら、違憲を理由に（ただちに）撤回されるべきである。インターネットでは見解がじつに多様であるために、特別な義務を課す対象としてFOXニュースだけを選び出すことは許しがたいほど選択的であり、またすべてのサイトに一般的な要求を課すことはあまりに押しつけがましく正当化できないということになるだろう。地域の問題を報道することは重要だが、選択肢が急増すればそのような報道が容易に入手できるようになる。そのような報道を見つけるのに数秒かかるかもしれないが、それははたして重大な問題だろうか？

インターネット上に「マストキャリー」の正当な役割はない。しかしCNNとFOXニュースを含むサービス提供者はたった一つの意見だけでなく、多数の意見に好意的で本質的な関心を向けるのが最善であるという考えが正しいことに変わりはない。

人々の関心という希少な商品

あらゆる商品の中で最も重要なものの一つは人々の関心であると、私は力説した。企業は人々の関心を勝ち取ろうと永遠に競い合っている。利益やその他の財産に興味のある人々によるインターネットでの活動の多くは、たとえ一瞬でもより強い関心を引き出そうと意図している。企業や選挙の候補者がたった二秒で三〇万人の関心を集めることができれば、多くを達成したことになるだろう。

ほとんどの人が気づいているように、多数のインターネットサイトは利用者に料金を請求しないし、請求する必要がない。あなたは一円も払わずにたくさんの新聞・雑誌のコンテンツを手に入れることができる。またこの現象は新聞と雑誌だけに限らない。がんについて学びたければ、一円も払わずにおびただしい数の情報源から大量の情報を見つけることができる。グーグルは同社の検索サービスに課金していない。なぜか？　これらの事例のほとんどで、広告主が進んで費用を負担しているからだ。費用負担と引き替えに広告主が手に入れているのは人々の視線へのアクセス、しかも通常はほんの束の間のアクセス——短時間の関心である。

ここでもウェブサイトを使う人々は、少なくとも彼らが消費者であるかぎりにおいて商品とみなせる。彼らはウェブサイトが手数料をとって広告主に売っている商品であり、手数料は高額になることもある。ここではターゲティングとカスタマイズが重要な役割を果たしており、広告主はどの広告からどのサイトにどういう人が何人、訪れるかを正確に知ることになる。

もちろん広告は売上げを保証できない。百貨店のブルーミングデールズ、アマゾン、あるいはネットフリックスのアイコンを見かけた人のほとんどは、アイコンをただ無視するだろう。けれど無視しない人もいるだろう。興味を示し、そのサイトに見るべきものがあるか確かめるだろう。それともいつか利用するために、頭の片隅にその情報をしまっておくだろう。アクセス権およびマストキャリールールについての理解と、人々の関心の重要な役割についての理解とを合わせれば、われわれは公益という目標の達成を実現するのに、広告主の活動の助けを得られるかもしれない。要するに、人々の関心に価値があると知っている公共心のある当事者は、人々の関心をつかむ方法を考え、個人的、社会的な利益をもたらすかもしれない情報への関心を強制せずに、そのような関心を引き出そうとするかもしれない。この場合、サイト間のリンクが戦略であることは一目瞭然である。私は政府の命令にではなく、自主的なリンク作成の判断に焦点を当てている。

これに照らして、つぎの案を検討しよう。特定の見解を示す情報を提供するサービス提供者は、見解が大きく異なるサイトへのリンクも張るかもしれない。保守系雑誌『ウィークリー・スタンダード』のサイトが左寄りの意見を特色とするリベラル系雑誌『ネイション』のアイコンを表示するという非公式の取り決めへのお返しとして、『ネイション』はサイトに『ウィークリー・スタンダード』のアイコンを表示することに同意するかもしれない。このアイコン自体は何かを読むことを誰にも要求しない。たんに異なる見解を参照できるかもしれない場所があることを示す合図を、読者に提供するにすぎない。

特定のサイトを選択する何千、何百万という人々のうち、大部分でなくとも確実に何人かはアイコンの先を見る程度には興味を持つだろう。とくに、このような「乗り物」は公道や大衆メディアの特徴の多くを再現することになるだろう。普段読まない情報の存在について、読者に注意を促すだろう。一部のサイトはすでにそうしていることはすでに学んだ。問題はこのような慣行がいまだに珍しいことである。

党派色の強い多数のサイトがつぎのようにほのめかしてリンクを張る状況さえ予見できる。「われわれの見解ははっきりしており、同じ考えを多くの人が信じるようになってほしいと願っている。だがわれわれは考えの異なる人同士の民主的なディベートとディスカッションにも力を注いでいる。その目的に向けて、こうした問題について純粋な討論ができるようにするため、他サイトへのリンクを張っている」。多くのサイトがそうすることに同意すれば、断片化の問題は減るだろう。

現状では、サイトのテキストで組織や団体に言及すれば、たいていハイパーリンクが作成されるので、

『ナショナル・レビュー』のような雑誌で世界野生生物基金（WWF）や環境防衛基金の名前を出せば、読者はそれぞれのサイトに即座にアクセスできるようになる。アイコンと比べたハイパーリンクの長所は、サイト所有者にとって面倒が少なく、所有者としての権利にあまり立ち入らない点である――たしかにハイパーリンクには押しつけがましさがほとんどない。

同様に、公共心のあるブロガーは、自分とは意見のかけ離れたサイトへのリンクを張るとよいだろう。リベラル系ブログはより正式に保守系ブログへのリンクを張ることができるし、保守系ブログからリベラル系ブログへのリンクも可能である。多くのブロガーが「ブログロール」を提供し、そこに好きなブログや、それとは別に宣伝したいブログをリストしている。結局のところ、リベラルなブロガーがブログロールにリストするのは、ほとんどもしくはすべてリベラルなブロガーと思われ、保守系のブロガーも同様の傾向がある。リベラルも保守も、自分と意見の異なる人々の良質なブログを少なくとも何件か含めるという基準を設けて、より幅広い多様性を示せるとよいだろう。意見が対立するブロガーのあいだでの明確なもしくは暗黙の「取引」が相互リンクを発生させる状況を容易に想像できる。このような配慮はさまざまな見解に触れる可能性を高め、そこには相互の健全な敬意が反映されるだろう。

もちろん私は政府がこういうことを要求するべきだと提案しているのではないし、そう信じてもいない。憲法上の問題の中には難しいものもあるが、この問題は簡単だ。そういう要求は第一修正に違反するだろう。サイト所有者とブロガーがアイコンやリンクを提供したくなければ、拒否する権利がある。最も重要なのは、著者やサイト所有者の正当な利益を損なわずに、消費者と市民の両方の目標を推進する形で、アイコンとリンクがより標準的な慣行となった状況をなんなく想像できることである。

反対意見ボタンとセレンディピティボタン

ソーシャルメディアは絶えず変化しており、今日重要なことが明日は重要でなくなるかもしれない。若い人は多様なメディアに自分を振り分けており、分散化の証拠がいくらか見られる。それでもフェイスブックはアメリカだけでなく世界中で特別な役割を担っている。二〇一六年のアクティブな利用者は一六億人だった――七四億人という世界人口のかなりの割合を占める。私はニュースフィードについて否定的な意見を述べたが、この一六億人の大半と同じように、フェイスブックはかなり気に入っている。それは人と人、人とニュースをつなぐという独特なはたらきを持っている。「コアバリュー」という独自の概念が全面的に正しいわけではないとしても、少なくともコアバリューの問題に焦点を絞っていることはおおいに賞賛する価値がある。

ジェフリー・ファウラーは面白い小論で、フェイスブックはどうすればもっとよくなるだろうか？ボタンをクリックすることで、自分と合わない見解を見られるようにするべきだと主張する。ファウラーは言う。「フェイスブックでスイッチを切り替えて、表示されている保守的な意見をすべてリベラルな意見に変えたり、その逆ができるとしたらどうだろうと想像してほしい。あなたのニュースは隣人のニュースとまったく違うかもしれないと気づくだろう」。またファウラーはこう付け加える。「私が目にしているのは、とくに分断された今の時代に、技術力で壁を取り壊す機会を逸した状況だ。オンラインでこれまでになく多くの情報にアクセスできるようになったのに、なぜ異なる見解とこれほど相容れないのか？」[20]。これはすばらしい疑問である。

反対意見ボタンの優れた点は誰にたいしても何も強制しないことである。あなたはボタンを押したければ押すだろうし、押さなくてもいい。多くの人はきっと無視するだろう。だが選択肢は魅力になりうる――ソーシャルメディアと情報源が何のためにあるのかについての考えがまとまることもあるだろう。フェイスブックやその他のサービス提供者は、反対意見ボタンを用意して〝世の中にはほかの見解もあります。見たいですか？〃と聞くようになるだろう。そして多くの人が見たいと答えるだろう。

このテーマでの変化形も想像できる。フェイスブックは反対意見ボタンの代わりに「セレンディピティ（偶然の出会い）ボタン」を提供して、ニュースフィードで、自分で選択していない予期せぬ情報に触れさせることができるかもしれない。その情報はおそらく『ニューヨーク・タイムズ』や『ウォールストリート・ジャーナル』といった有名な媒体のニュース記事から集めることができるだろう。外国の出来事にかんする情報を無作為に提供することもできるだろう。セレンディピティボタンがあれば、フェイスブック利用者は、私はおもに学ぶためにここにいるのだと思えるかもしれない。私は何を見つけられるだろうか？

さまざまなセレンディピティボタンが思い浮かぶ。ここでは実験が合い言葉となる。挑戦的な考えとして、利用者はセレンディピティボタンまたは反対意見ボタンを初期設定で与えられ、その機能を利用しないことを選択する権利を与えられる、という形があるだろう。このようなシステムでは、あなたのニュースフィードにはありとあらゆる驚きが含まれるかもしれない。もちろん友達の投稿は表示されるが、ほかの投稿も表示され、ニュースフィードはいくらか大都会のように、あるいは本物の新聞のようになるだろう。もちろんそれが気に入らない利用者もいるだろうし、フェイスブックもそれが気に入らないかもしれない——だが利用者は簡単にその機能を取り消せるのだ。初期設定で反対意見ボタンが用意され、ボタンを非表示にする選択肢も備えたシステムを容易に想像することができる。フェイスブックはこれを最善のビジネスモデルとは考えないかもしれないが、おそらく誰かがこのようなシステムを試すだろう（私もその一人だ）。

現状維持という横暴

現状維持という横暴には多くの原因がある。ときには、これは意図しない結果にたいするおそれにもとづいており、それはたとえば経済学者による「完璧は善の敵（完璧を目指すと、ほどほどのレベルにさえ到達できないことがある）」という主張の通りである——諦観を表現する言い回しだが、それにはデューイの「少しだけよいことはもっとよいことの敵」という言葉で応じるべきだ。これは場合によって、状況は今のまま変わるはずがないという、明らかに間違っているのに広く信じられている考えにもとづいている（昨日は状況が違っていたし、明日も状況は変わるだろう）。提案された変化が絶望的なほどユートピア的で、実現にはほど遠いと思えることがある。またときには変化は小さく緩やかで、くだらないとさえ思われ、根本的な問題を解決するほどたいしたことを何もできない場合もある。

私がここで提案することはささやかであり、緩やかにしか進行しない。わずかな可能性を示し、せめて少しは役に立つことを意図している。そのいくつかはたんに既存の慣行にもとづいている。今の時代にとくに重要なのは、それらの提案を評価するための根拠の感覚を保ちつづけることだ。ここで要点を述べた考えを疑う人には、こう問うことが賢明である。民主主義の理念に尽くすうえで最新技術の力を借りようとするなら、どういう行動がよりふさわしいだろうか?

第10章　テロリズム・ドットコム

二〇〇一年九月一一日のテロ攻撃以降、アメリカ、ヨーロッパ、そのほかの土地で暮らす多くの人々が、〝彼らはなぜわれわれを嫌うのか？〟という素朴な疑問を意識してきた。これまでの議論にもとづいて、つぎのように理解してよいだろう。すなわちその答えの一部は宗教に特有の何かではなく、あるいはウサマ・ビン・ラディンやイスラム国の巧みな弁舌に特有の何かでさえなく、社会力学、とくに集団分極化のプロセスにある。事実、テロ組織の指導者は集団分極化についての実用的な知識をひけらかす。彼らは「新入り」を孤立させようとする。好ましい方向にすでに傾いている人物が新入りのおもな話し相手となることを望む。自分たちの目標にとって情報と心理学がきわめて重要だと知っている。情報環境をコントロールしたがっている。彼らの計画を妨害し、人々の安全を守ろうとする人たちにとっても、情報と心理学はやはりきわめて重要である。

最貧国で最も強い不満を抱えている人々でさえ、生まれつきテロ行為に進んで加担したがるわけではない。社会力学――貧困、不十分な教育、不利な立場に置かれることではなく――が重要な役割を果たす(1)。ソーシャルメディアの利用を含めたオンライン行動は、この社会力学の重要な要素である。

アメリカを取り戻す

インターネット上にとある討論グループがある。銃規制と憲法第二修正（このグループの考えでは、銃の販売を取り締まるほぼすべての政府の規制を明確に禁じている）の「無力化」と認識されるものに向けた世間の圧力が強まっていることを懸念する一〇名ほどの政治活動家によって、二年前に始められた。だがこのグループはほかにも、一般人の生活にたいする政府、とくに連邦政府の権限が増していることを心配していたし、また野放しの移民問題、テロ、「急進的イスラム」によっても、トランスジェンダー「活動家」の社会的影響力が増していることによっても提起される、「ヨーロッパから受け継いだ遺産」ならびに「伝統的倫理観」がおびやかされていることについても気をもんでいた。共和党と民主党が意志の弱い「双子」になりはて、国境を警備することも、「憲法で規定されたわれわれの自由を奪う」おそれがある「特別利益団体」と闘うこともできなくなり、またそうしたいという意欲も失っているのではないかと、グループのメンバーは心配している。このグループは「アメリカを取り戻す《リクレーム・アメリカ》会」と名乗っている。

リクレーム・アメリカのメンバーは今では四〇〇〇人を優に超え、事実や見解を定期的に語り合い、関連する文献を互いに共有し合っている。この討論グループは政治問題について判断するときの根拠とする情報の大半を、大部分の参加者のために提供している。

この二年間でリクレーム・アメリカの懸念はかなり高まっている。メンバーの七割近くが小火器を携帯している――そのうちの何人かはグループでの話し合いの結果そうしている。三つの州都で小規模だが活発な抗議行動が計画され、組織され、実施された。今はワシントンDCでのデモ行進を準備中だ。最近の議論は、市民としての抵抗ならびに、官民の分野の特定のターゲットにたいする、ことによると選択的な「攻撃」を通じての、不法移民、テロリスト、および国から身を守る「自衛」の必要性へと向かうことがある。この議論は、「FBIとおそらくCIA」がこのグループを「分断」するための対策をとりはじめているという、かなり広まっている見方が動機だった。リクレーム・アメリカのあるメンバーは爆弾製造の説明書を全員に送った。暴力事件はまだ起きていない。だが事態は明らかにそちらに向かっている。

私が知るかぎり、リクレーム・アメリカというグループは存在しない。これは実話ではない。けれどもまったくの作り話でもない。この話はオンライン行動にもとづいて合成しており、実際はこれほど極端でないこともあるが、もっと極端なことも多い。アメリカだけに限っても、この類の討論グループとウェブサイトはかなり前からあった。何年も前に『テロリストのハンドブック』がインターネットに投稿され、その中に爆弾製造の説明書もあった（一九九五年に連邦政府の職員を何十人も殺害したオクラホマ・シティでの爆破事件で使われたものと、たまたま同じ爆弾だった）。相互に興味のある問題を論じる場である全米ライフル協会の「ブレット・アンド・ボード」という掲示板で、「戦争の達人《ウォーマスター》」と名乗る人物がありふれた日用品を使って爆弾を作る方法を説明したことがあった。ウォーマスターは「材料はすべて（未成年も含め）誰でもたやすく入手できるにもかかわらず、破壊力のあるこの簡単な爆弾のことはあまり知られていない」と述べた。オクラホマ・シティでの爆破事件のあとで、ユーズネット（討論フォーラムのシステム）上の何十ものニュースグループに匿名の通報が投稿され、その中でオクラホマ・シティで使われた爆弾のすべての材料を挙げて、未来の爆弾を改良する方法を探っていた。

オンラインでのテロ

テロリストもヘイトグループもずいぶん前からオンラインで連絡を取り合っており、ときには陰謀についてや（驚くことではないだろうが）爆弾の製法について情報交換してきた（彼らは検索に引っかからず、しばしばパスワード認証を求められることもあるインターネットの一部であるダークウェブで、たいてい暗号を使って通信している）。こうしたグループのメンバーはおもに、メンバー同士で交信する傾向があり、さまざまな好みを助長し合っている。一九九九年にコロラド州リトルトンで銃撃を始めた二人の高校生は、爆弾の製法にかんする詳しい情報を含むインターネットサイトを現に持っていた。二〇一六年にアメリカ史上最悪の銃乱射事件を起こしたテロリストのオマル・マティーンは、銃撃の前にソーシャルメディアを使ってテロにかんする記事を投稿し、またオーランドのナイトクラブで人質を取って立てこもっていたあいだにイスラム国への忠誠を誓ったとも報じられた。

アルカイダやイスラム国などの組織は、ソーシャルメディアを使って人を募り、憎悪を広めている。アルカイダは作戦能力が衰えたあとで「オンライン」に活動の場を移して、中央で指揮する攻撃から個人を煽動する手法に戦略的に移行したという意見を考えてみよう（アルカイダのオンラインジャーナルの名前は「インスパイアー《煽動》」である）[2]。テロリスト集団はしばしば噂を信じたり、広めたりするが、噂の多くは間違っており、実のところ被害妄想ですらある。実際、偽情報を広めることは彼らの日々の活動の一つであり、オンラインで情報を拡散している。政府がセキュリティと言論の自由とプライバシーの折り合いをいかにつけようと、テロリストが互いに交信する手段としてインターネットが使われていることは明らかだ。ある専門家はこの点をとらえて「オンライン文化特有の社会的つながりの新しい様式が、現代のネットワーク化されたテロの拡散において一つの役割を果たしてきた」と述べた[3]。テロの専門家であるジョン・コールとベンジャミン・コールはつぎのように主張する。

インターネットは、国境を越えて拡散したイスラム教徒の共同体が互いに連絡をとりつづけることを可能にしており、イスラム教のグローバル化におけるインターネットの役割は、［自己急進化する小集団と多国籍のテロネットワークのあいだの］こうした関係にとって重要である。……。インターネットは暴力的なメディアのプロパガンダにアクセスする機会ならびにテロ行為を働くための技術的「ノウハウ」も提供する[4]。

アメリカ、イギリス、ドイツ、フランス、その他の国の民主主義政府はこのことをよく分かっている[5]。テロおよび暴力的過激主義と闘ううえで、彼らは自己急進化する小集団を分裂させようとし、より重要な点として、その数を最小限に抑えようと努力する。彼らは友好的でない土地にいる協力者や仲間と力を合わせ、嘘やプロパガンダを阻止することで、それを実行する。彼らは私がここで論じてきた力学も、そのような小集団がどの程度、人命にたいする深刻な脅威となりうるかも鋭敏に察知している。

各国の政府は、テロリストはいずれ死ぬ運命であるという暗示や、テロリストはだまされやすいカモだと示唆する皮肉なコメント（テロリストは「モスクを爆破する！　イスラム教徒を痛めつけて処刑する！　公的資源を略奪する！　モスクの中で自爆する！　旅費が安いのは帰路のチケットがいらないからだ！」）を含む、複数の戦略を試してきた。もっと最近では、政府は「過激派の戦闘に参加すれば母親を悲しませ、家族を引き裂き、愛する人々をむなしい生活に置き去りにすることになると訴えて、若い男女を説得する目的で作成されたフェイスブックのビデオやインスタグラムの広告などのソーシャルメディアを利用している」[6]。政府は誰がメッセージを伝えるかの重要性にも気を配っている。パブリックディプロマシーおよびパブリックアフェアーズ担当次官のリチャード・ステンゲルによれば、「われわれはメッセージを伝えるのに最も効果的なメッセンジャーではない。米国務省が投稿するツイートでは、イスラム国に参加しないように若者を説得できない」[7]。このことを考えると「アメリカの痕跡のない」取組みが最も効果的かもしれない。

彼らはなぜわれわれを嫌うのか

アルカイダやイスラム国などのテロリスト集団の指導者は〝分極化の請負人〟として活動している。彼らは考えの似た人々の小集団を作る。そして異なる意見を抑えつけ、集団内での固い結束を確保するための対策をとる。つぎの記述について考えよう。

テロリストは自分が間違っているかもしれない、別の意見にいくらかの価値があるかもしれないとは考えもしない。……彼らが自分の集団の外にいる誰かのものだと認めるのは、悪意のある動機だけだ。心理学的に動機づけされたテロリストに共通する特徴は、集団に帰属することへのきわだった欲求である。……こうした個人は自分の社会的地位を、集団に受け入れられているかどうかによって定義する。……強い内発的動機を持つテロ集団は、集団の存在意義を絶えず正当化しつづける必要があることに気づく。テロ集団は恐怖心をあおらなければならないのだ。最低でも、集団の自尊心と正当性を保つために暴力行為を働かなければならない。こうして、テロリストは予告された目標に向けて、客観的に見て非生産的で逆効果でさえある攻撃を遂行することがある。(8)

事実、テロ組織は過激化の動きを加速させるために心理的圧力をかけている。

心理的動機づけのもう一つの結果は、テロリストのあいだで働く強烈な集団力学である。彼らは全員の合意を求め、異なる意見を許さない傾向がある。明らかに凶悪であるとはっきりと特定された敵にたいして、作戦の頻度と激しさをエスカレートさせようとする圧力がつねに存在する。テロ集団に帰属することへの欲求から集団を離れることを思いとどまり、妥協するおそれがある者は受け入れてもらえない。妥協は拒絶され、テロ集団は過激主義者という立場に傾く。……人々がどの集団（家族、氏族、部族）に所属するかによって自分の身元を明らかにする社会では、よそではめったに見られない、進んで自己犠牲を払おうとする態度が見られるのかもしれない。(9)

イスラム国とアルカイダという特殊な事例では、共有されたアイデンティティ――一部を取り込み他を排除するアイデンティティ――をとくに強調することで、世界中のイスラム教徒をつなごうとする、幅をきかせている取組みがある。ウサマ・ビン・ラディンは「イスラム諸国に蔓延している屈辱感と無力感」に訴えようとした。「イスラム教徒は……ボスニア、ソマリア、パレスチナ、チェチェン、そして……サウジアラビア、世界中で犠牲となっている。……ビン・ラディンはそうしないと混乱する人々のために世界を分かりやすくして、彼らに使命感を与えている」(10)。こうして人々を教化する活動にカルト的な特色が添えられる。「[アルカイダのキャンプでの]軍事教練は効果的な宗教的教化と並行しておこなわれ、新入りは休みなく反西洋のプロパガンダを聞かされ、ジハードを遂行する義務について四六時中思い起こすことを強いられる」(11)。

さらに、アルカイダのテロリストはつぎのことを信じるように教えられる。すなわち彼らは、一人ではなく……彼らがもっと重要な善と信じるもののために、より大きい集団の一員として自分の身を捧げているのだ。[男たちは]自尊心と家族からの独立が成長過程の重大な問題である十代のうちにリクルートされる。[教化には]兵器類についての授業だけでなく、何カ月にも及ぶほとんどカルトじみた洗脳も含まれる。イスラム教徒のあいだでの厳しい修練は一般に長時間の祈りとコーランの歪曲を含む(12)。

「イラクとシャームのイスラム国（ISIL）フェイスブックページ」
Facebook.com、著者によるスクリーンショット

私がここで探ってきた力学——中でも、集団分極化とカスケード効果——によって、テロがあおられていることに議論の余地はない。この点はさらに深く探ることができる。多くのインターネットサイトおよび一部の報道機関のサイトはテロを宣伝すること、少なくともテロリストを同情的に描写することをとくに狙っている。われわれは、テロ組織の指導者らがみずからソーシャルメディアを使って考えの似た人々のあいだでの議論を促し、要員をリクルートすることを学んだ。フェイスブックで見つけた上の画像の事例を考えてみよう。

テロリストと過激派は、政治学者のラッセル・ハーディンが「不完全な認識論」と呼ぶものにしばしば悩まされていると理解することが重要である[13]。テロリストも過激派もばかではない。十分な教育を受けていないわけではないし、精神を病んでもいない。問題は彼らが何を知っているかであ

る。実際、彼らの知識はきわめて乏しく、その多くが不正確だ。彼らが知識を得るのはおもに、彼らのもともとの嗜好に訴え、それを増幅する人々からである。つまり自分の声の反響を大きな音で聞いているのだ。これが暴力を生む秘策となりうる。

ソーシャルメディアはここで重要な役割を果たす。FBIによれば、

イスラム国はアルカイダやその他の外国のテロ組織よりもさらに大規模に、コミュニケーションを図るために根気よくインターネットを使ってきた。わが国のことを考えると最も懸念されるのは、インターネットとソーシャルメディアを使ったイスラム国の幅広い到達範囲《リーチ》である。イスラム国は邪悪な戦略のためにこの技術を積極的に使ってきた。また従来のメディアプラットフォーム、光沢のある写真、詳細な記事、たった数秒で広まることもあるソーシャルメディアでのキャンペーンを併用している。急進化のメッセージは、フォーマットに関係なく、ほんの数年前に想像したよりも急速に広まる。

通信手段としてのソーシャルメディアは、テロ集団が利用する重要なツールである。……ソーシャルメディアでは利用者が横に広く分布しており、テロリストは、別の土地に送り込むために、あるいは自国での攻撃に当たらせるために、アメリカにいるあらゆる年齢層の無防備な個人を特定する――捜し出し、評価し、採用して、急進化する――ことができる。今や外国のテロリストはこれまでになく、アメリカ国内に直接アクセスできるようになった[14]。

アメリカ本土への数回にわたるテロ攻撃に際して、実行者らはソーシャルメディアでイスラム国への

忠誠を誓った。二〇一五年五月、銃を持った二人の男が、テキサス州ダラス近郊のガーランドで催されていた預言者ムハンマド漫画コンテストの会場の外で発砲した。襲撃の直前、男たちの一人は「アッラーが私たちをムジャヒディン（イスラム戦士）として受け入れてくださいますように」とツイートした。[15] 二〇一五年一二月、カリフォルニア州サン・バーナーディーノで開かれていた職場での年末のパーティで一組の夫婦が銃を発砲し、一四人を殺害した。サイード・リズワン・ファルークとタシュフィーン・マリクはジハードと殉教についての私的なメッセージをやり取りしており、襲撃のあとでマリクは自分と夫がイスラム国の指導者であるアブー・バクル・アル・バクダディへの忠誠を誓うという短い文章をフェイスブックに投稿した。[16]

稀に「一匹狼《ローンウルフ》」のテロリストによる攻撃も起きており、潜在的な実行者も実際の実行者も含めて、急進化するのをオンラインプラットフォームが助けている。[17] ある研究論文は九月一一日のテロ以降、オンラインのソーシャルネットワークが急進化を進めるのに主要な役割を果たしたことを見出している。[18] この論文はつぎのように結論づけている。

この変化の原因に技術がある。インターネットのチャットルーム、陰謀論のサイト、フェイスブックとツイッターの登場により、オンライン活動家はドローン攻撃から単一世界政府、アメリカでの差し迫った戒厳令公布に至るまで、あらゆる問題を心配するあちこちに散らばった人々を結びつけ、一人で悩むのはやめようと告げることができる。さらに急進化は〝オンラインで同情してくれる人々への親近感〟によってしばしば起こる。[19]

イスラム国はシリアとイラクのカリフ制再興を宣言した地域に送り込む要員も集めようとした。二〇一五年九月にはおよそ二五〇人のアメリカ人がシリアに向けて出発したか、出発しようと計画して、約一五〇人が渡航に成功した[20]。二〇一四年から二〇一五年中頃にかけて、平均で月一〇人ほどのアメリカ人が渡ったことになる（FBI長官のジェームズ・コミーによれば、二〇一六年五月には月一人程度に激減した[21]）。たいした人数ではないが、これらの人々をつないでいる特徴は、彼らがジハード主義者のオンラインサークルで活発に活動しており、ソーシャルメディアで効果的なポスターの役割を果たしているという点である[22]。

イスラム国が二三歳の孤独なアメリカ人女性をツイッター、メール、スカイプでどのように標的としたかを記録した新聞記事風の解説について考えてみよう[23]。イスラム国の要員募集担当者《リクルーター》は、その女性の質問に丁寧に答える一方でゆっくりと教化していき、より過激な立場に向かわせることによって、オンラインおよび地域社会でのほかの見解から孤立させようとした。オンラインコミュニケーションでは、リクルーターが、近所のモスクには政府の人間が潜入しているとその女性に告げて、イスラム国との関係を否定するそのモスクに行かないように助言した。計画的に孤立させたのだ。かつて過激派だったある人物は「われわれは孤立している人を探す。まだ孤立していなければ、われわれが孤立させた」と語った。この作戦はイラクのアルカイダが作成したリクルートマニュアルの手順をたどっていた。マニュアルでは、見込みのある新人との連絡を絶やさず、彼らに共感し（「会話によく耳を傾けること」、「その人の喜びと悲しみを共有すること」）、イスラム教の基本を教え、そのあとではじめてジハードの概念に触れさせること、と指示している[24]。リクルーターはその若い女性と彼女の幼い弟をイスラム国に招いた。家族の介入とその後のＦＢＩの関与がなければ、この作戦は成功していたかもしれない。

要するに、インターネットとソーシャルメディアはバーチャルフォーラムにおいて、また孤立した無防備な人々を対象とする、世界中からのリクルート活動を容易にしている。米国務省元テロ対策調整官のダニエル・ベンジャミンは「テロの歴史を見れば、インターネットはダイナマイト以降、おそらく最も重要な技術革新であり、さまざまな側面にことごとく対処するのはきわめて難しい」と述べた[25]。

ツイートするテロリスト

イスラム国はツイッターをどの程度利用しており、アカウントの停止はツイッターでの活動を制限するのにどの程度役に立つだろうか？　二〇一六年後半には、イスラム国のアカウントの停止が一般におこなわれるようになり、成功しているように思える。しかしツイッター社が継続的に、またときには積極的に取り組んでいるにもかかわらず、テロにかかわるほかの人々はツイッターを利用しつづけている。

何年か前に、研究者のＪ・Ｍ・バーガーとジョナサン・モーガンは、ツイッターを利用しているイスラム国支持者の断片を切り取ってみせた[26]。二〇一四年九月から一二月まで、彼らは控えめな評価と呼ぶものを示した。イスラム国支持者は少なくとも四万六〇〇〇件のツイッターアカウントを使用していた。その中で、利用者の五人に一人は使用言語に英語を選び、平均して一〇〇〇人のフォロワーがいた（普通のツイッター利用者よりかなり多い）。調査期間中、ツイッター社はイスラム国支持者が開設したアカウントを大量に停止しはじめた。研究者らは、イスラム国がこうしたアカウント停止にさまざまな方法で順応することを知った。たとえば一時的に他のソーシャルメディアプラットフォームに移ったり、「レーダーに探知されずに低空飛行する」ための小規模なアカウントを作成し、その後、もっと広く拡散できるファイル共有サイトにビデオをアップロードしたり、いくつかのアカウントのプライバシー設定を強化して再構築し、すでに判明している支持者の小グループがイスラム国の支援を受けたツイートをフォローできるようにした。

ツイッター社はイスラム国を支持するアカウントをできるだけたくさん停止するべきだと考えるのは理にかなっている。結局、そうすることは、ローンウルフと連絡を取り合うことも含めてイスラム国のリーチを狭めるはずである。これは正しい取組み方であり、ツイッター社はそうしてきた。しかしバーガーとモーガンは、そこにある潜在的な欠点を示唆する。すなわち急進化する大音量のエコーチェンバーである。アカウント停止が続いたあとで、バーガーとモーガンは調査のために同規模のネットワークを再構築しようとしたが、「新しいシードアカウント〔影響力のあるアカウント〕によってフォローされたアカウントにかなりの重複があり、平均フォロワー数は増えたものの、焦点がより内向きなネットワークを指向した」。バーガーとモーガンは、アカウント停止はイスラム国の支持者を孤立させることになるかもしれず、その結果、相手を軟化させたり脱急進化させたりといった影響を及ぼす機会が減る可能性がある――すなわち、潜在的な出口を塞いでしまう可能性があると指摘した。その結果、より孤立した内部ネットワークが生まれる可能性があり、そこでは急進化の力がよりいっそう強いと判明するかもしれない。「単調で耳障りなコンテンツが増えれば、ネットワークの新しいメンバーはそこにとどまる気をなくすかもしれない。ほかの人にとっては、より焦点を絞った統制の取れた集団力学が急進化の速度を速め、激化させるかもしれない」[27]。こうしたリスクは、ソーシャルメディアを通じてローンウルフ型攻撃を奨励しようとするイスラム国の試みを妨げることの潜在的利益と比較して検討するべきだと、研究者らは結論づける。私の考えでは、この利益は危険を大きく上回る――しかしながら危険は存在する。

その後の研究で、バーガーともう一人の共著者であるヘザー・ペレスは、二〇一五年六月から一〇月にかけてイスラム国支持者の英語のツイッターアカウントのみを調査した。その結果、こうして特定できるツイッターアカウントは約一〇〇〇件しかなく、平均で三〇〇~四〇〇人のフォロワーがいることを発見した。この調査期間中に、ツイッター社は一日当たりこれらの利用者の約一・八パーセントのアカウントを停止した。ネットワークの規模とリーチを制限するのにアカウント停止が有効だと、バーガーとペレスが発見したことは重要である。的を絞ったアカウント停止は、新しいアカウントの作成を繰り返していた個人の利用者をも混乱させた。このようなアカウント停止は「繰り返し違反する利用者……に概してかなり不利益な影響を及ぼし、彼らのネットワークの規模と活動のペースの両方を縮小させた」。バーガーとペレスはアカウント停止がエコーチェンバーにどう影響するかを直接テストしていないが、この二度目の調査は「イスラム国の英語のソーシャルネットワークはきわめて孤立しており、利用者はたいてい相互にフォローし合い、交流している」ことを証明した[28]。

すでに述べたように、アカウントを停止した結果、イスラム国は基本的にツイッターを離れたように見える。二〇一五年中頃から二〇一六年末にかけて、ツイッター社はテロと関係があると考えられる三六万件のアカウントを停止した[29]。アカウントを特定するのに、ツイッター社は利用者からの報告に加えて、特許を取得したスパム対策ツールを含めた独自の技術を使っている。またユーチューブやフェイスブックは自動システムを採用して、過激派のコンテンツを妨害し、またそれぞれのページから削除したとも報じられている。

ツイッター社のアカウント停止に応じてイスラム国がとった戦略の一つは、リクルートの道具ならびにプロパガンダ拡散の手段としてハッシュタグを使うことだった。しかし民主主義政府を含めてイスラム国と敵対する人々は、イスラム国のメッセージと相反する多様なメッセージを伝えるのに同じハッシュタグを使うことで、この戦略に対抗するかもしれない。ソーシャルメディアの中では、テレグラムがイスラム国に残された選択肢の一つとなるかもしれず、その方法で大勢の支持者に到達するのは容易ではない。しかしその他のテロ組織はなおもツイッターを利用しようとしつづけており、彼らを打ち負かそうとする人々にとって、引きつづき課題となっている。

ソーシャルメディアでテロを阻止する

テロリストがインターネットとソーシャルメディアを使って要員を集め、感化し、急進化していることで、彼らのオンライン活動を止めるように求める、民間組織と政府にたいする圧力はますます強まっている。すでに述べたように、アメリカ政府はたくさんのこうした取組みに従事しており、テロリストのプロパガンダ（嘘や陰謀論が顕著に含まれる）が対象とする相手にとって信頼できる協力者と政府が頻繁に連携し合うことにより、そのプロパガンダが信用に値しないことを示そうとしている。こうした取組みは、有害情報および評判カスケードに対抗するうえできわめて重要である。

二〇一六年、イスラエルはパレスチナによるイスラエル国民への攻撃に荷担したとしてフェイスブックを非難した。[30] 二〇一五年一〇月から二〇一六年六月にかけての暴力の連鎖によって、三〇人以上のイスラエル人と二〇〇人以上のパレスチナ人が命を落とした。イスラエル政府の高官は、フェイスブックへの投稿がイスラエル人にたいするパレスチナ人のローンウルフ型攻撃を奨励し、賛美したと抗議し、フェイスブックが煽動的な投稿を削除しなかったことに異議を唱えた。この暴力の連鎖にもとづいて、約二万人のイスラエル人がニューヨーク州の裁判所で集団訴訟を起こし、フェイスブックがこうした攻撃に荷担していると訴えた。[31] しかしながら、フェイスブックはテロ組織のページと投稿を削除することにかなり積極的に取り組んでおり、おおむね成功していると強調することは重要である。

二〇一六年一月、オバマ政権の国家安全保障当局の高官がシリコンバレーに赴いて、アップル、フェイスブック、ツイッターなどのIT企業の重役と会い、テロリストによるソーシャルメディアの利用と闘うに際しての彼らの支援を取りつけた。[32] これらの会合を終えて、オバマ政権は、対急進化および介入のための戦略を練る任務を担う、国土安全保障省が率いる省庁をまたいだ新しい特別委員会を組織すると発表した。二〇一六年二月、国土安全保障省は、移民を対象とする各種手当を申請する人々ならびにシリアからの亡命を求める人々を監視することも含めて、ソーシャルメディアの利用を拡大すると発表した。[33]

連邦議会の議員らは根本的な問題に気づいていた。二〇一五年一二月、下院はテロリストによるソーシャルメディアの利用と闘うための法案を可決した(34)。上院も似たような法案を提出した(35)。そのほかの法案は、ソーシャルメディア企業にたいして、各プラットフォームでのテロリストの活動を法の執行機関に報告するよう求めることになるだろう（法律がオンラインの児童ポルノを報告するように求めるやり方と似ている(36)）。しかしながら今日まで、議会はいずれの法案も立法化していない。

ほかの民主主義国家はテロを助長するオンラインコンテンツへのアクセスを取り締まる法律を施行している。たとえばフランスの法律では、政府はテロ攻撃を煽動したり、おおっぴらに賛美したりするインターネットサイトを閉鎖することができる(37)。二〇一六年六月に制定されたテロ対策法の結果、こうした行為の有効性を故意に妨げる者は刑罰――懲役五年および罰金七万五〇〇〇ユーロ――が科される(38)。別の規定では、テロを煽動したり賛美したりするメッセージ、画像、あるいは表現を「習慣的に閲覧する」普通のインターネット利用者は、懲役二年および罰金三万ユーロの刑罰を科されるらしい（学術研究または科学的研究のために、あるいは犯罪捜査のためにテロリストのコンテンツを閲覧する人々のための除外条項はある(39)）。どれも、何人たりとも直接テロ行為を煽動または賛美することを禁じた、フランスの刑法の一般規定に追加された条項であり、オンラインでそのような行動をとる者にはより厳しい刑が科される――懲役七年および罰金一〇万ユーロである(40)。テロリストによるインターネットおよびソーシャルメディアの利用によって、フランスに自己反省の機会がもたらされただけでなく、活発な論争が起こった。二〇一五年一一月一三日にパリで起きたテロのあとで、調査委員会はテロ事件が起きた場合の一般メディアおよびソーシャルメディアの役割と責任についての熟考を求めた(41)。

テロリストによるソーシャルメディアの利用は変化に順応し、進化しつづけること、また人命を危険にさらすであろうことに疑いの余地はない。公職者はソーシャルメディアのこうした利用と闘いつづけることになる。ＩＴ企業を含めた民間組織はしばしば役に立つだろう。関連する行動のいくつかは言論の自由の問題を提起しない。少なくとも合衆国憲法のもとでは、民間企業による行動は憲法上の問題を提起しない。しばしばともなうのは危険な言論に対抗言論で応じ、記録を修正し、人々を新しい方向に進ませるといった行動である。[42] 政府が対抗言論を使うときは憲法上の問題を生じない。しかし世界の耳目がますますテロ、とくにアルカイダとイスラム国に集まることは、言論の自由の理論と実践にとってのアメリカ最大の貢献、すなわち明白かつ現在の危険という基準にたいする新たな課題となる。アメリカでもヨーロッパでも、その基準について考え直す時期が来たかどうかを、少なくとも問う価値はある。

明白かつ現在の危険

二〇世紀初期の数十年に連邦最高裁裁判官のホームズとブランダイスが説いたように、明白かつ現在の危険の基準は、危険が生じる可能性が高く（「明白」）、しかも差し迫っている（「現在」）という二つの条件が揃わないかぎり、政府が政治的言論を規制することを禁じる。ある人物が「アメリカ政府を倒すべきだ」「テロ行為はもっと起きたほうがよい」「すべてのイスラム教徒はイスラム国に加わるべきだ」と発言するとしても、それらの言葉が差し迫った違法行為を生む可能性が高くないかぎり、処罰できない。

通常理解されるように、明白かつ現在の危険という基準は、テロリストが目的を果たすためのいろんな形のリクルート活動とプロパガンダも含めて、多くの危険な言論を保護する。ホームズ自身がこの点を認めており、「われわれが忌み嫌う、命の危険をともなうと考えられる意見表明を検分しようと試みる」ことにたいして厳しい警告を発している（「命の危険をともなう」という表現についてじっくり考えてみる価値はある）。この警告は好ましい。普通、政府が危険とみなす言論、あるいは実際に危険な言論にたいする最善の対応は、検閲ではなく言論を増やすことである（ブランダイスが力説した通り）。

しかし、明白かつ現在の危険の基準はつねにわれわれの味方ではなかったと理解することは重要である。それどころか、この基準は比較的最近受け入れられたばかりだ。ホームズとブランダイスの時代には、この二人は反対意見を述べる敗者だった。最高裁は一九六九年まで彼らの意見を全面的には採用しなかった。第一次世界大戦中から戦後にかけては、言論の自由の原則は、言論が「悪い傾向」に傾いているときは政府が罰することが許されると広く理解されていた。「悪い傾向」とは害をもたらす傾向という意味である。危険な言論は規制可能だった。言論の自由の原則には、現在備わっている強さがなかったのだ。

一九二五年に最高裁が裁定したように、「立法府が防げるかもしれない現実の害悪をもたらす自然な傾向と確かな効果を備えた」言論を保護することはできないだろう(43)。もちろんこの基準のもとではテロリストのリクルート活動は保護されないだろう。同じことは多くの政治的意見の相違にも当てはまる――つまり、この基準は言論を十分に保護しなかったし、これからも保護しないだろう。一九五一年にはまだ最高裁は明白かつ現在の危険でない場合でも言論の規制を許可した。〝デニス対合衆国〟裁判で、最高裁は共産党を組織してアメリカ政府を転覆しようとする人々の有罪判決を支持した(44)。裁判官らは明白かつ現在の危険という基準とは「暴動が実行されるばかりになり、すでに計画ができており、ゴーサイン待ちの状態になるまで、政府は動いてはいけないという意味」であると解釈することを拒んだ。

最高裁は、テロリストのリクルートやプロパガンダ活動の文脈で容易に繰り返されうる言葉で、革命家らが「機は熟したとみなしたときに攻撃」したいと思うだけで十分だと判断した。「世界的危機が続く状況で、アメリカ政府の転覆をもくろみ、そのことに専念する組織」によって共同体の安全が重大な危機にさらされていたときに、恐ろしい損害が出る可能性が低いか（厳密には）差し迫っていなくても、政府は危険を阻止するための行動をとることができた。基本的に、損害の重大さが増したなら、損害が生じる可能性があり、しかもそれが差し迫っていることを示す必要はなくなるという考え方である。普段の生活ではこの考え方は大変理にかなっている。特定の行動によってあなたが一年後に全財産、あなたの子ども、あるいは自分の命を失う確率が五パーセントなら、あなたはおそらくその行動をとらないだろうし、そういう事態にならないように手を尽くすだろう。規制全般にかんしても同様である。ある行動によって一〇年で一〇万人が死ぬ確率が一〇パーセントなら、たとえその危険がほとんど明らかでなく、けっして差し迫っていなくても、その行動を禁止するべきもっともな論拠がある。言論は別に扱うべきだということは、それほど明白なのか？　つねにそうなのか？　ソーシャルメディアを利用することで引き起こされるテロの危険という文脈ではどうだろうか？　少なくとも、ソーシャルメディアの運営者がテロ組織による投稿を自主的に削除するなら、誰も反対するべきではない。

アメリカ史上最も偉大で影響力のあった裁判官の一人で、ラーンド・ハンド（博識な手）という冗談のような名前を持つ人物は、明白かつ現在の危険という基準を別の理由で退けた。ハンド裁判官は、たとえ損害が差し迫っていないとしても、言論の自由の原則は明確な、あるいは露骨な暴力の煽動をたんに保護しないにすぎないと信じた。ハンド裁判官の考えでは、彼の手法は言論の自由に適切な余地を与えていた。すなわち、あなたがただ変革への関心を喚起しているだけなら、政府はあなたを訴えることができない。あなたは無条件に保護される。しかし人殺しを働くようにあからさまに人々を煽動しているなら、憲法によって保護されない。ハンド裁判官は明白かつ現在の危険という基準を感傷的だと考えており、この基準よりも自身の手法をはるかに気に入っていた。この基準とは対照的に、ハンド裁判官は煽動を除外するという自身の判断を「信頼でき、慣例的で、回避するのが難しい、質的な解決策」として抗弁した(45)。ハンド裁判官の手法のもとでは、言論が保護されるかどうかという問題は、言論の結果を参照するのではなく、言論の性質——実際にそこに含まれる言葉——を参照することによって答えが出るだろう。そのようにして、ハンド裁判官はホームズとブランダイスが支持した手法を退けた。

何十年ものあいだ最高裁はハンド裁判官の解決策にまったく興味を示さなかった。また大方の人々は〝デニス対合衆国〟裁判の判決を自由社会では真剣に受け止めるべきでない大失敗であり、赤狩りの産物だとみなした。ブランダイス裁判官はつぎの通り最善の理由を示した。「議論を通じて虚偽や誤りを暴き、教育によって悪事を避ける時間があるなら、適用すべき救済法は沈黙の強制ではなく、より多くの言論である」。ブランダイスの考えでは「緊急事態だけが制止を正当化できる」のだ(46)。

これは魅力的な考え方であり、通常は正しい。だがテロ組織のリクルートおよびプロパガンダ活動に適用したときに説得力はあるだろうか？　ある場所での言論の力をいちじるしく拡大して、未確定の時期にほかの場所で暴力を引き起こすような、ソーシャルメディアでの彼らの活動に適用した場合はどうか？　より多くの言論という解決策が役に立たず（しばしば役に立たないだろう）、何十人、何百人、あるいは何千人もが殺される結果になるとしたらどうだろうか？

たしかに最も極端で悪意に満ちた形の言論にさえ価値はあるかもしれない。少なくとも人々はほかの人が何を信じているかを学ぶだろうし、それは重要である。しかしこの形の言論が多数の死をもたらす純粋な危機を生むとすれば、その利益は代価と比べて小さく見えるのではないかと訊ねることは正しい。ハンド裁判官自身、煽動という言葉を限定的に定義したことで主観性および到達範囲の過剰な拡大を避け、反対者や不人気な主張を黙らせるために政府がその言葉を乱用することはできないと主張した。ハンド裁判官の基準のもとでは、テロリストによるリクルート活動の一部の形態は大きく境界を越えるため、保護されないだろう。

言論の自由にたいする危機を最小限に抑えるための一つの可能性は、ハンド裁判官の手法と一種のバランシング（利益衡量）との組み合わせを検討することであろう。人々がはっきりと暴力を要求することであからさまに暴力を煽動しているならば、切迫しているかどうかにかかわらず、公共の安全にとって深刻な危険をもたらすとき（その場合にかぎり）彼らの言論はおそらく保護に値しない。あるいは切迫しているという考えそのものを広げて、たとえば一日、一週間、あるいは一カ月のうちに危険が現実になることを必要としないことも考えられるだろう。この手法はもろもろの政治的言論および反対意見に現在与えられている高度な保護を本質的に維持するだろう。アメリカでは、これがかろうじて現行法を離れるための方法となるだろう。たしかにこれが最善の方法となるかどうかははっきりしない。ハンド裁判官とは反対に、言論が純粋に危険であれば、明示された煽動を含まなくても保護されるべきでないと反論する人はいるかもしれない。また基礎にある言論が「命の危険をともなう」としても、明白かつ現在の危険という基準は実際に最善であると主張する人もいるだろう。問題は、この結論が今の時代に理にかなっているかどうか——またそれは本当に人々が死ぬという意味なのかどうかである。

自由社会では言論を罰することはほぼ必ず間違っている。しかし少なくとも、明白かつ現在の危険という基準を支持する論拠はかつてほど明らかではない——そして、それは今の時代にあまり適していないかもしれない。

第11章　#リパブリック

本書で論じてきたことの多くは、最も偉大な自由と民主主義の理論家のうちの二人であるジョン・スチュワート・ミルとジョン・デューイの言葉に表現されている。もう一度、ミルの言葉を思い出そう。

現在のように人類の発展の度の低い状態においては、人間をして、自分たちとは類似していない人々と接触させ、自分たちが慣れている思考および行動の様式とは違った思考および行動の様式と接触させるということは、ほとんどその価値を過大に評価することができないことである。……このような交通は、いつの時代にも進歩の第一次的源泉の一つであったが、とくに現代においてそうである。(1)

（末永茂喜、岩波書店）

そしてデューイはつぎのように述べる。

かつて行われていた法的制限が廃止されたというだけの理由で、今日では思考とそのコミュニケーションとは自由であると信じこむのは不合理なものである。このような信仰の流行が社会的知識の幼稚な状態を永続させているのである。なぜならばこうした流行は、われわれに必要なものの中枢にあるのは、めざされている探求の道具として使用される概念を、すなわち実際の使用において検証され、訂正され、発展させられる概念を所有することであるという認識を曇らせるからである。人間や精神が、ただ放置されていたというだけで解放されたことはまだ一度もない(2)。(阿部齊訳、筑摩書房)

私はこうした考えを念頭において、自己隔離の習慣により――多くの人が同胞の関心事や意見から自分を隔てているという状況により――引き起こされる可能性のある、個人にとっても社会にとっても同様に深刻な問題を強調してきた。フェイスブックのコアバリューならびに完全な個別化というおそらくユートピア的な未来像によく表れている消費者主権の理念は、民主主義の理念を傷つけるだろう。ディリー・ミーはユートピア的未来像というよりは一種の悪夢、民主的自治の無視された条件についての多くの教訓をともなうSF物語として理解するのが最も分かりやすい。#リパブリックはその悪夢となりうる――あるいはミルとデューイが語った理念の好例となりうる。

孤立集団の内と外

無数のニッチで構成される完全に個別化された言論市場によって、自治が実現する可能性は低くなるだろう。それは重要な意味で、かかわる個人の自由を拡大せずに縮小するだろう。またかなりの社会の断片化を引き起こすだろう。偽情報を広め、その中には危険な情報もあるだろう。個人間でも集団においても相互理解ははるかに難しくなるだろう。人々がインターネットをこのように使っているかぎり、彼らは自分自身にも同胞にも害を及ぼしている。

私はこれが一般的な行動様式である、もしくはほとんどの人はそうしていると言っているのではない。好奇心の強い人は多く、彼らはインターネットに接続してさまざまな話題や意見を閲覧する。大衆メディアも大きな役割を果たしつづけている。インターネットの公共圏はネットワークでつながっている。しかし、それにもかかわらず人が群れる行動はよく見られ、自分と考えの似た人の話を聞き、そういう人と言葉を交わすことを選ぶ人がたとえ少数でも、集団分極化は政治にとって重大なリスクである。自由社会は多様な話題と見解を提供する公的な領域から利益を得るのだ。

これらの主張の内容は、自由社会は選択の自由のための場所ならびに考えの似た個人から成る熟議する孤立集団のための場所を設けるという考えと矛盾しない。選択の自由は個人にとっても社会にとっても善であると力説する必要はないはずだ。さらに熟議する孤立集団は、状況が違えば沈黙させられたり鎮圧されたりするであろう見解にも発展の機会を確保する。集団の成員が仲間内で話すことができるなら彼らは自分の考えをより広い社会に伝えるのに苦労することがあり、集団の成員が仲間内で話すことができるなら彼らはおおいに学べるし、その結果、他者との議論によりいっそう貢献することができる。

「二次的多様性」――独自の明らかな慣行と見解を持つ多数の集団から社会が利益を得るときに生まれる類の多様性――の重要性を思い出そう。(3) たくさんの組織の存在を国が許すなら、また各組織がかなり均質ならば、その国はその結果として生まれる幅広い見解から利益を得るだろう。フェイスブックページとツイッターアカウントは間違いなく二次的多様性を促進する。また多くの人が懸念、不服、傷、不安を抱えていて、他者もそういう思いを抱えていることを知る機会がないかぎり、そのことを声に出さず、また胸のうちで気持ちを整理することすらないかもしれないことも忘れないでほしい。彼らはみずからの知識を得る能力において傷つき、また知識を持つ人としてまじめにとらえてもらえないという、一種の「認識的不正義」を経験するかもしれない(4)。彼らは自分の経験を聞いてもらう機会を得られない。ソーシャルメディアはその不正義に対抗することができる。

私は集団分極化とサイバーカスケードが重大な危険を引き起こすと述べはしたが、広く賞賛されている運動および賞賛に値する運動において、どちらも申し分のない役割を果たしてきた。その例として同性婚、南アフリカでのアパルトヘイト批判、アメリカの公民権運動、奴隷制にたいする非難について考えてほしい。これらすべての運動が集団分極化によって勢いづいた。また集団分極化もカスケードもたんなる歴史的興味の問題ではない。たとえば独裁国家の政治的反対者、がん患者、SF愛好家、感染症を心配する人々、身体的もしくは精神的障害を持つ子の親、貧しい借家人、宗教的少数派のメンバー同士の私的な会話について考えよう。共通の経験や苦情を持つ人々のあいだで交流するための孤立集団の形成をソーシャルメディアが容易にするならば、ソーシャルメディアは危険であると同時に恩恵でもある。たとえば別の状況であれば孤立感を強め、自分の状況は独特であり、いずれにせよ絶望的だと誤解したであろう場面で、共有された困難について人々が話し合うことははるかに容易である。このように、孤立集団での熟議は関わる人々にとっても社会全体にとっても大変好ましい。

熟議する孤立集団の危険性はすでによく分かっているはずだ。その成員は、考えが似た人々の熟議によって生じた圧力が予想通りにもたらした、何の価値もない立場へと考えを変えるかもしれない（がんに対処する方法についての、根拠のない常識外れの意見はその一例）。極端な場合、孤立集団での熟議は社会の安定を危険にさらすことさえあるかもしれない（よいほうに向かうこともあるが、たいてい悪いほうに向かう）。テロはそれ自体が考えの似た人々による熟議の産物であり、テロリストをリクルートするためのソーシャルメディアの利用は言論の自由の原則にとって重大な課題を提起する。過激派が、おもに他の過激派からもたらされる関連情報の一部にさらされる形で、一種の「不完全な認識論」にしばしば苦しめられるのをすでに見てきた(5)。

しかし、違う種類の未来像を想像するのは難しくない——デイリー・ミーによって提供されるものとは正反対の未来像である。多様な意見を求め、いろいろな話題について学ぶことは重要だと、ほとんどの人が通常考えているとしよう。最新技術によってもたらされる途方もない機会は、市民——大方は国民だがときには世界市民——の道具としていつも利用され、その中で人々は絶えず視野を広げ、しばしば別の意見について知ることで自分の考えをテストする。これと同じ趣旨の一般的な社会的慣行は容易に想像できるし、インターネットをこのような形で利用することに人々が広く傾倒するようになった社会への文化的な変化さえ容易に想像できる。いくつかの場所では現在このような変化が起きている。

こうした志が民間組織と公共機関によって損なわれることなく、支援される文化を想像することもできる。このような文化では、ウェブサイトは他の意見——たとえサイト作成者の意見と根本的に異なっても——について知りたいという人々をしばしば助ける。このような文化では、さまざまな見解を示すサイトへのリンクを提供するのが一般的だろう。またこのような文化では、政府はおそらく道徳心に訴える説得のみによって、コミュニケーションシステムが民主的自治を邪魔することのないように、確実に自治に役立たせようとするだろう。

消費者と市民

個人の選択を尊重するかどうかを問うことによってコミュニケーションシステムを評価するべきだと考える人は多い。この観点から、言論の自由にとっての唯一本当の脅威は、通常理解される意味での検閲である。言論とは、需要と供給の影響を受ける消費者によって選択されるもう一つの商品にすぎない。普通の消費者向け製品にかんしては、より多くの人が好みの製品を「カスタマイズ」し、個別化できるようになれば状況はよくなると考えるのは当然だと思われる。

トースター、自動車、チョコレート、本、映画、コンピュータを扱うまともに機能している市場は、個人が選択できる領域を広げることができれば——そうすることで、あなたが持っているのと同じ商品が欲しいのでないかぎり、私がその商品を選ばないことが個人の力でできれば、よりうまく機能する。コミュニケーションにかんしても車やチョコレートと同じで、一つのサイズですべてに対応することはできない。ニッチマーケティングは拡大しており、多くの人がニッチは多ければ多いほどよいと考えているようだ。しかしながら、インターネットが消費者の選択肢を増やすかぎりにおいて、ニッチは消費者にとってまったく純粋な恩恵ではないことをわれわれは学んだ。消費のトレッドミルとは、多くの製品にかんして人々がよりよい品をもっと買うことは、実際に生活をより幸福にしたり改善したりすることなく、もっと金を、ことによると大金を使わせることになる状況を指す。

しかしより基本的な問題があり、表現の自由のシステムは消費者および消費の観点だけで見るべきではない。自由な共和国では、このようなシステムは民主的自治のための条件を維持すること――消費者だけでなく市民にも仕えること――を意図している。こうして多くの人はたいていの場合、また事前に、同胞が言いたいことを聞かない選択をするとしても、パブリックフォーラム論は街路と公園が確実に演説者に開放されることを請け合う。

二〇世紀初期にパブリックフォーラムの理論が最初に考案されたときは、街路と公園に近寄らずにいることは今よりかなり難しかった。それゆえパブリックフォーラムの理論は実際的な重要性が非常に大きかった。しかし次第にそうではなくなっている。今は公共空間でほとんど過ごさずに生活できる。二〇世紀中頃から末期にかけての大衆メディア――新聞、雑誌、放送局を経営する会社――はおもに偶然によって、かつての街路と公園が担っていた歴史的な仕事の多くをこなしてきた。大衆メディアは、別の状況では見過ごされてしまい、事前に選ばれることはなかったであろう問題や見解に人々を触れさせる。同時に大衆メディアは異質的な社会での経験の共有を確保する。

自由社会では大衆メディアを避けたい人はそうしても許される。政府機関は大の大人に何かを読むように、あるいは見るように強制しない。ビッグブラザーはあなたを監視していないし、あなたが見るものを監視していない。それにもかかわらず、主要な民主主義の目標は少なくとも社会的統合――宗教や人種グループの統合だけでなく、人間らしい共感の輪を広げ、人の生活を豊かにするようなさまざまな枠を越えた統合――の手段を確保することである。大衆メディアを持つ社会は健全な公共空間を持つ社会と同じで、探すつもりのなかった情報や意見に無数の人々を触れさせると同時に、経験の共有を促す。まともに機能している表現の自由のシステムのこうした特徴は、個人が自分のコミュニケーションパッケージを個別化するときに――視野を狭めるやり方で個別化するとしたら間違いなく――損なわれるだろう。

自己選択の問題は、フィルターを作成する生産者の能力によって折り合いがつけられ、補完されて、人は自分で選んでいなくても、気に入りそうなものを与えられる。アルゴリズムはますます正確なフィルターを作れるようになり、性能は日々向上している。自己選択と同様、アルゴリズムも生活をより楽にし、より便利にする。あなたがバスケットボールについての本にしか興味がないなら、行動経済学にかんする本の広告を送りつけられるべきではない。しかしここでもやはり視野が狭まり、人々はますます狭量になる可能性がある。

共和国は直接民主主義国ではないこと、そして優れた民主制は――特定の時点に人がたまたま欲しいと言ったことに即座に反応させるためではなく――熟考と討論の手段を確保するために作られた機関を備えていることを、私は本書を通じて強調してきた。このように、原初の合衆国憲法は特殊な「フィルター」一式――政府内で熟議がおこなわれる可能性を高めるようなフィルター――への強い関心にもとづいていた。同様の関心はほとんどの民主主義国家に見られ、大衆の圧力に反射的に反応する危険から国を守っている。人々が短期的見解を表明して政府の反応を誘うことが最新技術によってより簡単になるかぎり、その技術には期待ではなく危険がともなう。しかし、こうした技術によって人々が互いに熟議し、根拠を語り合うことが簡単になるかぎり、その技術は表現の自由のシステムの、活気ある理念のいくつかを前進させる。

インターネットおよびその他の通信技術にかんして、「規制無し」が将来とるべき道筋であると言うことは何の役にも立たないし、またそれはありそうにないこともわれわれは学んだ。財産権を保護するどんなシステムも政府の積極的な役割を必要とするし、またその役割は規制という形をとって、法律のおかげでその立場にある「所有者」が、アクセスを求める人々を排除することをとくに可能にしている。サイトの所有者と運営者がサイバーテロならびに彼らの財産権にたいするその他の侵害行為から保護してもらおうとするならば、政府と法律（納税者は言うまでもなく）が中心的役割を果たすことになる。問題は規制を設けるかどうかではなく、どういう規制を設けるかである。

言論の自由はけっして絶対ではない。あらゆる民主制度は財産権を設定するだけでなく、偽証、収賄、脅迫、児童ポルノ、詐欺的な企業広告（メールで送信されるウイルスは言うまでもなく）など、さまざまな形の表現を取り締まることによってもある種の言論を規制する。問題は、民主的自治をとくに含めた表現の自由のシステムにかかわる価値を高める一方で、ある種の言論をどのように規制できるかである。

私は表現の自由とたくさんの重要な社会的目標との関係も強調した。情報が自由に得られるとき、独裁国が体制を維持できる可能性は低い。そのためインターネットは民主的自治の大きな原動力となる。ここではソーシャルメディアがとくに価値を持つ可能性がある。私はアマルティア・センの著書にもとづき、とくに最新技術にかんして、表現の自由は、それが政府に圧力をかけるからこそ社会福祉にとって重要であると述べた。報道の自由と開かれた選挙を備えた社会では飢餓が起きていないという、センの所見を思い出してほしい。われわれはこの所見を、国民が政府に仕えるようにではなく、政府が国民に仕えるように保証するうえでの、表現の自由のはたらきにたいする比喩ととらえるべきだ。このことはソーシャルメディアの民主的な機能を支持する強力な論点とみなすことができる。

悲観論、懐古趣味、未来予測を越えて

私はさらに三つの特別な提案をした。第一に、カスタマイズしてフィルターをかける無限の力を個人が手にするコミュニケーションシステムは、行き過ぎた断片化を生むおそれがある。人口統計学、宗教、政治などによって定義されたさまざまな個人および集団が自分の好みに合う情報や見解を選び、好みに合わない話題や見解を排除するなら、そうなるだろう。このことによって疑いなく、より細かく細分化した社会が生まれるだろう――実際すでに生まれつつある（毎年、その年独自の事例が生まれるだろう。#黒人の命は大切だと #すべての命は大切だを比べてほしい）。この危険は集団分極化の現象によっておおいに強調され、熟議する集団は集団分極化を通じて、熟議前の判断で示されたのと同じ方向に、より過激な立場に移行する。実際、考えの似た者が互いに言葉を交わすことがインターネットによって容易になる――そして結果的に過激な、またときには暴力的な立場に移行する――というだけで、インターネットは集団分極化の大きなリスクを生む。

自分の声の反響ではない意見を最も聞く必要のある人々は、代わりの意見を探そうとする可能性が最も低いということはよくある。その結果、偽情報が何千、何百万もの人々に広まり、かなり望ましくな

い種類のサイバーカスケードが起こりうる。われわれはこの趣旨の証拠がテロ組織に最も鮮やかに現れるのを見てきたが、この問題はそれよりはるかに一般的である。最も範囲を広げて、ジェイコブズの『アメリカ大都市の死と生』のセレンディピティ、驚き、自分で選んでいない出会いを讃える見事な散文詩を思い出そう。ソーシャルメディアはパリ、ベルリン、あるいはサンフランシスコのようになれるだろうか? おそらくなれない。しかしその方向に移行することはできる。

第二に、無制限のフィルタリングというシステムは、共有される情報と経験にかんしてわずかしか生み出せない。多くの人もしくはほとんどの人が少なくともときどきは同じ話題に焦点を合わせているならば、われわれは一種の社会の接着剤の恩恵を受ける。情報は公共財――情報を受け取る特定の人を越えて利益が広まる可能性のある財――であるという事実を考えると、この問題はなおさら重要である。ほとんどの人は手に入れた情報を他者に広め、その他者が情報の利益を得るというだけで、大衆メディアはこの点にかんして多くの利点を提供する。

第三に、無制限のフィルタリングのシステムは、個人の自己開発にかんして、また民主主義の観点から理解される意味での自由を損なうだろう。共和国で暮らす市民にとって、自由にはさまざまな話題と意見に触れる機会が欠かせない。私は、読みたくもない情報を読み、閲覧するように人々に強制するべきだと言っているのではないし、そう信じてもいない。しかし民主主義政体は民主的組織を通じて活動し、消費者主権を尊重することによってだけでなく、さまざまな問題と見解に触れる機会を奨励するコミュニケーションシステムを構築することによって自由を促進しようとするものだと、私は主張する。こうした政体は真実を大切にする。

私が述べたことのいずれも、今後数十年間に、そしてさらにその先に見られるようになるであろう個人の選択についての、経験的な主張ととらえるべきではない。ほとんどの人は特定のイデオロギーを持たない情報源を喜んで参考にするか、そうすることに少なくとも満足している。われわれはニュースを知りたいときにそういう情報源に頼る。多くの人は好奇心旺盛で（これは見過ごされている市民の美徳である）、すでに身につけた嗜好と判断力をたんに強化するだけでなく、興味を刺激する情報を見たいと望んでいる。このことはとくにインターネット上の多様なサイトのめざましい成長によって毎日証明されている。大衆メディアは重要な役割を今後も果たしつづけると私は力説してきており、その多くはオンラインでおおいに成功している。遠い将来、コミュニケーションシステムがどういう形になるかは誰にも分からない。

私が試みてきたのは、懐古趣味や漠然とした悲観論の根拠を示すことではなく、まして未来の予測ではなく（このような状況ではとりわけ見込みのない試みである）、最新技術と民主的自治のシステムの主要な関与との関係を検討することである。悲観論、懐古趣味、未来予測によって注意をそらされるよりも、われわれの理想をもっとよく理解し、その理想を実現するために何ができるかを知るために、この三つの先へと進むべきだ。

フランクリンの挑戦

大群衆が合衆国憲法の起草者らに向かって、国民に何を「託して」くれたのかと訊ねたときに、フランクリンが「共和制だ。あなたたちがそれを維持できるなら」と答えたことを思い出してほしい。フランクリンの答えには希望が現れていたが、終わりのない義務を思い出させるための注意喚起でもあり、挑戦ですらあった。フランクリンが提案したのは、共和制の自治を公約する書類の有効性は建国者らの判断ではなく、まして書類の文言や当局や祖先への敬意でもなく、市民による長時間にわたる行動と献身に依存するということであった。「人々の無気力」によって引き起こされる危険に目を向けさせることで、ブランダイス裁判官はフランクリンのテーマを前に進めたにすぎなかった。

本書での私の最も包括的なテーマは、共和制を維持するための前提条件であった。最も重要な要素はまともに機能する表現の自由のシステム――マディソンの言う「ほかのあらゆる権利の唯一有効な番人」――であることをわれわれは学んだ。たしかにこのようなシステムは、議論の余地がある考えや意見にたいする公的な検閲を禁止できることを当てにしている。しかし、このようなシステムはそれよりはるかに多くのことがらに依存する。

表現の自由のシステムはある種の公的領域にも依存し、そこではさまざまな演説者が多様な公衆――そして特定の組織や慣行――に接近し、それらにたいして反論を始めようとする。このようなシステムは表現の自由の法律だけでなく表現の自由の文化をも要求し、その中で人々は同胞が言おうとすることに熱心に耳を傾ける。おそらく何にも増して、共和国、少なくとも異質的な共和国は、さまざまな経験と期待を携え、何が善で何が正しいかについて異なる意見を持つ市民が顔をつき合わせて相談する場を必要とする。

ここでは最新技術はけっして敵ではない。危険よりも希望をはるかにたくさん与えてくれる。実際、最新技術はとくに普通の人々が数え切れないほどの話題について学び、政府に責任をとらせ、限りなく多様な意見を求めることをいっそう容易にするかぎりにおいて、共和制の観点から大きな希望を与えてくれる。しかし人々がエコーチェンバーを作るため、また避けたい話題や意見から自分を隔てるためにソーシャルメディアを使っているかぎり、彼らは重大な危険を生み出している。また、表現の自由のシステムには個々の消費者による無制限の選択が求められると信じるならば、われわれは危険を危険だと理解さえしないだろう。

このような危険が現実となるかどうかは、結局のところ自由と民主主義を熱望する人々の思いに依存し、われわれはその光明によって自分の行動を評価する。私がここで立証しようとしてきたのは、自由な共和国では、市民はとくに選ぶつもりのなかった幅広い経験——人や話題や考えの経験——を提供するシステムを求めるということである。

謝辞

すべての書物には先祖がいて、本書には父と祖父がいる。祖父とは二〇〇一年に出版された〝Republic.com〟（『インターネットは民主主義の敵か』毎日新聞社）のことだ。この本はたちまち古くなり、続いて二〇〇七年に〝Republic.com 2.0〟（未邦訳）が出版された。この一〇年に、とくにソーシャルメディアの登場によってさらに多くの状況が変化した――そこで本書が誕生した。

前二作の影響は本書に示した内容にはっきりと認識できるが、この前二作で私は多くの助けを得た。大変貴重な議論を交わした最初の編集者であるトーマス・ルビアンならびに八人のすてきな仕事仲間であり、友人でもあるジャック・ゴールドスミス、スティーブン・ホームズ、マーサ・ヌスバウム、エリック・ポズナー、リチャード・ポズナー、ジェフリー・ストーン、デイビッド・ストラウス、そして今は亡きエドナ・ウルマン＝マルガリートに、格別の謝意を表したい。

本書にかんして、プリンストン大学出版局のエリック・クラハンとピーター・ドハティのすばらしい意見と助言、またダニエル・セバーソンの、研究アシスタントとしての一流の手腕に感謝している。中でも彼は種々の重要な考えを聞かせてくれた。いろいろと独創的な考え方を示してくれた、ハーバード大学の驚くべき研究施設であるバークマン・センターの多くの方々にも心よりお礼を申し上げる。とくにサンドラ・コルテシ、ブリッグズ・デローチ、ロブ・ファリス、ウルス・ガッサーには多方面で助けていただいた。ジャック・ゴールドスミスに深く感謝する。彼は祖父と孫に当たる私の著書の読者となり、どうすれば原稿がよくなるかについてとびきりの助言を与えてくれた。またさまざまな場面で力を貸してくれたマーサ・ミノウならびに、とくにハーバード・ロー・スクールの「行動経済学および公共政策にかんするプログラム」にお礼を申し上げる。

長年にわたり、私とともにエコーチェンバーの危険を案じる人々、また私の主張に反論して、心配する理由は一つもないと述べた人々に、より一般的なお礼を申し上げる。私と意見を同じくする、オバマ政権時代の友人であり仕事仲間でもあるたくさんの人々——家族同然の人々——は、政治的分極化を懸念している。ジョン・ファブロー、ダン・ファイファー、ジェン・サキ、ベン・ローデス、デイビッド・サイマスから私は多くを学んだ。バラク・オバマは大統領に就任する前も就任後もこの問題におおいに関心を示してきた。シカゴ大学の元同僚であり、ホワイト・ハウスの上司でもあった彼との長年にわたる啓蒙的な議論ならびに多方面での力添えに感謝の意を表する機会を持てたことを光栄に思う。

最後になったが、デイリー・アス（『日刊・私たち夫婦』）を作成し、私の知るかぎり誰よりも強くエコーチェンバーに抵抗し、また、自分で選ぶつもりもなかった予期せぬ経験や考えに触れる機会にこだわりつづけるわが妻サマンサ・パワーに感謝する。

解説

山本龍彦（慶應義塾大学法科大学院教授）

1. 本書におけるサンスティーンの主張

私のスマートフォンには、いまや自分でGoogle検索やYahoo検索をかけなくても、「慶應義塾大学」や「読売ジャイアンツ」に関するニュースやコラムが大量に飛び込んでくる。その理由はシンプルである。それは、私が過去に、自分の職場や、このお気に入りの球団に関する記事を進んで検索し、関連ページを閲覧していたからだ。GoogleやYahooのアルゴリズムは、こうした過去のウェブ閲覧履歴などから、私の職業や趣味嗜好を「予測」し（「プロファイリング」とも呼ばれる）、それに合った記事を配信しているというわけである。かくして、いまの私のスマホに、盆栽やバスケットボールに関する記事が送られてくることは滅多にない。それらは、アルゴリズム上、私の好みに合わないと評価されているからである。

インターネット時代を生きる我々は、このような自分好みのニュースに囲まれている。本書の著者であるキャス・サンスティーンは、かねてから、こうした情報環境を『デイリー・ミー（日刊・私）』――私による私のための新聞――と呼び、憲法の保障する健全な情報空間とは何かという観点から批判的考察の対象としてきたが、最近は、人工知能（Artificial Intelligence, AI）の発展やアルゴリズムの高度化による予測精度の高まりによって、我々を取り巻く情報環境はさらに「個別化（personalization）」されてきていると言えよう。イーライ・パリサーの言葉を借りれば、我々は常に一人ひとりの「フィルターバブル」の中に、本書の言葉を借りれば、我々は常に一人ひとりの「インフォメーションコクーン（情報の繭）」の中に包み込まれているのである。

この状況は、我々にとって非常に快適で心地良いものであり得る。少なくともオンライン上では、好きなものだけに囲まれて生きていけるからである。それは、母胎の中で、あるいは、映画『MATRIX』に出てくる羊水カプセルの中で暮らすように、外的な刺激物から保護された安心・安全の空間の中で日常を過ごすようなものである。このような個別的な繭《コクーン》は、我々がそれに包み込まれることを進んで選び取るような楽園的環境とさえ言えるかもしれない。

本書は、アメリカで最も影響力のある――オバマ政権下ではホワイトハウスの情報規制局（Office of Information and Regulatory Affairs, OIRA）長官（閣僚級）まで務めた――憲法学者キャス・サンスティーン（現ハーバード大学ロースクール教授）が、この情報の繭が「我々」という共同体単位から見ると大きなリスクであること、具体的には、それが民主主義ないし民主的自己統治を破壊する危険性をもつことを、豊富な実証研究と憲法解釈から描き出したものである。

サンスティーンは、本書の中で、民主主義が維持される前提として、以下の2つのものを挙げた。一つは、個人が自らと異なる「他者」の見解にさらされていなければならないこと、もう一つは、我々が集合的な「共有経験」をもつことである。サンスティーンによれば、我々の生活がますますインターネットに依存し、その生活が各人の住まう「繭」によって個別化・分断化されることで、いま述べたような二つの前提が崩れ、民主主義が、あるいはその存立が民主主義の成否に依存している「共和政（republic）」自体が崩壊し得るというのである。サンスティーンが本書で度々指摘するように、確かに情報環境が過度に個別化すれば、自らと異なる他者の見解に触れる機会が減じられ、他者を必然的に内包する共同体の全構成員で共通の経験をもつことも難しくなる。これは、多様なニュースや見解がある程度は織り込まれていた新聞・テレビ等の従来型メディアでは問題にならなかったことだろう。例えば、新聞には、これまで自分がまったく関心をもたなかったニュースと偶然めぐり合う機会があった。他方、アルゴリズムにより「自分」流にカスタマイズされた情報環境においては、このような偶然的な出会い（セレンディピティ）が保証されない。そればかりか、この閉じた空間では、自分と考えの似た者の意見のみが選択的に配信されてくるために、あたかも自分の声が反響し、増幅するような「エコーチェンバー（反響室）」が構築される。サンスティーンは、このようなエコーチェンバー効果によって、自らの政治的見解が極端化ないし過激化し、他者との距離が対話不可能なほど開き（集団的分極化）、社会が政治的に分断する危険性を指摘するのである。

以上のように、サンスティーンは、本書において、アルゴリズムを用いた個人の選好等の予測（プロファイリング）が一般化し、共同体の構成員がそれぞれの繭に包み込まれるようなインターネット環境

（より具体的にはソーシャルメディア環境）が、異質な者同士が「熟議（deliberation）」を通じて公共善（全員にとって善いもの）を追求していくという民主主義の——あるいはこうしたプロセスによって維持・運営される共和政の——「死」をもたらすことになると警告するのである。もっともサンスティーンは、インターネットやソーシャルメディア自体を嫌悪し、否定しているわけではない。それらは、デザイン次第では、これまでの人生では出会うことのなかった者同士を繋ぎ合わせ、共同体における熟議を活発化させることにもなるというのである。そのためのアイデアとして、例えば、政治的見解を掲載する際には反対意見へのリンクを貼ること、自分の過去の思想傾向からは選択しないであろう記事と偶然出会うためのボタン（「セレンディピティボタン」）を画面上配置することなどを提案している。また、サンスティーンはさらに進んで、本来、他者との出会いや共有経験を可能にするためのデザインやアーキテクチャは——言論の自由が保障されることからしても——法によって強制されないことが望ましいが、それが自主的に構築されない場合には、法によるインターネット空間への介入もあり得るとしている。憲法上言論の自由は重要であるが、それも絶対的なものではないというわけである。本書においてサンスティーンは、このようなインターネット空間（ソーシャルメディア環境）の自主的または規制的なデザインによって、より良い民主主義——共和国——の実現を夢見ていると言うことができるだろう。

2．サンスティーンの「民主主義」、サンスティーンの「自由」

以上が本書の骨子であるが、日本の読者は、このようなサンスティーンの議論に以下のような素朴な疑問を感じるのではないだろうか。その疑問とは、我々はインターネット上で好きなものに囲まれる自由——繭《コクーン》に包まれることを自ら選択する自由——を有しているのではないか、というものである。そもそも我々の憲法は、他者から干渉されずに好きなことを表現する自由（言論の自由）を保障していると同時に、自らが好む情報のみにアクセスする権利（知る自由ないし情報受領の自由）、自らが好まない情報の受領を強制されない権利（情報受領拒否権）を保障しているようにも思われる。また、繭の中に閉じ籠ることで他者の権利・自由を具体的に侵害するわけでもないのであり、「繭から出て『他者』の見解に触れろ、共有経験をもて」という本書の主張は、暑苦しい道徳主義者の小言のようにも感じられる。

実際サンスティーンは、民主主義が維持される前提として、「人は自分では選ぶつもりのなかった情報にさらされなければならない」とか、「市民の多くもしくは大半は幅広い共通の経験を持つべきである」（第1章一三～一四頁。傍点解説者）などと述べており、確かに暑苦しい。前述したような「自由」観からすれば、それは余計なお世話であり、このような規範的要請を前提としない「民主主義」もあり得るように思われる。例えば、民主主義を、公共的なるものに関する集合的な——他者を尊重しながら行われる——熟議を必要としない、単なる多数決の手続として捉えたり（多数決主義的民主主義《マジョリタリアンデモクラシー》）、個別的利害の交渉と取引のプロセスとして捉えたりすること（多元主義的民主主義）も決して不可能ではないだろう。このように考えると、私的な「消費者」ではなく、公徳心をもった「市民」であることを我々に求めるサンスティーンの議論は、実は、特定の自由観ないし特定の民主主義観を前提としたものであることがわかる。

この前提は、一九八〇年代後半から一九九〇年代前半にかけてのサンスティーンの作品からも明らかである。当時のサンスティーンは、個人の私的利益を重視するリベラリズム、あるいは先述した多元主義的民主主義観と、マイケル・サンデルの議論に代表されるような、共同体の価値を重視し、政治を共同体構成員による共通善の追求プロセスとして捉えるコミュニタリアニズム（共同体主義）、あるいは公民的共和主義（civic republicanism）との激しい対立構造（例えば、リベラル対コミュニタリアン論争）の中で、個人の自由を確保しながらも——共同体の伝統・歴史から逸脱する者を排除するといったコミュニタリアニズムの強硬的な側面を否定しつつ——異質な者同士が公共的なるものについて熟議し、自己統治を行うべきという「リベラルな共和主義（*liberal* republicanism）」ないしは現代的共和主義という〝スタンス〟をとった（Cass R. Sunstein, Beyond the Republican Revival, 97 Yale L. J. 1539(1988)）。そこでは、個人的な利益や価値観は否定されず、しかし、それらが他者との熟議（反対意見に対する敬意を前提とした討議のプロセス）を通して変容し、公共的なるものに向かって収斂していくこと（または収斂に向けて暫定的な合意が得られること）が期待されたのである。民主主義の「型」としては、いわゆる「熟議民主主義（deliberative democracy）」が選び取られたわけである。

この時期のサンスティーンは、こうした特定の民主主義観から、自由とりわけ言論の自由の意味内容についても特定の見解をとった。それは本書にも度々顔を出すのだが、彼は、この「自由」を、好き勝手なことを言う自由、あるいは自らが好む情報のみを「知る」自由と同視しない。「言論の自由」は、あくまでも民主的熟議の実現・促進に奉仕するためのものとして手段的に捉えられるのである。本書の一節を引用しておこう。

「言論の自由の原則は民主的熟議への関与の観点から解釈するべきである」。「言論の自由の原則のおもな目的は、そのような〔熟議への〕関与を実現することである」（第8章「言論の自由」二六八～二六九頁）。

合衆国憲法の起草者の一人である「〔ジェイムズ〕マディソンは『人々が自由にコミュニケーションをとる』ことを、言論が一種の消費財として扱われる消費者主権の行使としてではなく、自治の中心的要素……と見ていた」（二七〇頁）。

「民主的熟議に根ざした第一修正の概念は、出発点としてきわめて適切……である」（二七四頁）。

このような特定の「言論の自由」観に立つからこそ、熟議の実現や促進を目的とした言論の自由規制は憲法上許容されるのだという、自由一辺倒の憲法学者（新自由主義的な憲法学者）からはおよそ出てこないような本書の主張が立ち現れてくるのである。本書において、「言論の自由は絶対である」という考えを「神話的通念」として幾度となく退けるのも、このような文脈においてよりよく理解できる。

かつてサンスティーンは、放送事業者は政治的に公平でなければならず、意見が対立する問題については多様な論点を提示しなければならないという「公平原則（fairness doctrine）」（放送規制）を、言論の自由に対する憲法上許容される制約として肯定していた（Cass R. Sunstein, Democracy and the Problem of Free Speech (1993). 公平原則は、日本では放送法四条で規定。アメリカでは一九八七年に撤廃）。このときにサンスティーンが強調したのは、言論空間（思想市場）は、経済市場と同様、自然的で中立的なものではなく、常に人為的で政策的なものであり、憲法上重要な問題とは、国家が思想市場に介入してよいかどうかではなく、どのように介入すべきか、つまり、思想市場を熟議の可能条件としてどううまく設計するかにある、ということであった。サンスティーンは、こうした国家による思想市場への政策的介入、すなわち、「良き」言論空間——自由で開かれた熟議空間——を構築するための介入を、ケインズ流の国家主導的な経済政策になぞらえて、「言論ニューディール」とも呼んだのであった。

　このように、熟議を可能にするための環境設計（デザイン）という観点から言論の自由や知る自由の限界を引くというサンスティーンの視点は、本書でもいかんなく発揮されている。例えば、第2章で展開されるパブリックフォーラム論でも、熟議可能条件の設計のために「自由」が制約されることがむしろ強調されている。

　パブリックフォーラム論とは、公道や公園のような政府の管理する「場」、あるいはショッピングモールや空港のような私人の管理する「場」の一部または全部を、「公共的な場（public forum）」として市民の表現活動のために開放することを管理者に対し憲法上要求できるという原則である（「公共的な場」として裁判所に認定されると、管理者は表現活動のためにその場を利用させなければならない）。この原則は、アメリカでは合衆国憲法の第一修正（言論の自由を保障した条項）を根拠に判例上長く承認されてきた。

　この原則は、一義的には、表現者にその「場」で発話する権利を保障するものであるが、表現者以外の者には義務的に作用する。まず、管理者（特にプラットフォームを管理する私人）の自由が制約される（プラットフォーム管理者は、自らの管理する「場」を熟議のために使用させなければならない）。さらに、この「場」——公園、空港、ショッピングモール等——をたまたま訪れる「客」の知る自由も制約される。

旅行や買い物のためにその「場」を訪れた「客」は、そこで行われている「他者」の言論を——好むと好まざるとにかかわらず——聴かざるを得ないからである。

サンスティーンは、パブリックフォーラム論の、こうした義務的側面を強調しているように思えるのである。例えば第2章では、「パブリックフォーラム論のもとで、演説者は特定の聴衆に接近することを許され、特定の聴衆は自分たちに向けられた苦情が耳に入るのを容易に避けることはできない。要するに聴衆が自分を隔離する能力は厳しく制限される」と述べている（第2章五五頁）。また別の箇所でも、パブリックフォーラム論により、「あなたは職場に向かうときや公園を訪れるとき、たとえつかの間であったり、重要だと感じられなくても、意外性のあるさまざまなものごとに出会う可能性がある」が、「出勤途中や公園で昼食を食べているときに、あらかじめ探していなかったり、できれば避けたかったであろう主張や状況から、自分を容易に隔てることができない」と指摘している（五五～五六頁）。

このようにサンスティーンは、判例上形成されてきたパブリックフォーラム論を、「他者」と偶然出会うことを余儀なくされる環境設計・空間操作の一例として持ち出しているのである。その心は、言うまでもなく、フェイスブックやツイッターのようなソーシャルメディア——オンライン上の「場」——を、熟議のための新たな「パブリックフォーラム」として仕立て上げることにあった。サンスティーンは、「人の精神は、かつてのように公道や公園において変わらない。より有意義な思想交換、公衆の道徳意識の形成は、かなりの程度、大規模な電子的メディアにおいて起きている。こうしたコミュニケーション手段に参加する公衆の権利の範囲は、技術の変化にともない変わるかもしれない」とするアンソニー・ケネディ裁判官（連邦最高裁判所裁判官）の言葉を引き（第2章五二頁。Denver Area Ed. Telecommunications Consortium, Inc. v. FCC, 518 U.S. 727, 802-803 (1996) (Kennedy, J. dissenting))、「パブリックフォーラム」の概念を最新の技術環境へと「移し替える」可能性を示したのである。この「類推」により、ソーシャルメディアの管理者は、熟議のために一定の制約をうけることが憲法上正当化され、ソーシャルメディアの利用者は、この公共的な空間で自らとは異なる「他者」の見解に触れること――自身の繭から一時退出すること――を憲法上要請されることになるのである。

3. サンスティーンの主張の正当性と可能性

かように本書は、個人が公徳心をもった「市民」となることを規範的に要求する共和主義を背景とした特定の民主主義モデル（熟議民主主義）を採用し、そこから現代の情報通信技術――とりわけアルゴリズムの高度化――が可能にした「情報の繭」＝「フィルターバブル」＝「エコーチェンバー」を批判的に検討するものであった。また、本書の後半では、それによる情報空間の個別化・分断化がもたらす弊害を除去するためのいくつかの環境デザインも提案している。

このような論旨は、それはそれで筋のとおったものである。しかし、①数ある民主主義モデルの中で「熟議民主主義」を採用とすることがなぜ正当化されるのか、また、②仮に正当化されるとして、かかるモデルの実現は現実に可能か、という点は問題にされざるを得ないだろう。

以下、これらの問題について若干の考察を加える。

まず、①の問題を解く鍵は、サンスティーンが「憲法学者である」という事実に隠されている。憲法学者であるところのサンスティーンは、アメリカ合衆国憲法が熟議民主主義モデルを採用しているがゆえに、この民主主義モデルが正当化され、かつ、このモデルを前提とした「言論の自由」解釈が正当化されると考えているのである。本書を通読した方ならおわかりのように、本書の中でも実に多くの憲法起草者（建国の父）――ジェイムズ・マディソン、トマス・ジェファーソン、アレクサンダー・ハミルトン等々――が登場する。特にサンスティーンは、憲法起草者の一人であるベンジャミン・フランクリンが、市民的自己統治を約束する文書として合衆国憲法を捉え、憲法の「有効性は建国者らの判断ではなく、まして憲法の文言や権威や祖先への敬意でもなく、市民による長時間にわたる行動と献身に依存する」（傍点解説者）と考えていたこと（第11章三四七頁）、また、時代が下って、偉大な連邦最高裁裁判官の一人であるルイス・ブランダイスが、自由に対する最大の脅威は「人々の無気力」であり、「公共の場での議論」は権利であるだけでなく「政治的義務」でもあると主張したこと（第2章七六頁）を好んで引用している。このようにしてサンスティーンは、本書の至るところで、合衆国憲法およびその起草者が、共和主義的な熟議民主主義モデルを採用しているのだ、という自らの見解をさりげなく示しているのである。

もちろん、アメリカ合衆国憲法の中に、「この憲法は共和主義的思想に基づいており、民主主義モデルとしては熟議民主主義を採用している」とはっきり書いてあるわけではない。したがって、この憲法を共和主義的に読むというのは、一つの憲法解釈にすぎない。が、憲法起草時の歴史や、連邦最高裁の過去の判例、さらには憲法学説の分布状況などから見て、こうした憲法解釈がアメリカにおいて最も有力であることは間違いないだろう。つい最近も、連邦最高裁は、性犯罪の前科をもつ者（登録性犯罪者）

がフェイスブック等のソーシャルメディアにアクセスすることを禁止したノースカロライナ州法を、共和主義的な憲法解釈に基づき、合衆国憲法第一修正に違反するものと判断した（Packingham v. North Caroline, 137 S. Ct. 1730(2017)）。

ケネディ裁判官の筆になるこの判決は、まず、「すべての者は、彼らが話し、聴き、また熟考した後に（*after reflection*）に、再び話し、聴くことのできる場所（places）へのアクセス権を保持する」との考えは第一修正の「基本的な（fundamental）」原則であると述べた（*Packingham*, 137 S. Ct. at 1735. 傍点解説者）。引用文中の「熟考」という言葉に、単に話したいことを話し、単に聴きたいこと聴くのではない、共和主義的な――熟議を目的とした――「言論の自由」解釈が垣間見える。そして同判決は、最高裁はこれまで「こうした空間的文脈（spatial context）において話す権利を保護する」ことに熱心であったとし、「公道や公園が、第一修正の権利を行使するための典型的なフォーラムである」との「基本的ルール（basic rule）」を確認する。その上で、この判決は、「これまでは、見解の交換のために最も重要な場所（空間的意味におけるそれ）を特定することは難しかったが、今日、その答えは明らかになっている。すなわち、サイバースペース、とくにソーシャルメディアである」と述べたのである（*Id.*）。さらに同判決は、この「場所」を、「現代の公共的広場（modern *public* square）」（傍点解説者）とさえ呼んだ（*Id.* at 1737）。結論的にも、登録性犯罪者をソーシャルメディアから締め出す州法を違憲と判断したことは、先述したとおりである（熟議のための「公共的な」広場であるがゆえに、管理者が嫌だからといって特定の者をみだりに排除できないとの規範が導かれる）。

このPackingham判決は、二〇一七年に出された最新の連邦最高裁判決であり、アメリカでも様々な論争を誘発している最中だが、それが共和主義的な伝統を引くパブリックフォーラム論を強く意識したものであることは疑い得ない（*The Supreme Court 2016 Term: Leading Case: Constitutional Law: First Amendment — Freedom of Speech — Public Forum Doctine — Packingham v. North Carolina*, 131 Harv. L. Rev. 233(2017)）。そうだとすると、今後は、このような憲法解釈の下、ソーシャルメディアの管理者は、自らと好みが合わない者をみだりに排除できなくなり、またソーシャルメディアの利用者は、このデジタルな「公共的広場」において、公園などの伝統的パブリックフォーラムにおいてと同様、「他者」の意見を含む多様な見解に触れざるを得ないということになるかもしれない。

この最新判決は、このように読む限りで、サンスティーンが支持する特定の憲法解釈を正当化し、かつ、ソーシャルメディアの公共性を説く本書の主張をも強力に後押しするものとなり得えよう。

前述した②の問題を解く鍵は、サンスティーンが「現実主義者である」という事実に隠されている。オバマ政権でＯＩＲＡ長官を務めたことからわかるように、サンスティーンは、象牙の塔に籠って規範的理念だけを振りかざす「学者」ではない。したがって、単なる憲法の論理的解釈や、規範の内面化を必要とする法の力のみで、個人が「市民」的に振る舞うことを期待していない。だからこそ彼は、行動経済学をも習得し（リチャード・セイラー＝キャス・サンスティーン〔遠藤真美訳〕『実践行動経済学——健康、富、幸福への聡明な選択』〔日経ＢＰ、二〇〇九年〕）、我々を取り巻く環境やアーキテクチャの設計・デザインによって、人々の行動を規範的な方向へと「ナッジ（後押し）」することの重要性を説いてきたのである（キャス・サンスティーン〔伊達尚美訳〕『選択しないという選択』〔勁草書房、二〇一七年〕）。本書においてサンスティーンは、自然環境よりも人の手を加えやすい（操作可能性が高い）インターネット環境を積極的にデザインすることによって（セレンディピティボタンの設置の提案などもその一環であろう）、共和主義的な憲法理念——熟議による共同体——がネット環境の中でかえって花開くとも考えているようである。この点で、彼の憲法構想の実現可能性は、セレンディピティを確保し、「我々」の間での共有経験を醸成できるようなアーキテクチャをどう構築・デザインできるかにかかっていると考えることができるだろう。

4. 日本における受容可能性

最後に、本書の主張が、日本においてどこまで受容され得るかについて一言だけ述べておきたい。丸山眞男の指摘を待つまでもなく、日本では、個人が政治的主体（「市民」）として「自由」を公共的に行使するという憲法文化は根付いていない可能性がある。一般には、表現の自由や知る自由は、好きなことを言い、自らの好む情報を受け取る自由として、私的に、あるいは——サンスティーンの言葉を借りれば——「消費者」的に捉えられてきたところがある。私の経験上も、学際的な場や講演会等で、「『フィルターバブル』や『情報の繭』は憲法上問題があるかもしれません」などと発言すると、「自分が好き好んでバブルや繭に包み込まれているのだから、別にいいじゃないですか」と反論されることが多い。こうした反論は、サンスティーンが批判する自由主義的で多元的な民主主義モデルに基づく「自由」を前提にしたものと考えることができる。もちろん、それもまた一つの「自由」観なのであるが、この立場をとる際には少なくとも以下の二点に注意が必要である。

一つは、その「繭」は誰のためのものか、という問題である。ソーシャルメディアの多くは広告収入によって維持されているため、「繭」は、実際には「あなた」のためではなく、「広告主」のために作られている可能性がある。もし広告主のために「繭」が作られているとすれば、この「繭」は、実際には消費を促すための操作的環境――サンスティーンの言葉を借りれば、「消費のトレッドミル」（止まることのないランニングマシン）――に過ぎない。そして「あなた」は、主体的にこの操作的快適空間に包み込まれているというよりも、第三者の利益のためにそこに閉じ込められているだけ、ということにもなる。「繭」を構成するアルゴリズムが開示されていない状況下では、それへの包摂を自ら好き好んで選択したとも言えないように思われる。この点で、前述のような「自由」観をとるとしても、ソーシャルメディアの側には、「繭」を構成するアルゴリズムを開示することが最低限要請されよう。

もう一つは、仮に「繭」への包摂を自ら進んで選択したとしても、この選択の自由は、日本国憲法上無制約に認められるものなのか、という問題である。先に触れたように、日本では、消費者的「自由」が憲法上の自由とイコールのものとして観念されがちである。しかし、日本国憲法上は、言論の自由でさえ「公共の福祉」のために制約されることが予定されているし（憲法一三条）、周知のように、一二条は、「国民は〔憲法上の権利・自由〕を濫用してはならないのであって、常に公共の福祉のためにこれを利用する責任を負う」と規定している。また前文が、「日本国民は、……われらとわれらの子孫のために（for *ourselves* and *our* posterity）、諸国民との協和による成果（*peaceful cooperation* with all nations）と、……自由のもたらす恵沢を確保し、政府の行為によって再び戦争の惨禍が起ることのないやうにすることを決意し、ここに主権が国民に存することを宣言し、この憲法を確定する」（傍点解説者）と述べ、「日本国民は、……全力をあげてこの崇高な理想と目的を達成することを誓ふ」と述べていることも忘れるべきではないだろう。ここでは「消費者」的ではない――ある種の「政治的義務」を負った――個人が前提とされている。

さらに、最高裁も、知る自由について、「各人が、自由に、さまざまな意見、知識、情報に接し、これを摂取する機会をもつことは、その者が個人として自己の意思及び人格を形成・発展させ、社会生活の中にこれを反映させていくうえにおいて欠くことのできないものであり、また、民主主義社会における思想及び情報の自由な伝達、交流の確保という基本的原理を真に実効あるものたらしめるためにも、必要である」（傍点解説者）と述べている（最大判昭和五八年六月二二日民集三七巻五号七九三頁）。そこでは、各人が「さまざまな」見解に触れ、意思や人格を形成・発展させること、これが民主主義社会の形成にも資することが重視されており、自分の好む情報のみを選択的に摂取し続ける自由が無制約に承認されているわけではない。

以上のように考えると、日本国憲法もまた、サンスティーンが構想するような熟議民主主義を採用し、自らと異なる「他者」の見解に触れること、集合的な「共有経験」をもつことを我々に要請しているようにも思われる。とすれば、本書で展開されるサンスティーンの主張の射程は、日本にも及ぶものと考えることができそうである。本書の翻訳は、その点で非常に意義のあるものといえるだろう。

●著者紹介
キャス・サンスティーン（Cass R. Sunstein）
ハーバード大学ロースクール教授。専門は憲法，法哲学，行動経済学など多岐におよぶ。1954 年生まれ。ハーバード大学ロースクールを修了した後，アメリカ最高裁判所やアメリカ司法省に勤務。1981 年よりシカゴ大学ロースクール教授を務め，2008 年より現職。オバマ政権では行政管理予算局の情報政策及び規制政策担当官を務めた。リチャード・セイラーとの共著『実践　行動経済学』（日経 BP）は全米ベストセラーを記録。ほかの著書として，『命の価値』（勁草書房），『シンプルな政府』（NTT 出版），『選択しないという選択』（勁草書房），『熟議が壊れるとき』（勁草書房）などがある。

●訳者紹介
伊達　尚美（だて　なおみ）
翻訳家。南山大学卒業，シラキュース大学大学院修士課程修了。訳書にキャス・サンスティーン『選択しないという選択』（勁草書房）など多数。

●解説者紹介
山本　龍彦（やまもと　たつひこ）
慶應義塾大学法科大学院教授。法科大学院グローバル法研究所（KEIGLAD）副所長。総務省 AI ネットワーク社会推進会議構成員（2017年～），内閣府消費者委員会専門委員（2018年～）。主な著書に，『プライバシーの権利を考える』（信山社，2017年），『おそろしいビッグデータ』（朝日新聞出版社，2017年）などがある。

人名索引

【ア行】
アンダーソン, クリス（Anderson, C.）　201, 202, 228
アリストテレス（Aristotle）　64
イェーツ, ロバート（Yates, R.）　67
ウッド, ゴードン（Wood, G.）　62
ウルマン＝マルガリート, エドナ（Ullmann-Margalit, E.）　78, 192, 349
エリクソン, ロバート（Ellickson, R.）　250
エルスター, ジョン（Elster, J.）　221
オーウェル, ジョージ（Orwell, G.）　2, 3, 19, 31
オーレッタ, ケン（Auletta, K.）　45
オストロム, エリノア（Ostrom, E.）　250
オバマ, バラク（Obama, B.）　i, 7, 18, 106, 110-112, 118, 135, 142, 148, 153, 225, 327, 350
温家宝（Wen, J.）　187, 188

【カ行】
ガーケン, ヘザー（Gerken, H.）　115
カーネギー, デール（Carnegie, D.）　215, 217
カーネマン, ダニエル（Kahneman, D.）　27
カハン, ダン（Kahan, D.）　174-177
ギャレット, R・ケリー（Garrett, R. K.）　155, 156
キング, ゲーリー（King, G.）　167, 191, 215-217
クック, フィリップ（Cook, P.）　219, 296
グッドマン, ジャック（Goodman, J.）　263
クリントン, ヒラリー（Clinton, H.）　24, 81, 101, 158
クリントン, ビル（Clinton, B.）　142, 147
ゲイツ, ビル（Gates, B.）　71-73, 181, 261-262
ゲス, アンドリュー（Guess, A.）　157-159
ケネディ, アンソニー（Kennedy, A.）　52
コール, ジョン（Cole, J.）　315
コール, ベンジャミン（Cole, B.）　315
コシネッツ, ゲオルギ（Kossinets, G.）　160
コノバー, M・D（Conover, M. D.）　161

【サ行】
サルガニク, マシュー（Salganik, M.）　138, 139, 152
サンダース, バーニー（Sanders, B.）　24
ジェイコブズ, ジェイン（Jacobs, J.）　19, 20, 345
ジェファーソン, トマス（Jefferson, T.）　70, 71
ジェンツコウ, マシュー（Gentzkow, M.）　156, 157,162, 163
シャーマン, ロジャー（Sherman, R.）　i,68, 69
シャピロ, アンドリュー（Shapiro, A.）

157, 162, 163
シャピロ, ジェシー・M（Shapiro, J. M.）　156
シャロット, タリ（Sharot, T.）　171
シュミット, エリック（Schmidt, E.）　72
ジョン, ピーター（John, P.）　142
ジョンズ, スパイク（Jonze, S.）　31, 246
スターリン, ヨシフ（Stalin, J.）　2, 240
スチュワート, ジョン（Stewart, J.）　104, 105, 335
スチュワート, ポッター（Stewart, P.）　33
ステンゲル, リチャード（Stengel, R.）　316
セン, アマルティア（Sen, A.）　185, 343

【タ行】

ティラー, ジョージ（Tiller, G.）　109
デューイ, ジョン（Dewey, J.）　73, 219, 220, 309, 335, 336
デューク, デイビッド（Duke, D.）　147
デル・ビカリオ, ミケーラ（Del Vicario, M.）　168, 169
トーマス, クラレンス（Thomas, C.）　258
ドール, ロバート（Dole, R.）　239
トクヴィル, アレクシス・ド（Tocqueville, A.）　218, 220
ドッズ, ピーター（Dodds, P.）　138, 139, 152
トランプ, ドナルド（Trump, D.）　24, 81, 101, 111-113, 121, 135, 142, 148, 153, 204, 214

【ナ行】

ナイト, ブライアン（Knight, B.）　162, 163
ネグロポンテ, ニコラス（Negroponte, N.）　5, 6
ノエレ＝ノイマン, エリザベート（Noell-Neumann, E.）　98

【ハ行】

バーガー, J・M（Berger, J. M.）　323-325
バーゲン, ピーター（Bergen, P.）　xxvii原注
ハーディン, ラッセル（Hardin, R.）　319
バーナーズ＝リー, ティム（Berners-Lee, T.）　244
ハーバーマス, ユルゲン（Habermas, J.）　64
バーロウ, ジョン・ペリー（Barlow, J. P.）　237, 238
ハクスリー, オルダス（Huxley, A.）　2, 3, 31
パットナム, ロバート（Putnam, R.）　iv原注
ハバースタム, ヨシュ（Haberstam, Y）　162, 163
ハミルトン, アレクサンダー（Hamilton, A.）　67, 74
パリサー, イーライ（Pariser, E.）　352
ハンド, ラーンド（Hand, L.）　2, 331-333
ヒトラー, アドルフ（Hitler, A.）　2
ヒメルボイム, イータイ（Himelboim, I.）　160
ヒューズ, クリス（Hughes, C.）　111
ビン＝ラディン, ウサマ（bin Laden, O.）　311, 318
ファウラー, ジェフリー（Fowler, G.）

307
ファルーク, サイード・リズワン（Farook, S. R.）　321
フィシュキン, ジェイムズ（Fishkin, J.）　179, 180, 287
フセイン, サダム（Hussein, S.）　126
ブッシュ, ジョージ・W（Bush, G. W.）　126, 127, 142
フランク, ロバート（Frank, R.）　219, 296
フランクリン, ベンジャミン（Franklin, B.）　211, 346, 347
ブランダイス, ルイス（Brandeis, L.）　1, 71, 75, 76, 195, 270, 292, 302, 329-332, 347
フリードマン, ミルトン（Friedman, M.）　19, 202
フリーロン, ディーン（Freelon, D.）　108
ヘイル, スコット（Hale, S.）　142
ペレス, ヘザー（Perez, H.）　325
ベンクラー, ヨハイ（Benkler, Y）　206-208
ボイド, ダナ（Boyd, D.）　109
ホームズ, オリバー・ウェンデル（Holmes, O. W.）　71, 75, 76, 329, 330, 332, 349
ボネット, デイビッド（Bohnett, D.）　82
ボバディーリャ＝スアレス, セバスチャン（Bobadilla-Suarez, S.）　171

【マ行】

マーティン, グレゴリー・J（Martin, G. J.）　83, 84
マケイン, ジョン（McCain, J.）　111
マジソン, ジェイムズ（Madison, J.）　270
マシューズ, クリス（Matthews, C.）　162
マティーン, オマル（Mateen, O.）　314
マリク, タシュフィーン（Malik, T.）　321
マルゲッツ, ヘレン（Margetts, H.）　142-144, 146
ミル, ジョン・スチュワート（Mill, J. S.）　i, 3-4, 335, 336
ムーンベス, レスリー（Moonves, L.）　262
ムチニク, レブ（Muchnik, L.）　151-153
ムベキ, タボ（Mbeki, T.）　149
メッシーナ, クリス（Messina, C.）　107
モイニハン, ダニエル・P（Moynihan, D. P.）　171
毛沢東（Mao, T.）　2
モーガン, ジョナサン（Morgan, J.）　323, 324
モンテスキュー男爵（Montesquieu, B.）　66, 67

【ヤ行】

ヤーディ, サリダ（Yardi, S.）　109
ヤッセリ, ターハ（Yasseri, T.）　142
ユルコグル, アリ（Yurukoglu, A.）　83, 84

【ラ行】

ラザロ, ステファニー（Lazzaro, S.）　171
レイモンド, エリック・S（Raymond, E. S.）　245-247
レーガン, ロナルド（Reagan, R.）　178
レッシグ, ローレンス（Lessig, L.）　245, 246
ロールズ, ジョン（Rawls, J.）　64
ローレンツ, ヤン（Lorenz, J.）　153

ロドリゲス, シクスト（Rodriguez, S.）
140, 143
ロムニー, ミット（Romney, M.）　112

【ワ行】

ワッツ, ダンカン（Watts, D.）　138, 139, 152, 160

事項索引

【英字】
ＡＢＣ　204, 239, 242, 264
ＢＢＣ　88
ＣＮＮ　85, 88, 89, 156, 170, 274, 302, 303
ＣＢＳ　29, 204, 239-242, 246, 262, 264, 302
ＦＯＸ　33 ,83-85, 88, 89, 98, 127, 156, 157, 163, 204, 218, 240, 295, 302, 303
ＨＢＯ　239
ＨＩＶ　148, 149
ＮＢＣ　204, 239, 240, 264
ＭＳＮＢＣ　84, 85
ＰＢＳ　239, 299, 300

【ア行】
アーパネット　243, 244
アイデンティティ　101-103, 174-176, 178, 318
アイラブユー・ウイルス　235, 236, 238, 248, 255, 275
アクセス権　52, 61, 114, 300, 304
アフリカ系アメリカ人　90, 95, 108, 135, 147, 182
アマゾン　33, 45, 46, 48, 201, 250, 295, 304
アメリカ国防総省（ペンタゴン）　148, 236
アメリカを取り戻す　312
アラブの春　54, 187, 217
アルカイダ　314, 316, 318, 320, 322, 329
アルゴリズム　8, 23, 24, 32, 33, 41, 42, 47, 165-168, 342
イク・ヤク　34
異質性　66, 77, 119
異質的な社会　70, 117, 209
イスラエル　12, 118, 189, 191, 327
イスラム教（徒）　106, 148, 315, 316, 318, 322, 329
イスラム国　134, 311, 314, 316, 318-326, 329
イタリア　12, 168, 269
一チャンネル政策　189, 190
イデオロギー　11, 38, 84, 85, 89, 109, 126, 128, 156, 158, 160-163, 166, 171, 177, 189, 346
遺伝子組み換え生物（GMO）　82, 175
移民　5, 7-9, 18, 29, 55, 90, 174, 214, 312, 313, 327
イラク　27, 59, 88, 126, 134, 322
医療費負担適正化法（ＡＣＡ）　110, 174
イングランド　179, 270
インスタグラム　33, 51, 53, 88, 107, 112, 120, 154, 187, 200, 238, 316
インターネットの商用利用　244
インターネット・リレー・チャット　107
ウィキペディア　33, 119, 120
ウィキリークス　148
微博（ウエイボー）　187
ウォールストリート・ジャーナル　166, 205, 308
エイズ　135, 148, 149
エコーチェンバー　1, 3, 11, 14-18, 21, 26, 31, 69, 77, 81, 92, 96, 110, 121,

124, 155, 157-160, 165, 167, 168, 170, 177, 178, 206, 219, 324, 325, 348, 350
エリート主義　204
オーガニック食品　177
オクラホマ・シティでの爆破事件　313
オープン・ガバメント・パートナーシップ　290
オープンソースソフトウェア　245, 246
オルカット　34
オンライン行動　1, 33, 89, 113, 133, 158, 159, 175, 311, 313

【カ行】

街頭　7, 29, 38, 50, 51
街路と公園　50-53, 58, 300, 341
確証バイアス　166, 168, 169, 208
革命（家）　6, 133, 331
過激思想　13, 36, 78, 94, 98, 103, 105, 116, 119, 177, 182
価値観　19, 33, 42, 71, 136, 171, 175-178, 195, 219, 221, 226
合衆国憲法第一修正　51, 257, 258, 260-268, 270, 271, 274, 275, 281, 301, 302, 306
合衆国憲法第一四修正　265
合衆国憲法第二修正　161, 264, 312
環境問題　9, 91, 135, 287, 288
幹細胞の研究　127
飢饉　185-188, 200
気候変動　5, 8, 9, 14, 15, 18, 50, 59, 78, 91, 92, 100, 130, 134, 145, 171-173, 175-177
規制　5, 16, 18, 37, 63, 90, 114, 235, 237-245, 247-253, 255, 257-263, 265-269, 271-278, 281, 290-292, 295, 302, 312, 329,-331, 343
急進化　100, 101, 315, 320, 321, 324-327
急進主義　62
キューバ　218
共産主義　2, 9, 108, 220, 251
協調フィルタリング　46, 47, 90, 141, 196
共通経験　13, 49, 188, 190, 194, 195, 197, 284
共和主義（者）　62, 63, 67, 68, 76, 77, 102
共和党員　17, 108, 164
共和党支持者　83, 84, 88, 89, 93, 98, 128, 158, 164, 175-177
キリスト教　247
議論プール　98, 102, 114, 117, 119, 122
均質性　66, 67, 94, 182, 204
クー・クラックス・クラン（ＫＫＫ）　147
グーグル　8, 41, 53, 72, 160, 304
偶然の出会い　13, 14, 36, 109, 308
国の安全保障　9, 58, 100
君主制　62
経験の共有　36, 61, 188, 189, 192-194, 196, 201, 204, 209, 212, 268, 341, 342
ゲーテッドコミュニティ　3, 10, 14, 55, 168
検閲　1, 2, 12, 19, 49, 215, 216, 220, 266
健康　35, 42, 134, 135, 149, 175, 200, 232
憲法法理　49
権利章典　68, 70, 71
言論市場　39, 99, 120, 151, 253, 260, 336
言論の自由　1, 12, 36, 37, 49-51, 75, 76, 79, 185, 186, 220, 237, 251, 252, 255-261, 263, 266-271, 273, 278, 279, 281, 315, 329, 330, 332, 333, 339, 340, 343
コアバリュー　22, 24, 307, 336
公開討論　21, 120, 260, 266, 270, 273, 302

公共空間　21, 49, 51-55, 57-59, 61, 78, 192, 209, 223, 301, 341, 342
公共圏　118, 206-209, 337
公共財　78, 197, 198, 345
広告　9, 10, 41, 47, 86, 196, 205, 258, 264, 267-269, 272, 274, 297, 304, 316, 342, 343
公正原則　114, 115, 275, 293, 294, 300, 301
行動科学　27, 81, 140, 215
コーラン　318
黒人の命は大切だ　82, 106, 108, 109, 208, 344
国防高等研究計画局（ＤＡＲＰＡ）　243
子供向け教育番組　227, 241, 262, 269, 271, 272, 277, 279, 299
孤立集団（エンクレーブ）　115-120, 336-339
コロラド州での実験　93, 95, 104, 121
コントロールのアーキテクチャ　6, 10, 11

【サ行】
財産権　239-242, 244-246, 248-252, 259, 260, 343
サイバーカスケード　37, 78, 111, 133, 138, 149, 179, 182, 190, 338, 345
サイバースペースの独立宣言　237
サイバーテロ　238, 248-250, 343
サイバーポラリゼーション　92
細分（バルカン）化　90, 96, 99, 120, 151
サウジアラビア　318
サウンドバイト　60, 203, 296
詐欺　100, 147, 267, 273, 343
賛成票と反対票　151
シカゴ学派　202, 203
嗜好　40, 42, 47, 74, 214, 215, 228, 320, 346
自己隔離　11, 16, 21, 86, 119, 205, 336
自己防衛　86, 272
自己利益　63, 198
自主規制　297
ジハード　318, 321, 322
市民の美徳　11, 36, 63, 346
市民連合事件　258
社会の接着剤　13, 185, 189, 193, 209, 345
集会の自由　76
宗教の多様性　53, 54
集団アイデンティティ　101, 102, 105, 109
集団分極化　92, 93, 95, 97-103, 105, 111-117, 120, 121, 124, 130, 160, 180, 197, 209, 311, 319, 337, 338, 334
熟議ドメイン　286, 287
熟議民主主義　49, 63, 65, 181, 261, 285, 287, 288, 292, 295, 302
熟議民主主義コンソーシアム　288
祝日　13, 190, 191
主権　62, 71, 74, 238, 250, 270
準拠枠　230, 231
商業言論　258, 272, 275
消費者主権　43, 71-76, 79, 120, 167, 181, 195, 212, 213, 224, 257-259, 261, 262, 265, 269, 270, 281, 336, 345
消費のトレッドミル　213, 228, 231, 232, 340
情報の拡散　42, 133, 185, 199, 200, 209
情報カスケード　134, 136, 149, 150
情報過多　87
情報公開　286, 290-295
情報の生産者　196, 294
ショータイム　239
処罰　246, 275, 276, 278-280, 329
シリア　27, 106, 322, 327
人権　145
人工知能　8, 32
人種差別　17, 50, 55, 59, 108

スナップチャット　33, 34, 120, 154, 200
すべての命は大切だ　82, 108, 109, 344
政治活動家　110, 312
政治的アイデンティティ　178
政治的主権　71, 73-75, 270
セクシャルハラスメント　136
セレンディピティ　10, 11, 13, 107, 108, 345
セレンディピティのアーキテクチャ　10, 11
セレンディピティボタン　286, 307, 308
全会一致　227
請願書　142-146
「一九八四年」(オーウェル)　2, 3, 19, 31
選挙資金　258, 259, 264
選好　19, 39, 47, 74, 79, 171, 212, 214, 215, 218, 220, 222-228, 233
選好の形成　76, 218, 220, 233
選択アーキテクチャ　13
全米放送事業者協会　263, 264, 293, 297
全米ライフル協会　264, 313
ソマリア　58, 318
損失回避　81

【タ行】

第一回連邦議会　66, 68
大衆メディア　21, 28, 30, 38, 58-61, 78, 113, 189, 190, 192, 193, 198, 199, 204, 205, 209, 223, 305, 337, 341, 342, 345, 346
タイム誌　29, 59, 242
タイムライン　7, 10, 25, 29, 87, 90, 98, 127, 159, 218, 223
大量破壊兵器　126
多から成る一　70, 87
多数決ルール　227
脱分極化　121-123, 125
タブロイド化　296
多様性　19, 21, 28, 35, 53, 54, 67, 68, 79, 81, 94, 111, 115, 154, 166, 295, 298, 302, 306, 337
タンブラー　34, 107
断片化　11, 13, 18, 21, 25, 34, 35, 70, 78, 88, 104, 113, 114, 116, 120, 133, 171, 177, 182, 188, 190, 197, 200, 203, 204, 206, 208, 209, 283, 284, 293, 305, 337, 344
治安法　270
チェチェン　318
地球温暖化　93, 94, 119, 288
中国　2, 86, 145, 185, 187, 213, 215-218
直接民主主義　61, 342
著作権法　42, 246, 260, 267
ツイッター　6, 7, 20, 25, 29, 33, 34, 51, 53, 65, 81, 87, 88, 96, 98, 100, 107, 108, 110-113, 117, 120, 127, 138, 140, 154, 159-165, 170, 187, 200, 207, 208, 218, 223, 237, 240, 250, 283, 289, 291, 321-328
通信技術　37, 38, 42, 45, 62, 65, 124, 180, 196, 212, 228, 252, 284, 302, 343
通信市場　30, 36, 73, 122, 182, 209, 212, 214, 219, 228, 233, 237, 238, 259, 261, 271, 274, 283, 285
ディストピア　2, 3, 10, 31
ティッピングポイント　138, 147, 149, 150
デイリー・ミー　5, 6, 8, 9, 22, 24, 29, 30, 32, 43, 45, 71, 77, 79, 82, 154, 206, 336, 339
ディレクＴＶ　72, 261
デジタルテレビ放送局の公益への貢献義務にかんする大統領諮問委員会　262
デニス対合衆国裁判　330, 332
テロリストのハンドブック　313

電気通信法　291
ドイツ　2, 12, 26, 29, 37, 46, 49, 98, 269, 315
トゥエンティ　34
党派心　15, 17, 18, 37, 109, 264
同類性　6, 11, 159, 160, 164, 165
討論型世論調査　179-181, 287
独裁主義　2
トルコ　7, 18, 108

【ナ行】

ナショナル・パブリック・ラジオ　88
ナチズム　118
ナノテクノロジー　128-130, 175
二次的多様性　115, 116, 337, 338
偽情報　11, 18, 24, 35, 78, 148, 190, 315, 337, 344
ニッチ　15, 31, 34, 40, 81, 82, 155, 201-203, 336, 340
ニューズウィーク誌　29, 59
ニュースフィード　22-24, 58, 82, 167, 307, 308
ニューヨーク・タイムズ　29, 33, 127, 156, 163, 204, 206, 308
ニュルンベルク・ファイル　255, 256, 275
ネットスケープ　229
ネットフリックス　46, 48, 201, 304
ネットワーク中立性　42

【ハ行】

パーソナルショッピング　48
バイアス　169, 203, 226
バイン　33, 88, 107, 112
パターナリズム　224
ハッシュタグ　6, 8-10, 60, 81, 106-112, 161, 326
ハッシュタグ考案者　10, 106, 110
ハフィントン・ポスト　158, 166
パブリックフォーラム（公共空間）　21, 270, 271
パブリックフォーラム論　50, 51, 53-57, 61, 113, 119, 300, 341
ハリケーン・カトリーナ　188
パレスチナ　318, 327
反対意見ボタン　286, 307-309
パンドラ　33, 47
バンドワゴン病　136
反連邦党（アンチフェデラリスト）　62
非顕示的消費　232
否定論者　149
人々の無気力　1, 76, 195, 270, 347
ピュー研究所　170
表現の自由　1, 12, 14, 62, 75, 186, 189, 201, 214, 236, 251, 257, 268, 271, 278, 341-344, 347, 348
ファシズム　2
Vチップ　291
フィルタリング　27, 36-38, 41, 48, 49, 61, ,62, 67, 68, 77, 79, 87, 90, 96, 107, 111, 141, 181, 195, 345
フェイスブック　, 6-9, 18, 20, 22-26, 33, 34, 41, 51, 53, 58, 65, 72, 87, 88, 96, 98, 111, 112, 117, 120, 138, 154, 165-170, 187, 196, 200, 207, 208, 219, 237, 238, 240, 283, 286, 289, 307-309, 316, 319, 321, 326, 327, 336, 338
プライバシー　238, 298, 315, 324
ブラウジングの習慣　32
フランス　10, 12, 37, 46, 49, 95, 218, 315, 328
ブログ　30, 34, 107, 167, 207, 209, 306
プロパガンダ　315, 318, 326, 327, 330-332
文化的認知　175
分極化　11, 13, 16, 17, 26, 35, 37, 78, 81, 85, 92, 96, 97, 99, 101, 105-109, 111, 113, 121-128, 130, 155, 161, 169, 171, 173-175, 177-179, 208, 284, 285,

293, 316, 350
分離　89, 116, 154, 156, 157, 161-163
分離指数　156, 157, 162, 163
米国科学財団　244
ヘイトグループ　92, 96, 118, 314
ベライゾン　291
ペリスコープ　112
報道の自由　186, 200, 343
暴力　315, 344
暴力的過激主義　15, 16, 344
ホールフーズ・マーケット　117
保守　5, 7, 9, 23, 28, 83, 88, 93-95, 98, 99, 102, 109, 110, 113, 115, 122, 126-128, 135, 154, 156-158, 161, 163, 165, 166, 175, 218, 305-307
補助金　51, 91, 278-280, 286, 299
ボスニア　318

【マ行】
マイクロブログ　34
マストキャリー　286, 300-304
マスメディア　30, 51, 52, 203, 206, 207, 269
未知の問題　128
民主党員　9, 17, 108, 164, 176
民主党支持者　84, 88, 89, 93, 98, 128, 158, 164, 175-177
モントリオール議定書　178

【ヤ行】
ヤフー！　229
有害化学物質排出目録　294
ユーチューブ　20, 33, 40, 82, 104, 112, 187, 326
ユートピア　35, 71, 309, 336
ユダヤ教　247
抑制と均衡（チェック・アンド・バランス）　63, 65, 70

【ラ行】
ライトトゥーゼム　144
ラパポートのルール　289
リベラル　i, 9, 83, 88, 93-95, 99, 113, 115, 122, 126-128, 154, 156-158, 161-163, 165, 166, 302, 305-307
レイティングシステム　291, 292, 297
レディット　20
連帯財　78, 79, 190, 192
連邦最高裁　50, 52, 102, 175, 258, 300
連邦捜査局（ＦＢＩ）　236
連邦通信委員会（ＦＣＣ）　114, 239, 263, 291, 307
労働安全衛生局　290
ローンウルフ型攻撃　325, 327
ロシア　83, 98, 248
ロングテール　201, 228

【ワ行】
ワシントン・ポスト　205, 206, 242
ワクチン接種　118, 136, 137, 149
ワッツアップ　34, 291
ワールド・ワイド・ウェブ　244

原　注

はじめに

(1) Aldous Huxley, *Brave New World* (New York: Harper and Brothers, 1932), 163.〔黒原敏行訳『すばらしい新世界』光文社, 2017年〕.

(2) John Stuart Mill, *Principles of Political Economy with Some of Their Applications to Social Philosophy*, 7th ed. (1848; repr., London: Longmans, Green and Co., 1909), bk. 3, ch. 17, para. 14.〔末永茂喜訳『経済学原理』岩波書店, 1959年〕. http://www.econlib.org/library/Mill/mlP.html (2016年8月23日閲覧) も参照.

第1章

(1) Nicholas Negroponte, *Being Digital* (New York: Vintage Books, 1995), 153.〔福岡洋一訳『ビーイング・デジタル　ビットの時代』アスキー, 1995年〕参照.「サイバーバルカン化」の先見性のある議論について, Robert D. Putnam, *Bowling Alone: The Collapse and Revival of American Community* (New York: Simon and Schuster, 2000), 177-79〔柴内康文訳『孤独なボウリング　米国コミュニティの崩壊と再生』柏書房, 2006年〕も参照, 同書はこれに先立つ啓蒙的な論文, Marshall Van Alstyne & Erik Brynjolfsson, "Electronic Communities: Global Village or Cyberbalkans?" (ワーキングペーパー, MIT Sloan School, Cambridge, MA 1996), http://web.mit.edu/marshall/www/papers/CyberBalkans.pdf (2016年8月23日閲覧) を利用している.

(2) 刺激的な2011年刊の著書で, イーライ・パリサーは「フィルターバブル」理論を広め, その中でアルゴリズムによるフィルタリングの効果によって, インターネット利用者は既存の興味に合った情報を提供される可能性が高く, 異なる見解から事実上, 孤立させられると断定した. 引き続きこの現象にかんする証拠を入手する. Eli Pariser, *The Filter Bubble: How the New Personalized Web Is Changing What We Read and How We Think* (New York: Penguin Press, 2011)〔井口耕二訳『フィルターバブル　インターネットが隠していること』早川書房, 2016年〕. 2013年の論文は, グーグルでの検索個別化の効果を測定し, 個別化により, グーグル検索の11.7パーセントが利用者間で異なる結果となったと結論づけた——執筆者らはこの結果を「有意な個別化」と呼ぶ.

Aniko Hannak, Balachander Krishnamurthy, Piotr Sapieżyński, David Lazer, Christo Wilson, Arash Molavi Kakhki, & Alan Mislove, "Measuring Personalization of Web Search," *Proceedings of the Twenty-Second International Conference World Wide Web* (New York: Association for Computing Machinery, 2013), 527, 528, http://dl.acm.org/citation.cfm?doid=2488388.2488435 (2016年8月23日閲覧). 同様の趣旨で，2015年の論文は，グーグルとビングでの検索のフィルターバブルを可視化するための第一歩を踏み出し，いずれの検索エンジンもフィルターバブルを生じることを発見した．しかしながら論文執筆者らは特定の話題（求人情報についての検索結果など）ではほかの話題（ぜんそくについての検索結果など）の場合よりもフィルターバブルが強くなりうるようだと，特記している．Tawanna R. Dillahunt, Christopher A. Brooks, & Samarth Gulati, "Detecting and Visualizing Filter Bubbles in Google and Bing," *Proceedings of the Thirty-Third Annual ACM Conference: Extended Abstracts on Human Factors in Computing Systems* (New York: Association for Computing Machinery, 2015), 1851–56, http://dl.acm.org/citation.cfm?doid=2702613.2732850 (2016年8月23日閲覧).

(3) Dan M. Kahan, Asheley R. Landrum, Katie Carpenter, Laura Helft, & Kathleen Hall Jamieson, "Science Curiosity and Political Information Processing," *Advances in Political Psychology* 38 (近刊) http://papers.ssrn.com/sol3/papers.cfm?abstract_id=2816803 (2016年8月29日閲覧)； Andrew M. Guess, *Media Choice and Moderation: Evidence from Online Tracking Data* (2016), https://dl.dropboxusercontent.com/u/663930/GuessJMP.pdf (2016年8月29日閲覧) 参照.

(4) Cass R. Sunstein, *Infotopia: How Many Minds Produce Knowledge* (Oxford: Oxford University Press, 2006) 参照.

(5) Shanto Iyengar, Gaurav Sood, & Yphtach Lelkes, "Affect, Not Ideology: A Social Identity Perspective on Polarization," *Public Opinion Quarterly* 76, no. 3 (2012): 405, http://pcl.stanford.edu/research/2012/iyengar-poq-affect-not-ideology.pdf (2016年8月29日閲覧).

(6) 同上.

(7) Shanto Iyengar & Sean J. Westwood, "Fear and Loathing across Party Lines: New Evidence on Group Polarization," *American Journal of*

Political Science 59, no. 3 (2015): 690 参照.

(8) Jane Jacobs, *The Death and Life of Great American Cities* (1961; repr., New York: Random House, 1993)〔山形浩生訳『アメリカ大都市の死と生』鹿島出版会, 2010 年〕.

(9) 同上, 81, 95.

(10) Putnam, *Bowling Alone*, 178.

(11) Robert Glenn Howard, "Sustainability and Narrative Plasticity in Online Apocalyptic Discourse after September 11, 2001," *Journal of Media and Religion* 5, no. 1 (2006): 25 参照.

(12) Adam Mosseri, "Building a Better News Feed for You," Facebook Newsroom, June 29, 2016, https://newsroom.fb.com/news/2016/06/building-a-better-news-feed-for-you/ (2016 年 8 月 29 日閲覧).

(13) Adam D. I. Kramer, Jamie E. Guillory, & Jeffrey T. Hancock, "Experimental Evidence of Massive-Scale Emotional Contagion through Social Networks," *Proceedings of the National Academy of Sciences* 111, no. 24 (2015): 8788, http://www.pnas.org/content/111/24/8788.full (2016 年 8 月 29 日閲覧).

(14) この問題は Andrew Shapiro, *The Control Revolution: How the Internet Is Putting Individuals in Charge and Changing the World We Know* (New York: PublicAffairs, 1999) で強調されており, 私は同書から多くを学んだ. 断片化と自己隔離を含む同書の懸念の多くは本書の力点と同じである.

(15) Helen Margetts, Peter John, Scott Hale, & Taha Yasseri, *Political Turbulence: How Social Media Shape Collective Action* (Princeton, NJ: Princeton University Press, 2016), 5.

(16) Yochai Benkler, *The Wealth of Networks: How Social Production Transforms Markets and Freedom* (New Haven, CT: Yale University Press, 2006) 参照.

(17) Sunstein, *Infotopia* 参照.

(18) さまざまな一般的議論については C. Edwin Baker, *Advertising and a Democratic Press* (Princeton, NJ: Princeton University Press, 1997) を参照.

(19) Lawrence Lessig, *Free Culture: The Nature and Future of Creativity* (New York: Penguin Books, 2004)〔山形浩生, 守岡桜訳『Free Culture いかに巨大なメディアが法をつかって創造性や文化をコントロールす

るか』翔泳社，2004〕; Benkler, *Wealth of Networks* 参照．

第2章

(1) Alfred C. Sikes, *Fast Forward: America' s Leading Experts Reveal How the Internet Is Changing Your Life* (New York: William Morrow, 2000), 210 に引用されている．

(2) ある意味，これらの発展はほかの重要な社会の変化と完全に連続している．たとえばかつて自動車は，都市を出入りする貨物や乗客の動きと関連するあらゆる活動を……集めがちな」鉄道ととくに比べて「あまりの社会性のなさ」を批判された．George F. Kennan, *Around the Cragged Hill: A Personal and Political Philosophy* (New York: W. W. Norton and Company, 1993), 161, 160. この点ではるかに重要なのは，おそらく20世紀の主要な技術であるテレビであった．政治学者のロバート・パットナムの言葉を借りれば「テレビ革命の唯一最も重要な結果はわれわれを家庭に連れ戻したことである」．家庭へと向かう変化の結果「市民集会に参加する，あるいは地方の組織で指導的役割を担うといった集団活動」で過ごす時間が劇的に――おそらく4割も――減ったとパットナムは付け加える．Robert D. Putnam, *Bowling Alone: The Collapse and Revival of American Community* (New York: Simon and Schuster, 2000), 221, 229〔柴内康文訳『孤独なボウリング　米国コミュニティの崩壊と再生』柏書房，2006年〕．

(3) Elizabeth Dwoskin, "Pandora Thinks It Knows If You Are a Republican," *Wall Street Journal*, February 13, 2014, http://www.wsj.com/articles/SB10001424052702304315004579381393567130078 (2016年8月31日閲覧)．

(4) Sikes, *Fast Forward*, 208 でアルビン・トフラーを引用している．

(5) Hague v. Committee for Industrial Organization, 307 U.S. 496 (1939). 差し当たりパブリックフォーラムの理論について詳細に論じる必要はない．興味のある読者は Geoffrey R. Stone, Robert H. Seidman, Cass R. Sunstein, Mark Tushnet, & Pamela Karlan, *The First Amendment*, 4th ed. (New York: Wolters Kluwer Law and Business, 2012), 286–330 を参照のこと．

(6) International Society for Krishna Consciousness v. Lee, 505 U.S. 672 (1992) 参照．

(7) Denver Area Educational Telecommunications Consortium, Inc. v.

FCC, 518 U.S. 727, 803 (1996)（ケネディ裁判官は反対した）参照.

(8) Noah D. Zatz, "Sidewalks in Cyberspace: Making Space for Public Forums in the Electronic Environment," *Harvard Journal of Law and Technology* 12, no. 1 (1998): 149–240 の優れた議論を参照のこと.

(9) Merouan Mekouar, *Protest and Mass Mobilization: Authoritarian Collapse and Political Change in North Africa* (Abingdon, UK: Routledge, 2016) 参照. 古典的議論については Timur Kuran, *Public Truths, Private Lies: The Social Consequences of Preference Falsification* (Cambridge, MA: Harvard University Press, 1997) も参照のこと.

(10) Columbia Broadcasting System, Inc. v. Democratic National Committee, 412 U.S. 94 (1973) 参照.

(11) 共和制の理念についてのとくに啓蒙的な労作について, Phillip Pettit, *Republicanism: A Theory of Freedom and Government* (Oxford: Oxford University Press, 1999) を参照.

(12) Gordon Wood, *The Radicalism of the American Revolution* (New York: Vintage Books, 1991) 参照.

(13) アメリカ史の観点から見た熟議民主主義の最も優れた議論について, William Bessette, *The Mild Voice of Reason: Deliberative Democracy and American National Government* (Chicago: University of Chicago Press, 1984) を参照. 熟議民主主義を政治理念として論じている例は多い. さまざまな観点については, Amy Gutmann & Dennis Thompson, *Democracy and Disagreement* (Cambridge, MA: Belknap Press, 1998); Jürgen Habermas, *Between Facts and Norms* (Cambridge, MA: MIT Press, 1997)〔河上倫逸, 耳野健二訳『事実性と妥当性　法と民主的法治国家の討議理論にかんする研究』未来社, 2002-2003 年〕; Jon Elster, ed., *Deliberative Democracy* (New York: Cambridge University Press, 1998) を参照.

(14) Aristotle, *Politics*, trans. Ernest Barker (Oxford: Oxford University Press, 1972), 123〔牛田徳子訳『政治学』京都大学学術出版会〕.

(15) John Rawls, *A Theory of Justice* (Cambridge, MA: Harvard University Press, 1971), 358–59.

(16) Habermas, *Between Facts and Norms*, 940 参照.

(17) コミュニケーションの前提条件の議論について, Jürgen Habermas, "What Is Universal Pragmatics?" in *Communication and the Evolution*

of Society, trans. Thomas McCarthy (Boston: Beacon Press, 1979), 1, 2–4, 32 を参照.

(18) 一例として, 多くの都市は市民が地面の穴を報告するためのウェブサイトを作成している. たとえば City of Milwaukee, "How to Report Potholes," http://city.milwaukee.gov/commoncouncil/District7/How-to-Report-Potholes.htm#.V2lKlY7VxBU (2016年7月5日閲覧) を参照. 別の例として, サンフランシスコは 311-ツイッターサービスを設けている. Susan Gunelius, "3 Smart Ways Governments Use Twitter and Facebook," Sprout Social, December 30, 2011, http://sproutsocial.com/insights/governments-twitter-facebook/ (2016年7月5日閲覧) 参照.

(19) たしかに前世紀の主要な傾向の一つは, 公衆によるコントロールを拡大するために, 憲法設計の熟議の特徴が薄れたことである. 主要な例として直接予備選挙, イニシアチブとレファレンダム, 有権者を動員するための利益団体の戦略, そして世論調査について考えよう. 多かれ少なかれ, これらはいずれも特定の時期における代表による熟議の機能を縮小し, 世論にとっての説明責任を拡大した. もちろんこれらの変化のいかなる評価も詳細な議論を要するだろう. しかし民主主義の原則に加えて最初に憲法により定められたことがらを考えると, 民主主義から熟議の要素を減らす改革は必ずしもよいことばかりではない. イニシアチブとレファレンダムによる政治は, 代表, 市民, あるいはほかの誰かによる反省的判断力ではなくサウンドバイトによってもたらされる, 無分別な法律を生むおそれがあるかぎりにおいて, とくに厄介である. 価値ある議論については, James S. Fishkin, *The Voice of the People: Public Opinion and Democracy* (New Haven, CT: Yale University Press, 1995) を参照.

(20) Charles Louis de Secondat Baron de Montesquieu, *The Spirit of Laws* (1748; repr., New York: Cosimo Classics, 2011), bk. 8, ch. 16〔井上尭裕訳『法の精神』, 中央公論新社, 2016年〕.

(21) Herbert J. Storing, ed., *The Complete Anti-Federalist* 2:369 (Chicago: University of Chicago Press, 1980) に引用されている.

(22) Joseph Gales, ed., *Annals of Congress* (1834), 1:763–64 に引用されている.

(23) Marvin Meyers, ed., *The Mind of the Founder: Sources of the Political Thought of James Madison* (Hanover, NH: University Press of New England, 1981), 151–60.

(24) Bill Gates, *The Road Ahead* (New York: Penguin Books, 1995), 167–68〔西和彦訳『ビル・ゲイツ未来を語る』アスキー, 1995年〕.

(25) EW Staff, "Bill Gates Predicted the Future in January 2000," *Entertainment Weekly*, October 28, 2015, http://www.ew.com/article/2015/10/28/bill-gates-birthday-predicted-future (2016月9月1日閲覧).

(26) Holman W. Jenkins Jr., "Google and the Search for the Future," *Wall Street Journal*, August 14, 2010, http://www.wsj.com/articles/SB10001424052748704901104575423294099527212 (2016年9月1日閲覧) に引用されている.

(27) John Dewey, *The Public and Its Problems: An Essay in Political Inquiry* (1927; repr., University Park: Pennsylvania State University Press, 2012), 154–55〔阿部齊訳『公衆とその諸問題　現代政治の基礎』筑摩書房, 254-255頁〕.

(28) Abrams v. United States, 250 U.S. 616, 635 (ホームズ裁判官は反対した).

(29) Whitney v. California, 274 U.S. 357, 372 (1927) (ブランダイス裁判官は賛成した).

(30) Cass R. Sunstein & Edna Ullmann-Margalit, "Solidarity Goods," *Journal of Political Philosophy* 9, no. 2 (2001): 129–49参照. 共同で執筆したが, 中心となる考えはウルマン=マルガリートによる.

第3章

(1) Alfred C. Sikes, *Fast Forward: America' s Leading Experts Reveal How the Internet Is Changing Your Life* (New York: William Morrow, 2000), 13–14に引用されている.

(2) Gregory J. Martin & Ali Yurukoglu, "Bias in Cable News: Persuasion and Polarization" (ワーキングペーパー no. 20798, National Bureau of Economic Research, Cambridge, MA, December 2014), http://www.nber.org/papers/w20798.pdf (2016年9月2日閲覧).

(3) Shanto Iyengar & Richard Morin, "Red Media, Blue Media," *Washington Post*, May 3, 2006, http://www.washingtonpost.com/wp-dyn/content/article/2006/05/03/AR2006050300865.html (2016年9月2日閲覧) 参照.

(4) Marshall Van Alstyne & Erik Brynjolfsson, "Electronic Communities:

Global Village or Cyberbalkans?"（ワーキングペーパー，MIT Sloan School, Cambridge, MA, 1996），http://web.mit.edu/marshall/www/papers/CyberBalkans.pdf（2016年9月2日閲覧）．

(5) 魅力的な議論について，Ronald Jacobs, *Race, Media, and the Crisis of Civil Society: From Watts to Rodney King*（Cambridge: Cambridge University Press, 2000）参照．

(6) David Schkade, Cass R. Sunstein, & Reid Hastie, "What Happened on Deliberation Day?" *California Law Review* 95, no. 3（2007）: 915–40.

(7) ここにはアメリカ，カナダ，インド，バングラデシュ，ニュージーランド，ドイツ，フランスが含まれる．Roger Brown, *Social Psychology*, 2nd ed.（New York: Free Press, 1986），222 参照．ドイツにかんしては，たとえば Johannes A. Zuber, Helmut W. Crott, & Joachim Werner, "Choice Shift and Group Polarization," *Journal of Personality and Social Psychology* 62, no. 1（1992）: 50–61 を参照．ニュージーランドにかんしては，たとえば Dominic Abrams, Margaret Wetherell, Sandra Cochrane, Michael A. Hogg, & John C. Turner, "Knowing What to Think by Knowing Who You Are: Self-Categorization and the Nature of Norm Formation, Conformity, and Group Polarization," *British Journal of Social Psychology* 29, no. 2（1990）: 97–119 を参照．

(8) David G. Myers, "Discussion-Induced Attitude Polarization," *Human Relations* 28, no. 8（1975）: 699–714 参照．

(9) Brown, *Social Psychology*, 224.

(10) David G. Myers & George D. Bishop, "The Enhancement of Dominant Attitudes in Group Discussion," *Journal of Personality and Social Psychology* 20, no. 3（1976）: 286.

(11) 同上．

(12) Cass R. Sunstein, David Schkade, Lisa M. Ellman, & Andres Sawicki, *Are Judges Political? An Empirical Analysis of the Federal Judiciary*（Washington, DC: Brookings Institution, 2006）参照．

(13) Elisabeth Noell-Neumann, *Spiral of Silence: Public Opinion - Our Social Skin*（Chicago: University of Chicago Press, 1984）〔池田謙一，安野智子訳『沈黙の螺旋理論　世論形成過程の社会心理学』北大路書房，2013年〕参照．Timur Kuran, *Private Truths, Public Lies: The Social Consequences of Preference Falsification*（Cambridge, MA: Harvard University Press, 1997）も参照．

(14) 確証がどのように自信を与え，それによって過激化が進むかを調べるには，Robert S. Baron, Sieg I. Hoppe, Chuan Feng Kao, Bethany Brunsman, Barbara Linneweh, & Diane Rogers, "Social Corroboration and Opinion Extremity," *Journal of Experimental Social Psychology* 32, no. 6 (1996): 537, 157–59n85 を参照.

(15) 人の意見の確証は，意見の過激性に影響を及ぼすという結論について，同上 541, 546–47, 557 を参照.

(16) Russell Spears, Martin Lea, & Stephen Lee, "De-individuation and Group Polarization in Computer-Mediated Communication," *British Journal of Social Psychology* 29, no. 2 (1990): 121–34; Abrams et al., "Knowing What to Think by Knowing Who You Are," 97, 112; Patricia Wallace, *The Psychology of the Internet* (Cambridge: Cambridge University Press, 1999), 73–76〔川浦康至，貝塚泉訳『インターネットの心理学』ＮＴＴ出版，2001 年〕参照.

(17) John C. Turner, Michael A. Hogg, Penelope J. Oakes, Stephen D. Reicher, & Margaret S. Wetherell, *Rediscovering the Social Group: A Self-Categorization Theory* (New York: Basil Blackwell, 1987), 142 参照.

(18) Spears, Lea, & Lee, "De-individuation and Group Polarization."

(19) Wallace, *Psychology of the Internet* 参照.

(20) Ross Hightower & Lutfus Sayeed, "The Impact of Computer-Mediated Communication Systems on Biased Group Discussion," *Computers in Human Behavior* 11, no. 1 (1995): 33–44 参照.

(21) Wallace, *Psychology of the Internet*, 82.

(22) Chris Messina, "Groups for Twitter; or a Proposal for Twitter Tag Channels," Factory Joe, August 25, 2007, https://factoryjoe.com/2007/08/25/groups-for-twitter-or-a-proposal-for-twitter-tag-channels/ (2016 年 9 月 3 日閲覧).

(23) ハッシュタグの別の機能にかんして，Alice R. Daer, Rebecca F. Hoffman, & Seth Goodman, "Rhetorical Functions of Hashtag Forms across Social Media Applications," *Communication Design Quarterly Review* 3, no. 1 (2014): 12, 16 を参照.

(24) Deen Freelon, Charlton D. McIlwain, & Meredith D. Clark, *Beyond the Hashtags: #Ferguson, #BlackLivesMatter, and the Online Struggle for Offline Justice* (Washington, DC: Center for Media and Social

Impact, 2016), http://archive.cmsimpact.org/sites/default/files/beyond_the_hashtags_2016. pdf (2016 年 9 月 3 日閲覧).

(25) 同上, 2 に引用されている.

(26) Ryan J. Gallagher, Andrew J. Reagan, Christopher M. Danforth, & Peter Sheridan Dodds, "Divergent Discourse between Protests and Counter-Protests: #BlackLivesMatter and #AllLivesMatter" (未公刊原稿, 2016 年 7 月 29 日), http://arxiv.org/pdf/1606.06820.pdf (2016 年 9 月 3 日閲覧).

(27) 同上, 13.

(28) Sarita Yardi & danah boyd, "Dynamic Debates: An Analysis of Group Polarization over Time on Twitter," *Bulletin of Science, Technology, and Society* 30, no. 5 (2010): 316.

(29) Libby Hemphill, Aron Culotta, & Matthew Heston, "Framing in Social Media: How the US Congress Uses Twitter Hashtags to Frame Political Issues" (未公刊原稿, 2013 年 8 月 28 日), http://cs.iit.edu/~culotta/pubs/hemphill13framing.pdf (2016 年 9 月 3 日閲覧).

(30) Soumitra Dutta & Matthew Fraser, "Barack Obama and the Facebook Election," *U.S. News and World Report*, November 19, 2008, http://www.usnews.com/opinion/articles/2008/11/19/barack-obama-and-the-facebook-election (2016 年 9 月 3 日閲覧).

(31) Victoria Chang, "Obama and the Power of Social Media and Technology," *European Business Review*, May–June 2010, 16–21.

(32) "Sweet to Tweet," *Economist*, May 6, 2010, http://www.economist.com/node/16056612 (2016 年 9 月 3 日閲覧).

(33) Dutta & Fraser, "Barack Obama and the Facebook Election."

(34) Pamela Rutledge, "How Obama Won the Social Media Battle in the 2012 Presidential Campaign," Media Psychology Blog, January 25, 2013, http://mprcenter.org/blog/2013/01/how-obama-won-the-social-media-battle-in-the-2012-presidential-campaign/ (2016 年 9 月 3 日閲覧).

(35) *Donald J. Trump for President*, YouTube, https://www.youtube.com/Donaldtrump/about (2016 年 7 月 12 日閲覧).

(36) 書名にある質問への肯定的な答えを提供する論文について, Thomas W. Hazlett & David W. Sosa, "Was the Fairness Doctrine a 'Chilling Effect'? Evidence from the Postderegulation Radio Market," *Journal of Legal Studies* 26, no. 1 (1997): 279–301 を参照.

(37) Heather K. Gerken, "Second-Order Diversity," *Harvard Law Review* 118, no. 4 (2005): 1101–96 参照.

(38) Miranda Fricker, *Epistemic Injustice: Power and the Ethics of Knowing* (Oxford: Oxford University Press, 2008) 参照.

(39) Caryn Christenson & Ann Abbott, "Team Medical Decision Making," in *Decision Making in Health Care: Theory, Psychology, and Applications*, ed. Gretchen B. Chapman & Frank A. Sonnenberg (Cambridge: Cambridge University Press, 2000), 267, 273–76 参照.

(40) 同上, 274.

(41) Sunstein et al., *Are Judges Political?* 参照.

(42) David Schkade, Cass R. Sunstein, & Daniel Kahneman, "Deliberating about Dollars: The Severity Shift," *Columbia Law Review* 100, no. 4 (2000): 1139–76 参照.

(43) Diana C. Mutz, *Hearing the Other Side: Deliberative versus Participatory Democracy* (New York: Cambridge University Press, 2006).

(44) 同上, 76–77 参照.

(45) 同上, 85.

(46) 同上, 74–76.

(47) 同上, 75.

(48) Charles G. Lord, Lee Ross, & Mark R. Lepper, "Biased Assimilation and Attitude Polarization: The Effects of Prior Theories on Subsequently Considered Evidence," *Journal of Personality and Social Psychology* 37, no. 11 (1979): 2098–109; Geoffrey D. Munro, Peter H. Ditto, Lisa K. Lockhart, Angela Fagerlin, Mitchell Gready, & Elizabeth Peterson, " Biased Assimilation of Sociopolitical Arguments: Evaluating the 1996 U.S. Presidential Debate," *Basic and Applied Social Psychology* 24, no. 1 (2002): 15–26; John W. McHoskey, "Case Closed? On the John F. Kennedy Assassination: Biased Assimilation of Evidence and Attitude Polarization," *Basic and Applied Social Psychology* 17, no. 3 (1995): 395–409 参照.

(49) Geoffrey D. Munro & Peter H. Ditto, "Biased Assimilation, Attitude Polarization, and Affect in Reactions to Stereotype-Relevant Scientific Information," *Personality and Social Psychology Bulletin* 23, no. 6 (1997): 636–53 参照.

(50) Lord, Ross, & Lepper, "Biased Assimilation and Attitude Polarization."
(51) 同上参照.
(52) 同上参照.
(53) Brendan Nyhan & Jason Reifler, "When Corrections Fail: The Persistence of Political Misperceptions," *Journal of Political Behavior* 32, no. 2 (2010): 303–30.
(54) 同上.
(55) 同上.
(56) 同上.
(57) Dan M. Kahan, Paul Slovic, Donald Braman, John Gastil, & Geoffrey L. Cohen, "Affect, Values, and Nanotechnology Risk Perceptions: An Experimental Investigation" (GWU Legal Studies Research Paper No. 261, 2007), http://papers.ssrn.com/sol3/papers.cfm?abstract_id=968652 (2016年9月3日閲覧) 参照.

第4章

(1) たとえば, Sushil Bikhchandani, David Hirshleifer, & Ivo Welch, "Learning from the Behavior of Others: Conformity, Fads, and Informational Cascades," *Journal of Economic Perspectives* 12, no. 3 (1998): 151–70; Andrew Daughety & Jennifer Reinganum, "Stampede to Judgment: Persuasive Influence and Herding by Courts," *American Law and Economics Review* 1, no. 1 (1999): 158–89 参照.
(2) Timur Kuran & Cass R. Sunstein, "Availability Cascades and Risk Regulation," *Stanford Law Review* 51, no. 4 (1998): 683–768 参照.
(3) David Hirshleifer, "The Blind Leading the Blind," in *The New Economics of Human Behavior*, ed. Mariano Tomassi & Kathryn Ierulli (Cambridge: Cambridge University Press, 1999), 188, 204.
(4) John F. Burnham, "Medical Practice à la Mode: How Medical Fashions Determine Medical Care," *New England Journal of Medicine* 317, no. 19 (1987): 1220–21.
(5) Timur Kuran, *Private Truths, Public Lies: The Social Consequences of Preference Falsification* (Cambridge, MA: Harvard University Press, 1997) 参照.
(6) Matthew J. Salganik, Peter Sheridan Dodds, & Duncan J. Watts, "Experimental Study of Inequality and Unpredictability in an Artificial

Cultural Market," *Science* 311 (2006): 854–56 参照.

(7) 同上, 855.

(8) 同上, 856.

(9) Helen Margetts, Peter John, Scott Hale, & Taha Yasseri, *Political Turbulence: How Social Media Shape Collective Action* (Princeton, NJ: Princeton University Press, 2016).

(10) 同上, 98.

(11) 同上, 102.

(12) 同上, 198–99.

(13) Merouan Makouar, *Protest and Mass Mobilization: Authoritarian Collapse and Political Change in North Africa* (Abingdon, UK: Routledge, 2016) 参照.

(14) George Johnson, "Pierre, Is That a Masonic Flag on the Moon?" *New York Times*, November 24, 1996, http://www.nytimes.com/1996/11/24/weekinreview/pierre-is-that-a-masonic-flag-on-the-moon.html (2016 年 9 月 4 日閲覧).

(15) Mark Granovetter, "Threshold Models of Collective Behavior," *American Journal of Sociology* 83, no. 6 (1978): 1420–43 参照. 一般向けの鮮やかな論考について, Malcolm Gladwell, *The Tipping Point: How Little Things Can Make a Big Difference* (New York: Little, Brown and Company, 2000)〔高橋啓訳『急に売れ始めるにはワケがある　ネットワーク理論が明らかにする口コミの法則』ソフトバンククリエイティブ, 2007 年〕参照.

(16) Lisa Anderson & Charles Holt, "Information Cascades in the Laboratory," *American Economic Review* 87, no. 5 (1997): 847–62 参照.

(17) これらの例の一部を取り上げた論文は, 同上; Granovetter, "Threshold Models," 1422–24 を参照.

(18) Lev Muchnik, Sinan Aral, & Sean J. Taylor, "Social Influence Bias: A Randomized Experiment," Science 341, no. 6146 (2013): 647–51.

(19) 同上, 650.

(20) Jan Lorenz, Heiko Rauhut, Frank Schweitzer, & Dirk Helbing, "How Social Influences Can Undermine the Wisdom of Crowd Effect," *Proceedings of the National Academy of Sciences* 108, no. 22 (2011): 9020–25 参照.

(21) 同上参照．しかしながら，多様性が減っても，群衆は典型的な個人よりもいくらか精度が高かったことに注意．結論はデータ分析に使われる統計に左右されるので，これは「寛大な」結果だが，必ずしも統計的有意性の通常の水準になくても，総合的に見て個人より集団のほうが賢明であった．

(22) 同上，9024.

(23) R. Kelly Garrett, "Echo Chambers Online? Politically Motivated Selective Exposure among Internet News Users," *Journal of Computer-Mediated Communication* 14, no. 2 (2009): 265–85 参照．R. Kelly Garrett & Natalie Jomini Stroud, "Partisan Paths to Exposure Diversity: Differences in Pro- and Counterattitudinal News Consumption," *Journal of Communications* 64, no. 4 (2014): 680–701; R. Kelly Garrett, "Selective Exposure: New Methods and New Directions," *Communication Methods and Measures* 7, no. 3–4 (2013): 247–56 も参照．

(24) Garrett, "Echo Chambers Online?" 267.

(25) 同上，266, 279.

(26) 同上，280.

(27) 同上．

(28) Matthew Gentzkow & Jesse M. Shapiro, "Ideological Segregation Online and Offline," *Quarterly Journal of Economics* 126, no. 4 (2011): 1799–1839.

(29) 同上，1800.

(30) Andrew M. Guess, *Media Choice and Moderation: Evidence from Online Tracking Data* (2016), https://dl.dropboxusercontent.com/u/663930/GuessJMP.pdf (2016 年 8 月 29 日閲覧) 参照．

(31) 同上，19.

(32) 同上，28.

(33) Brendan Nyhan, "Relatively Few Americans Live in Partisan Media Bubble, but They're Influential," *New York Times*, September 7, 2016, http://www.nytimes.com/2016/09/08/upshot/relatively-few-people-are-partisan-news-consumers-but-theyre-influential.html (2016 年 8 月 29 日閲覧) 参照．

(34) さまざまな研究について，Itai Himelboim, Stephen McCreery, & Marc Smith, "Birds of a Feather Tweet Together: Integrating Network and

Content Analyses to Examine Cross-Ideology Exposure on Twitter," *Journal of Computer-Mediated Communication* 18, no. 2 (2013): 40–60; Elanor Colleoni, Alessandro Rozza, & Adam Arvidsson, "Echo Chamber or Public Sphere? Predicting Political Orientation and Measuring Political Homophily in Twitter Using Big Data," *Journal of Communication* 64, no. 2 (2014): 317–32; Jae Kook Lee, Jihyang Choi, Cheonsoo Kim, & Yonghwan Kim, "Social Media, Network Heterogeneity, and Opinion Polarization," *Journal of Communication* 64, no. 4 (2014): 702–22; Yonghwan Kim, Shih-Hsien Hsu, & Homero Gil de Zúñiga, "Influence of Social Media Use on Discussion Network Heterogeneity and Civic Engagement: The Moderating Role of Personality Traits," *Journal of Communication* 63, no. 3 (2013): 498–516; Bernhard Rieder, "The Refraction Chamber: Twitter as Sphere and Network," *First Monday* 17, no. 11 (2012): 170–86; Itai Himelboim, Marc Smith, & Ben Shneiderman, "Tweeting Apart: Applying Network Analysis to Detect Selective Exposure Clusters in Twitter," *Communication Methods and Measures* 7, no. 3–4 (2013): 195–223 を参照.

(35) Miller McPherson, Lynn Smith-Lovin, & James M. Cook, "Birds of a Feather: Homophily in Social Networks," *Annual Review of Sociology* 27 (2001): 415–44.

(36) Gueorgi Kossinets & Duncan Watts, "Origins of Homophily in an Evolving Social Network," *American Journal of Sociology* 115 (2009): 405–50.

(37) Himelboim, McCreery, & Smith, "Birds of a Feather Tweet Together."

(38) M. D. Conover, Jacob Ratkiewicz, Matthew Francisco, Bruno Goncalves, Filippo Menczer, & Alessandro Flammini, "Political Polarization on Twitter," *Proceedings of the Fifth International Association for the Advancement of Artificial Intelligence Conference on Weblogs and Social Media* (2011): 89–96, https://www.aaai.org/ocs/index.php/ICWSM/ICWSM11/paper/viewFile/2847/3275 (2016年9月6日閲覧).

(39) 同上.

(40) Yosh Haberstam & Brian Knight, "Homophily, Group Size, and

Diffusion of Political Information in Social Networks: Evidence from Twitter" (ワーキングペーパー no. 20681, National Bureau of Economic Research, Cambridge, MA, 2014).

(41) しかしながら，研究者らは民主党と共和党の候補者を同数ずつフォローしているツイッター利用者をサンプルから除外したことに注意．

(42) Haberstam & Knight, "Homophily, Group Size, and Diffusion of Political Information," 17.

(43) 同上，17–18.

(44) Colleoni, Rozza, & Arvidsson, "Echo Chamber or Public Sphere?"

(45) Eytan Bakshy, Solomon Messing, & Lada A. Adamic, "Exposure to Ideologically Diverse News and Opinion on Facebook," *Science* 348, no. 6239 (2015): 1130–32.

(46) 同上，1132.

(47) Eytan Bakshy, Solomon Messing, & Lada Adamic, "Exposure to Diverse Information on Facebook," Research at Facebook, May 7, 2015, https://research.facebook.com/blog/exposure-to-diverse-information-on-facebook/ (2016年9月6日閲覧).

(48) たとえば Chris Cillizza, "Why Facebook' s News Feed Changes Are Bad News for News, *Washington Post*, June 29, 2016, https://www.washingtonpost.com/news/the-fix/wp/2016/06/29/why-facebooks-news-feed-changes-are-bad-news/?tid=sm_tw_pp&wprss=rss_the-fix (2016年9月6日閲覧) を参照.

(49) Eli Pariser, *The Filter Bubble: How the New Personalized Web Is Changing What We Read and How We Think* (New York: Penguin Press, 2011), 1〔井口耕二訳『フィルターバブル　インターネットが隠していること』早川書房，2016年〕で引用されている．

(50) Moshe Blank & Jie Xu, "News Feed FYI: More Articles You Want to Spend Time Viewing," Facebook Newsroom, April 21, 2016, http://newsroom.fb.com/news/2016/04/news-feed-fyi-more-articles-you-want-to-spend-time-viewing// (2016年9月6日閲覧).

(51) たとえば Alessandro Bessi, Fabiana Zollo, Michela Del Vicario, Antonio Scala, Guido Caldarelli, & Walter Quattrociocchi, "Trend of Narratives in the Age of Misinformation," *PLOS ONE* 10, no. 8 (2015): 1–16, http://journals.plos.org/plosone/article/asset?id=10.1371%2Fjournal.pone.0134641.PDF (2016年9月6日閲覧) を参照.

(52) Michela Del Vicario, Alessandro Bessi, Fabiana Zollo, Fabio Petroni, Antonio Scala, Guido Caldarelli, H. Eugene Stanley, & Walter Quattrociocchi, "Echo Chambers in the Age of Misinformation" (未公刊原稿, 2015 年 12 月 22 日), http://arxiv.org/pdf/1509.00189.pdf (2016 年 9 月 6 日閲覧).

(53) Michela Del Vicario, Alessandro Bessi, Fabiana Zollo, Fabio Petroni, Antonio Scala, Guido Caldarelli, H. Eugene Stanley, & Walter Quattrociocchi, "The Spreading of Misinformation Online," *Proceedings of the National Academy of Sciences* 113, no. 3 (2016): 558.

(54) 同上, 554.

(55) 同上, 554–58.

(56) Jeffrey Gottfried & Elisa Shearer, "News Use across Social Media Platforms," Pew Research Center, May 26, 2016, http://www.journalism.org/2016/05/26/news-use-across-social-media-platforms-2016/ (2016 年 9 月 6 日閲覧).

(57) Amy Mitchell, Jeffrey Gottfried, & Katerina Eva Matsa, "Facebook Top Source for News among Millennials," Pew Research Center, June 1, 2015, http://www.journalism.org/2015/06/01/facebook-top-source-for-political-news-among-millennials/ (2016 年 9 月 6 日閲覧).

(58) Allie VanNest, "Yahoo! Tops Twitter as Traffic Referral Source for Digital Publishers," Parse.ly, April 26, 2016, http://blog.parsely.com/post/3476/yahoo-tops-twitter-traffic-referral-source-digital-publishers/ (2016 年 9 月 6 日閲覧).

(59) Cass R. Sunstein, Sebastian Bobadilla-Suarez, Stephanie C. Lazzaro, & Tali Sharot, "How People Update Beliefs about Climate Change: Good News and Bad News," *Cornell Law Review* (近刊, 2017 年), http://papers.ssrn.com/sol3/papers.cfm?abstract_id=2821919 (2016 年 9 月 28 日閲覧) 参照.

(60) Dan M. Kahan, Hank Jenkins-Smith, & Donald Braman, "Cultural Cognition of Scientific Consensus," *Journal of Risk Research* 14 (2011): 147–74.

(61) Donald Braman, Dan M. Kahan, Ellen Peters, Maggie Wittlin, Paul Slovic, Lisa Larrimore Ouellette, & Gregory N. Mandel, "The Polarizing Impact of Science Literacy and Numeracy on Perceived Climate Change Risks," *Nature Climate Change* 2 (2012): 732 参照.

(62) James S. Fishkin, *The Voice of the People: Public Opinion and Democracy* (New Haven, CT: Yale University Press, 1995) 参照.
(63) 大変有益な概観について, "What Is Deliberative Polling®?" Center for Deliberative Democracy, http://cdd.stanford.edu/polls/docs/summary/ (2016 年 9 月 6 日閲覧) を参照.
(64) Fishkin, *Voice of the People*, 206–7.
(65) 同上.
(66) James S. Fishkin & Robert Luskin, "Bringing Deliberation to the Democratic Dialogue," in *The Poll with a Human Face: The National Issues Convention Experiment in Political Communication*, ed. Maxwell McCombs & Amy Reynolds (Mahwah, NJ: Lawrence Erlbaum Associates, 1999), 23.
(67) 同上 22–23 参照. 結果, 赤字削減のための貢献の度合いで, 4 段階で 3.51 から 3.58 への上昇; 教育への支出を増やすための支援の度合いで, 3 段階で 2.71 から 2.85 への上昇; 国外で営業する米企業を支援するための貢献で, 3 段階で 1.95 から 2.16 への上昇が見られた.
(68) 同上, 22–23. 結果, 海外援助への支出にたいする貢献で, 3 段階で 1.40 から 1.59 への上昇 ; 社会保障への支出にたいする貢献で, 3 段階で 2.38 から 2.27 への減少が見られた.
(69) 初期の論考については, Bruce Murray, "Promoting Deliberative Public Discourse on the Web," in *A Communications Cornucopia: Markle Foundation Essays on Information Policy*, ed. Roger G. Noll & Monroe E. Price (Washington, DC: Brookings Institution Press, 1998), 243 を参照.
(70) Alfred C. Sikes, *Fast Forward: America's Leading Experts Reveal How the Internet Is Changing Your Life* (New York: William Morrow, 2000), 15 に引用されている.

第5章

(1) Amartya Sen, *Poverty and Famines: An Essay on Entitlement and Deprivation* (Oxford: Oxford University Press, 1981)〔黒崎卓, 山崎幸治訳『貧困と飢餓』岩波書店, 2000 年〕参照.
(2) Amartya Sen, *Development as Freedom* (New York: Anchor Books, 1999)〔石塚雅彦訳『自由と経済開発』日本経済新聞社, 2000 年〕参照.
(3) Maeve Shearlaw, "Egypt Five Years On: Was It Ever a 'Social Media

Revolution,'" *Guardian*, January 25, 2016, https://www.theguardian.com/world/2016/jan/25/egypt-5-years-on-was-it-ever-a-social-media-revolution（2016年9月7日閲覧）.

(4) Michael Wines & Sharon LaFraniere, "In Baring Facts of Train Crash, Blogs Erode China Censorship," *New York Times*, July 28, 2011, http://www.nytimes.com/2011/07/29/world/asia/29china.html（2016年9月7日閲覧）.

(5) Elihu Katz, "And Deliver Us from Segmentation," *in A Communications Cornucopia: Markle Foundation Essays on Information Policy*, ed. Roger G. Noll & Monroe E. Price（Washington, DC: Brookings Institution Press, 1998）, 99, 105.

(6) 同上.

(7) 同上.

(8) Cass R. Sunstein & Edna Ullmann-Margalit, "Solidarity Goods," *Journal of Political Philosophy* 9（2001）: 129–49. 共同で執筆したが，中心となる考えはウルマン＝マルガリートによる.

(9) Robert D. Putnam, *Bowling Alone: The Collapse and Revival of American Community*（New York: Simon and Schuster, (2000), 18–24〔柴内康文訳『孤独なボウリング　米国コミュニティの崩壊と再生』柏書房，2006年〕参照.

(10) Chris Anderson, *The Long Tail: Why the Future of Business Is Selling Less of More*（New York: Hyperion, 2006）〔篠森ゆりこ訳『ロングテール 「売れない商品」を宝の山に変える新戦略』早川書房，2014年〕参照.

(11) Yochai Benkler, *The Wealth of Networks: How Social Production Transforms Markets and Freedom*（New Haven, CT: Yale University Press, 2006）, 241–61.

(12) 同上，242.

(13) 同上，215.

(14) 同上，247.

(15) 同上，253, 257.

(16) さまざまな国（エジプト，チュニジア，バーレーンに注目した）のネットワーク化された公共圏の複雑さと多様性を示す価値ある議論について，Robert Faris, John Kelly, Helmi Noman, & Dalia Othman, "Structure and Discourse: Mapping the Networked Public Sphere in the Arab

Region," 2016, http://www.arabnps.org/files/2016/03/ArabNPS.pdf（2016年9月7日閲覧）を参照．要するに，"エジプトでは，政治的に活発な利用者をほとんどつながりの切れた3つの異なる集団に分ける，分極化した論争がツイッターで見られる．バーレーンでは，政府と反政府勢力の反目がツイッターの二極化したネットワーク構造に現れており，論争は政治的分断を深めようとしていると思われる狭量な言葉で組み立てられている．これと比べ，チュニジアのツイッターネットワークはより統合されているように見え，政治的競争があるにもかかわらず，政治的に対立する集団同士の対話にはそれほど敵意が感じられない．" 同上，2.

第6章

(1) Robert H. Frank & Philip J. Cook, *The Winner-Take-All Society: Why the Few at the Top Get So Much More Than the Rest of Us*（New York: Penguin Books, 1995），201〔香西泰訳『ウィナー・テイク・オール 「ひとり勝ち」社会の到来』日本経済新聞社，1998年〕．

(2) Dale Carnegie, *How to Win Friends and Influence People*（1936; repr., New York: Pocket Books, 1981），110〔山口博訳『人を動かす』創元社，2016年〕．

(3) Gary King, Jennifer Pan, & Margaret E. Roberts, "How the Chinese Government Fabricates Social Media Posts for Strategic Distraction, Not Engaged Argument"（未公刊原稿，2016年7月26日），http://gking.harvard.edu/files/gking/files/50c.pdf（2016年9月7日閲覧）参照．

(4) 同上．

(5) 同上．

(6) 同上．

(7) Timur Kuran, "Sparks and Prairie Fires: A Theory of Unanticipated Political Revolution," *Public Choice* 61, no. 1（1989）: 41–64, https://econ.duke.edu/uploads/assets/People/Kuran/Sparks%20and%20prairie%20fires.pdf（2016年9月7日閲覧）．

(8) Merouan Mekouar, *Protest and Mass Mobilization: Authoritarian Collapse and Political Change in North Africa*（Abingdon, UK: Routledge, 2016）参照．

(9) Alexis de Tocqueville, *Democracy in America*（1835; repr., New York: Alfred A. Knopf, 1987），317〔松本礼二訳『アメリカのデモクラシー』

岩波書店, 2005 年〕.
(10) John Dewey, "The Future of Liberalism," in *Dewey and His Critics*, ed. Sidney Morgenbesser (New York: Journal of Philosophy, 1977), 695, 697.
(11) Frank & Cook, *The Winner-Take-All Society*, 19 参照.
(12) Albert O. Hirschmann, *The Passions and the Interests: Political Arguments for Capitalism before Its Triumph* (Princeton, NJ: Princeton University Press, 1967)〔佐々木毅, 旦祐介訳『情念の政治経済学』法政大学出版局, 2014 年〕参照.
(13) Jon Elster, *Sour Grapes: Studies in the Subversion of Rationality* (Cambridge: Cambridge University Press, 1983) 参照.
(14) Verisign, *The Domain Name Industry Brief* 13, no. 1 (2016), http://www.verisign.com/assets/domain-name-report-april2016.pdf (2016 年 9 月 8 日閲覧).
(15) 優れた議論について, Robert H. Frank, *Luxury Fever: Weighing the Cost of Excess* (Princeton, NJ: Princeton University Press, 1998) 参照.
(16) 同上参照.
(17) 同上参照.

第7章

(1) John Perry Barlow, "A Declaration of the Independence of Cyberspace," Electronic Frontier Foundation, February 8, 1996, http://homes.eff.org/~barlow/Declaration-Final.html (2016 年 7 月 31 日閲覧).
(2) Richard Posner, *Catastrophe: Risk and Response* (Oxford: Oxford University Press, 2003), 85.
(3) *Internet Security Threat Report* 21 (2016), https://www.symantec.com/content/dam/symantec/docs/reports/istr-21-2016-en.pdf (2016 年 9 月 8 日閲覧) 参照.
(4) Elinor Ostrom, *Governing the Commons: The Evolution of Institutions for Collective Action* (Cambridge: Cambridge University Press, 1990); Robert C. Ellickson, *Order without Law: How Neighbors Settle Disputes* (Cambridge, MA: Harvard University Press, 1991).
(5) Friedrich Hayek, *The Road to Serfdom* (Chicago: University of Chicago Press, 1944), 38–39〔西山千明訳『隷属への道』春秋社, 2008

年〕.

第8章

(1) Virginia State Board of Pharmacy v. Virginia Citizens Consumer Council, 435 U.S. 748 (1976).

(2) 44 Liquormart v. Rhode Island, 517 U.S. 484 (1996) (トーマス裁判官は賛成した) 参照.

(3) Citizens United v. Federal Election Commission, 558 U.S. 310 (2010).

(4) Buckley v. Valeo, 424 U.S. 1 (1979) 参照.

(5) たとえば, Randall v. Sorrell, 126 S. Ct. 2479 (2006); McConnell v. Federal Election Commission, 540 U.S. 93 (2003) を参照.

(6) たとえば, Thomas Krattenmaker & L. A. Powe, "Converging First Amendment Principles for Converging Communications Media," *Yale Law Journal* 104, (1995): 1719, 1725 を参照.

(7) 議論について, Lawrence Lessig, *Free Culture: The Nature and Future of Creativity* (New York: Penguin Books, 2004)〔山形浩生, 守岡桜訳『Free Culture いかに巨大なメディアが法をつかって創造性や文化をコントロールするか』翔泳社, 2004 年〕; Yochai Benkler, *The Wealth of Networks: How Social Production Transforms Markets and Freedom* (New Haven, CT: Yale University Press, 2006) を参照.

(8) 政府の行動を許可した古い判例は, Red Lion Broadcasting v. Federal Communications Commission, 395 U.S. 367 (1969).

(9) たとえば, Denver Area Educational Telecommunications Consortium v. Federal Communications Commission, 518 U.S. 727 (1996) を参照. 連邦最高裁の警告の弁護について, Cass R. Sunstein, *One Case at a Time: Judicial Minimalism on the Supreme Court* (Cambridge, MA: Harvard University Press, 1999) を参照.

(10) Lochner v. New York, 198 U.S. 45 (1905) 参照.

(11) Lessig, *Free Culture*; Benkler, *Wealth of Networks* 参照.

(12) この方向での取組みについて, Cass R. Sunstein, *Democracy and the Problem of Free Speech* (New York: Free Press, 1995) を参照.

(13) 概観について, 同上, 77–81 を参照.

(14) James Madison, "Report on the Virginia Resolution, January 1800," in *Writings of James Madison*, ed. Gaillard Hunt (New York: G. P. Putnam and Sons, 1906), 6:385–401.

(15) 同上.

(16) 同上.

(17) 私はここで, Sunstein, *Democracy and the Problem of Free Speech*, 132–36 を利用した.

(18) Pruneyard Shopping Center v. Robins, 447 U.S. 74 (1980).

(19) 答えを得ようとする試みについて, Sunstein, *Democracy and the Problem of Free Speech*, 121–65 を参照.

(20) 最高の議論について, Geoffrey Stone, "Content Regulation and the First Amendment," *William and Mary Law Review* 25, no. 2 (1983): 189–252 を参照.

(21) Rumsfeld v. Forum for Academic and Institutional Rights, 126 S. Ct. 1297 (2006) 参照.

(22) 現行法のあいまいさは, 最高裁が合衆国法典第10編第983条 (通称ソロモン・アメンドメント) を全員一致で支持し, アメリカ軍に平等なアクセスを与えることを拒んだ教育機関への連邦政府の補助金を取り消した, Rumsfeld v. Forum for Academic and Institutional Rights での最高裁の判断, ならびに意見が真っ二つに分かれた最高裁が, 全米芸術基金にたいし, 補助金提供の決定をする際に「良識についての一般基準」を考慮し,「アメリカ国民の多様な信条および価値観を尊重する」ように命じる法律を支持した Arts v. Finley, 524 U.S. 569 (1998) での最高裁の判断に具体的に示されている. 全米芸術基金の判例では, 最高裁は法律が見解にもとづいて差別したのならば, 異なる判決を下しただろうと述べた.

第9章

(1) 貴重な議論について, R. Kelly Garrett & Paul Resnick, "Resisting Political Fragmentation on the Internet," *Daedalus* 104, no. 4 (2009): 108–20 を参照.

(2) Center for Deliberative Democracy, http://cdd.stanford.edu/ (2016年9月10日閲覧) 参照.

(3) Deliberative Democracy Consortium, http://www.deliberative-democracy.net/ (2016年9月10日閲覧) 参照.

(4) Daniel C. Dennett, *Intuition Pumps and Other Tools for Thinking* (New York: Norton, 2013), 31–35〔阿部文彦, 木島泰三訳『思考の技法 直観ポンプと77の思考術』青土社, 2015年〕に説明されている.

(5) James T. Hamilton, *Regulation through Revelation: The Origin, Politics, and Impacts of the Toxic Release Inventory Program* (Cambridge: Cambridge University Press, 2005) 参照.

(6) Occupational Safety and Health Administration, https://www.osha.gov (2016年9月10日閲覧) 参照.

(7) Open Government Partnership, www.opengovpartnership.org (2016年9月10日閲覧) 参照.

(8) "Transparency Report," Twitter, https://transparency.twitter.com/ (2016年9月10日閲覧) 参照.

(9) Nate Cardozo, Kurt Opsahl, & Rainey Reitman, *Who Has Your Back? Protecting Your Data from Government Requests*, Electronic Frontier Foundation, June 17, 2015, https://www.eff.org/files/2015/06/18/who_has_your_back_2015_protecting_your_data_from_government_requests_20150618.pdf (2016年9月9日閲覧) 参照.

(10) 優れた議論について, James T. Hamilton, *Channeling Violence* (Princeton, NJ: Princeton University Press, 1998) を参照.

(11) Neil Gunningham & Peter N. Grabosky, *Smart Regulation: Designing Environmental Policy* (Oxford: Clarendon Press, 1999) 参照.

(12) David M. Messick & Ann E. Tenbrunsel, eds., *Codes of Conduct: Behavioral Research into Business Ethics* (New York: Russell Sage Foundation, 1997) 参照.

(13) Robert H. Frank & Philip J. Cook, *The Winner-Take-All Society: Why the Few at the Top Get So Much More Than the Rest of Us* (New York: Penguin Books, 1995)〔香西泰訳『ウィナー・テイク・オール「ひとり勝ち」社会の到来』日本経済新聞社, 1998年〕参照.

(14) Red Lion Broadcasting Co. v. Federal Communications Commission, 395 U.S. 367 (1969).

(15) Miami Herald Publishing Co. v. Tornillo, 418 U.S. 241 (1974).

(16) Turner Broadcasting Co. v. Federal Communications Commission, 520 U.S. 180 (1997).

(17) 同上.

(18) 同上, 227 (ブライヤー裁判官は賛成した).

(19) Stephen Breyer, *Active Liberty: Interpreting Our Democratic Constitution* (New York: Vintage Books, 2005) 参照.

(20) Geoffrey A. Fowler, "What If Facebook Gave Us an Opposing-

Viewpoints Button?" *Wall Street Journal*, May 18, 2016, http://www.wsj.com/articles/what-if-facebook-gave-us-an-opposing-viewpoints-button-1463573101 (2016年9月9日閲覧).

第10章

(1) Alan B. Krueger & Jitka Maleckova, "Education, Poverty, and Terrorism: Is There a Causal Connection?" *Journal of Economic Perspectives* 17, no. 4 (2003): 119–44; Alan B. Krueger, *What Makes a Terrorist? Economics and the Roots of Terrorism* (Princeton, NJ: Princeton University Press, 2008)〔藪下史郎訳『テロの経済学』東洋経済新報社, 2008年〕参照.

(2) David Stevens & Kieron O' Hara, *The Devil's Long Tail: Religious and Other Radicals in the Internet Marketplace* (London: Hurst, 2015), 11.

(3) 同上, 49.

(4) Jon Cole & Benjamin Cole, *Martyrdom: Radicalisation and Terrorist Violence among British Muslims* (London: Pennant Books, 2009), 269.

(5) Helene Cooper, "U.S. Drops Snark in Favor of Emotion to Undercut Extremists," *New York Times*, July 28, 2016, http://www.nytimes.com/2016/07/29/world/middleeast/isis-recruiting.html?hp&action=click&pgtype=Homepage&clickSource=story-heading&module=second-column-region&region=top-news&WT.nav=top-news (2016年9月11日閲覧) 参照.

(6) 同上.

(7) 同上に引用.

(8) "an essay from the US Army's Command & General Staff College in Fort Leavenworth, Kansas" より引用, "The Basics: Combatting Terrorism," Terrorism Research Center, December 15, 2001, http://web.archive.org/web/20011215003235/www.terrorism.com/terrorism/basics.shtml (2016年7月31日閲覧) 参照.

(9) 同上.

(10) Jeffery Bartholet, "Method to the Madness," *Newsweek*, October 22, 2001, http://europe.newsweek.com/method-madness-154003?rm=eu (2016年9月9日閲覧).

(11) Stephen Grey & Dipesh Gadher, "Inside Bin Laden' s Academies of

Terror," *Sunday Times* (London), October 7, 2001.

(12) Margery Eagan, "It Could Be the Terrorist Next Door: Zealot Hides Behind His Benign Face," *Boston Herald*, September 13, 2001), http://bostonherald.com (2016 年 9 月 11 日閲覧).

(13) Russell Hardin, "The Crippled Epistemology of Extremism," in *Political Extremism and Rationality*, ed. Albert Breton, Gianluigi Galeotti, Pierre Salmon, & Ronald Wintrobe (Cambridge: Cambridge University Press, 2002), 3, 16 参照.

(14) "Social Media," FBI, https://www.fbi.gov/about-us/nsb/social-media (2016 年 7 月 4 日閲覧).

(15) Holly Yan, "ISIS Claims Responsibility for Texas Shooting but Offers No Proof," CNN, May 5, 2015, http://www.cnn.com/2015/05/05/us/garland-texas-prophet-mohammed-contest-shooting/ (2016 年 9 月 11 日閲覧).

(16) Jerry Markon, "Homeland Security to Amp Up Social Media Screening to Stop Terrorism, Johnson Says," *Washington Post*, February 11, 2016, https://www.washingtonpost.com/news/federal-eye/wp/2016/02/11/homeland-security-to-amp-up-social-media-screening-to-stop-terrorism-johnson-says/ (2016 年 9 月 11 日閲覧).

(17) Georgetown University, Security Studies Program, National Security Program Critical Issue Task Force, "Report: Lone Wolf Terrorism," June 27, 2015, http://georgetownsecuritystudiesreview.org/wp-content/uploads/2015/08/NCITF-Final-Paper.pdf (2016 年 9 月 11 日閲覧) 参照.

(18) Mark Hamm & Ramon Spaaij, "Lone Wolf Terrorism in America: Using Knowledge of Radicalization Pathways to Forge Prevention Strategies," February 2015, 7, https://www.ncjrs.gov/pdffiles1/nij/grants/248691.pdf (2016 年 9 月 11 日閲覧).

(19) 同上, 11.

(20) Soufan Group, "Foreign Fighters: An Updated Assessment of the Flow of Foreign Fighters into Syria and Iraq," December 2015, 19, http://soufangroup.com/wp-content/uploads/2015/12/TSG_ForeignFightersUpdate3.pdf (2016 年 9 月 11 日閲覧).

(21) Del Quentin Wilber, "FBI Says Fewer Americans Now Try to Join Islamic State," *Los Angeles Times*, May 11, 2016, http://www.latimes.

com/nation/la-na-comey-fbi-20160511-snap-story.html（2016 年 9 月 11 日閲覧）参照.

(22) イスラム国に加わるためにシリアに渡った 62 人の特定されたアメリカ人のうち 8 割は，イスラム戦士のオンラインサークルの活発な利用者であったとするピーター・バーゲン教授の証言. Jihad 2.0: Social Media in the Next Evolution of Terrorist Recruitment: Hearing Before the Senate Committee on Homeland Security and Governmental Affairs, 114th Cong., 2015 参照.

(23) Rukmini Callimachi, "ISIS and the Lonely Young American," *New York Times*, June 27, 2015, http://www.nytimes.com/2015/06/28/world/americas/isis-online-recruiting-american.html?_r=0 (2016 年 9 月 11 日閲覧).

(24) 同上.

(25) Testimony of Ambassador Daniel Benjamin, US Government Efforts to Counter Violent Extremism: Hearing Before the Senate Subcommittee on Emerging Threats and Capabilities of the Senate Committee on Armed Services, 111th Cong. 822, 2010, https://www.gpo.gov/fdsys/pkg/CHRG-111shrg63687/html/CHRG-111shrg63687.htm (2016 年 9 月 11 日閲覧).

(26) J. M. Berger & Jonathan Morgan, "The ISIS Twitter Census: Defining and Describing the Population of ISIS Supporters on Twitter"（アナリシスペーパー no. 20, Brookings Project on U.S. Relations with the Islamic World, 2015), http://www.brookings.edu/~/media/research/files/papers/2015/03/isis-twitter-census-berger-morgan/isis_twitter_census_berger_morgan.pdf (2016 年 9 月 11 日閲覧).

(27) 同上, 58.

(28) J. M. Berger & Heather Perez, "The Islamic State' s Diminishing Returns on Twitter: How Suspensions Are Limiting the Social Networks of English-Speaking ISIS Supporters"（オケージョナルペーパー, Program on Extremism, George Washington University, 2016), https://cchs.gwu.edu/sites/cchs.gwu.edu/files/downloads/Berger_Occasional%20Paper.pdf (2016 年 9 月 11 日閲覧), 9, 4.

(29) Richard Adhikari, "Twitter Steps Up Counterterrorism Efforts," August 24, 2016, http://www.technewsworld.com/story/83832.html (2016 年 9 月 28 日閲覧).

(30) David Wainer, "Israel Accuses Facebook of Complicity in West Bank Violence," *Bloomberg*, July 3, 2016, http://www.bloomberg.com/news/articles/2016-07-03/israel-accuses-facebook-of-contributing-west-bank-violence (2016 年 9 月 11 日閲覧) 参照.

(31) Michael E. Miller, "Does Facebook Share Responsibility for an American Peace Activist' s Brutal Murder in Israel?" *Washington Post*, October 30, 2015, https://www.washingtonpost.com/news/morning-mix/wp/2015/10/30/does-facebook-share-responsibility-for-an-american-peace-activists-brutal-murder-in-israel/ (2016 年 9 月 11 日 閲覧) 参照. Harriet Salem, "Facebook Is Being Sued by 20,000 Israelis for Inciting Palestinian Terror," *Vice News*, October 27, 2015, https://news.vice.com/article/facebook-is-being-sued-by-20000-israelis-for-inciting-palestinian-terror (2016 年 9 月 11 日閲覧) も参照.

(32) Greg Miller & Karen DeYoung, "Obama Administration Plans Shake-up in Propaganda War against ISIS," *Washington Post*, January 8, 2016, https://www.washingtonpost.com/world/national-security/obama-administration-plans-shake-up-in-propaganda-war-against-the-islamic-state/2016/01/08/d482255c-b585-11e5-a842-0feb51d1d124_story.html (2016 年 9 月 11 日閲覧) 参照.

(33) Markon, "Homeland Security to Amp Up Social Media Screening."

(34) H.R. 3654: Combat Terrorist Use of Social Media Act of 2015, 114th Cong., 2015, https://www.govtrack.us/congress/bills/114/hr3654/text (2016 年 9 月 11 日閲覧).

(35) S. 2517: Combat Terrorist Use of Social Media Act of 2016, 114th Cong., 2016, https://www.govtrack.us/congress/bills/114/s2517/text (2016 年 9 月 11 日閲覧).

(36) S. 2372, 114th Cong., 2015, http://www.feinstein.senate.gov/public/index.cfm?a=files.serve&File_id=9BDFE0CA-FB12-4BEB-B64D-DC9239D93070. H.R. 4628: Requiring Reporting of Online Terrorist Activity Act, 114th Cong., 2016, https://www.congress.gov/bill/114th-congress/house-bill/4628/text (2016 年 9 月 11 日閲覧) も参照.

(37) Daniel Severson, "Encryption Legislation Advances in France," Lawfare, April 14, 2016, https://www.lawfareblog.com/encryption-legislation-advances-france (2016 年 9 月 11 日閲覧) 参照.

(38) Code pénal, Article 421-2-5-1 (Fr.), https://www.legifrance.gouv.fr/

affichCodeArticle.do;jsessionid=13656F1B72B860E871B8F8C57C2E53D9.tpdila20v_2?idArticle=LEGIARTI000032633494&cidTexte=LEGITEXT000006070719&dateTexte=20160711&categorieLien=id&oldAction=&nbResultRech= (2016年9月11日閲覧).

(39) Code pénal, Article 421-2-5-2 (Fr.), https://www.legifrance.gouv.fr/affichCodeArticle.do;jsessionid=13656F1B72B860E871B8F8C57C2E53D9.tpdila20v_2?idArticle=LEGIARTI000032633496&cidTexte=LEGITEXT000006070719&dateTexte=20160711&categorieLien=id&oldAction=&nbResultRech= (2016年9月11日閲覧).

(40) Code pénal, Article 421-2-5 (Fr.), https://www.legifrance.gouv.fr/affichCodeArticle.do;jsessionid=13656F1B72B860E871B8F8C57C2E53D9.tpdila20v_2?idArticle=LEGIARTI000029755573&cidTexte=LEGITEXT000006070719&dateTexte=20160711&categorieLien=id&oldAction= (2016年9月11日閲覧).

(41) "Adoption et publication du rapport," Assemblée Nationale, http://www2.assemblee-nationale.fr/14/autres-commissions/commissions-d-enquete/moyens-pour-lutter-contre-le-terrorisme/a-la-une/adoption-du-rapport (2015年7月11日閲覧) 参照.

(42) ジャーナリストによる記述について, Cooper, "U.S. Drops Snark" を参照.

(43) Gitlow v. New York, 268 U.S. 652, 671 (1925).

(44) Dennis v. United States, 341 U.S. 494 (1951).

(45) Letter from Learned Hand to Zechariah Chafee Jr., January 2, 1921, reprinted in Gerald Gunther, "Learned Hand and the Origins of Modern First Amendment Doctrine— Some Fragments of History," *Stanford Law Review* 27 (1975): 719, 770.

(46) Whitney v. California, 274 U.S. 357 (1927).

第11章

(1) John Stuart Mill, *Principles of Political Economy with Some of Their Applications to Social Philosophy*, 7th ed. (1848; repr., London: Longmans, Green and Co. 1909), bk. 3, ch. 17, para. 14〔末永茂喜訳『経済学原理』岩波書店, 1959年〕. http://www.econlib.org/library/Mill/mlP.html (2016年9月11日閲覧) も参照.

(2) John Dewey, *The Public and Its Problems: An Essay in Political*

Inquiry (1927; repr., University Park: Pennsylvania State University Press, 2012), 168〔阿部齊訳『公衆とその諸問題　現代政治の基礎』筑摩書房, 2014 年〕.

(3) Heather K. Gerken, "Second-Order Diversity," *Harvard Law Review* 118, no.4 (2005):1101-96 参照.

(4) Miranda Fricker, *Epistemic Injustice: Power and the Ethics of Knowing* (Oxford: Oxford University Press, 2008) 参照.

(5) Russell Hardin, "The Crippled Epistemology of Extremism," in *Political Extremism and Rationality*, ed. Albert Breton, Gianluigi Galeotti, Pierre Salmon, & Ronald Wintrobe (Cambridge: Cambridge University Press, 2002), 316 参照.

#リパブリック
インターネットは民主主義になにをもたらすのか

2018年8月20日　第1版第1刷発行

著　者　キャス・サンスティーン
訳　者　伊《だ》達《て》尚《なお》美《み》
発行者　井村寿人

発行所　株式会社　勁《けい》草《そう》書房
112-0005　東京都文京区水道2-1-1　振替　00150-2-175253
（編集）電話　03-3815-5277／FAX　03-3814-6968
（営業）電話　03-3814-6861／FAX　03-3814-6854
堀内印刷所・松岳社

ISBN978-4-326-35176-3　Printed in Japan